THE ITINERARY

OF

BENJAMIN OF TUDELA.

WINDHAM PRESS
CLASSIC REPRINTS

THE ITINERARY

OF

RABBI BENJAMIN OF TUDELA.

TRANSLATED AND EDITED

BY

A. ASHER.

Vol. I.

TEXT, BIBLIOGRAPHY, AND TRANSLATION.

"Hakesheth" Publishing Co.
927 Broadway, New York

THE INSTITUTE OF MEDIAEVAL STUDIES
ST. MICHAEL'S
COLLEGE
LIBRARY

TO HIS EXCELLENCY

BARON

ALEXANDER VON HUMBOLDT

THIS WORK

WITH HIS KIND PERMISSION

IS MOST RESPECTFULLY INSCRIBED.

CONTENTS
OF THE ENGLISH PORTION
OF THIS VOLUME.

PREFATORY REMARKS.

In the present Translation, which is as close as the genius of the two languages will admit, the vowels employed in the proper names are to be pronounced as follows:

a, like a in father
e, - e - bed
i, - i - fit
o, - o - over
u, - u - full.

ch, which represents ח, like the ch in the scottish ***Loch***, or the german ***Sprache***.

Kh stands for כ.

The hebrew letter ע has been pointed out by an ' before the english letter, wherever it occurs.

B. stands for Bar or Ben, the rabbinic or hebrew for son.

R. for Rabbi, an epithet synonymous with and used exactly like the english 'Master', whereas Rabbi R. distinguishes a person, who is in possession of the highest clerical dignity in the congregation, or of such eminent talents as universally to command the title of Master and Teacher.

The letters C. and F. attached to the various readings in the Text. denote the first editions of Constantinople and Ferrara.

Wherever a word has appeared to be superfluous, it has been put into ( ), whereever one has been added, it stands between brackets [ ].

All other matters of moment are discussed at length in the introduction, which precedes the second volume of this work and to which we refer the reader.

THE TRAVELS OF RABBI BENJAMIN OF TUDELA.

BIBLIOGRAPHY.

The present work, though well known to the learned of the 13th, 14th and 15th centuries, was not printed before the year 1543, when the first edition appeared at Constantinople; numerous reprints were called for in the course of time, of which the following is a catalogue.

I. EDITIONS IN HEBREW ONLY.

1 מסעות של רבי בנימן ·

(Constantinople, Soncini 1543). in 8vo. 64 pages, printed in the rabbinic character.

This, the first edition, is so extremely rare, that notwithstanding the most diligent search,

I have not been able to meet with any complete copy. It *has been* in the *'Bibliothèque Royale'* at Paris, but upon my inquiries after it — inquiries which met with the kindest attention — it could nowhere be found! The Oppenheim division of the Bodleian library contains an incomplete copy of this rare book, being deficient of the first 14 pages or one quarter of the whole work. In consequence of this unfortunate circumstance, I have not been able to report the title as fully as I ought to have done, according to the rules of bibliography. Like most other hebrew books, which issued from the early Constantinople presses, this is but a very poor specimen of correctness and typography. All the mistakes of this 'Princeps' have unfortunately crept into the editions noticed below No. 3. 4. and 10., and have led the translators into error. The rarity constitutes the only value of this edition.

2. מסעות ש׳ל רבי בנימן ז״ל . נדפס פה פיררא בבית כ״ר אברהם ן׳ אושקו יצ״ו . שנת שי״ו נרחים .

(Travels of R. Benjamin of blessed memory,

printed at Ferrara in the house of Abraham Ben Usque — in the year 316 [1556]).
small 8vo. 64 pages, in the rabbinic character.

On the title a globe in a square, surrounded by hebrew verses; the preface on the verso of the title.

This second edition is perhaps rarer still than the first, and having evidently been printed from another M. S., is indispensably necessary for a critique of the work. The text is much purer than that of the former, and in many instances its readings give a sense, where the former is too corrupt to be understood.

Unfortunately this Edition was unknown to the early translators, B. Arias Montanus and L'Empereur, who would have made less mistakes and formed a more correct judgment of our author, had they been able to compare it with that of Constantinople. It forms the groundwork of the present edition and translation. No public library in France or Germany, most of which I have personally visited or inquired at by correspondence, possesses a copy and the only one now known to exist is in the Oppenheim division of the Bodleian library at Oxford.

3. מסעות של רבי בנימן. נדפס במדינת בריסגויא שנת שמ"ג לפ"ק על ידי הזיפרוני יצ"ו.

(Travels etc. Printed in the country of Brisgau in the year 343 (1583) by the Siphroni) small 8vo. 32 pages, in the square character.

This is a reprint of the first (Constantinople) edition, it repeats faithfully all the mistakes of that 'Princeps' and has been alter'd in those passages, where in speaking of christians the former reads התועים 'the misled' into הנוצרים the 'Nazarenes' probably because it was revised by christian censors. Some of the copies appear to bear the imprint 'Friburg in Brisgau' for thus do we find it quoted by different authors. (Wolff Biblioth. Hebr. vols I and III, N. 395. — Rodriguez de Castro Biblioteca de los escritores Rabbinos españoles etc. p. 80) and it is almost certain that L'Empereur reprinted his edition from this, which is still preserved in the library of Leyden. All the books printed in Brisgau are rare, this is one of the rarest. — See a letter of thanks from Scaliger to

Buxtorff for a copy of this edition in ***Institut. Epist. Hebr.***, which although dated 1606 within about 20 years after its appearance, mentions the book as one of great rarity.

4. מסעות של רבי בנימן ז"ל ·

Itinerarium D. Benjaminis Fr. M. Lugduni Batavorum apud Elzivirios. 1633. 24mo 203 pp. square character.

This edition was probably reprinted from that of Friburg — see above — and formed (as well as that quoted below No. 13.) part of the ***'Respublicae Elzevirianae'*** a collection well known to the amateurs of those ***'Bijoux'*** of the celebrated Dutch printers. Constantin L'Empereur, the learned editor, changed but very few words in the text and reserved his emendations for the notes, with which the edition quoted under No. 10. is 'enriched'.

5. מסעות של רבי בנימן הרופא ז"ל שנסע בג' חלקי העולם: אירופא, אזיאה, אפריקא · ראה זה דבר חדש אשר כבר היה לעולמים ונדפס שלש פעמים ומן השלשה הכי נכבד · באשר שהראשונים הם בקצת מקומות כספר חתום שקוראים מקומות ואינם יודעים מה הם קוראים ונחת אין להם וכאן אתה מוצא כל דבר וכל

מקום על שם מכונו כמורגל בפי ההמוני והביאו לדפוס
התורני רבי **אליקים** בה"רר יעקב ש"ץ ז"ל חזן באמשטרדם
נדפס באמשטרדם אי"ע . בשנת נחת לזה ומזה לפ"ק .
בבית קשפר שטען .

(The Travels of Rabbi Benjamin the Physician (!) of blessed memory, who travelled in three parts of the world, in Europe, in Asia and in Africa. See this new performance of a thing, that has been before and has already been printed three times, and of all the three this is the most preferable, in as far as the first ***(Editions)*** are in many instances like a sealed book — for in most instances the names of the places mentioned are not known, and the perusal of the book therefore is without pleasure, and here thou wilt find each thing and each place under its present common name and acceptation. Printed at Amsterdam in the year 458 (1698) in the house of Caspar Sten). 24mo. 65 pages.

This edition was printed together with the '***Hope of Israel***' by R. Manasseh Ben Israel — the celebrated Rabbi, who exerted himself with Cromwell for the readmission of the Jews into

England — and its pretended ameliorations are worse than useless; it is true the editor has translated many difficult hebrew words into jewish german, but this labour is without any value, as it is founded not upon any critique but upon mere suggestion, and at best upon the translations of Arias Montanus and L'Empereur, which being in latin, were very often misunderstood by the ignorant editor. The typography however is a beautiful specimen of the Dutch press.

6. מסעות וכו'

(Travels etc.) s. l. 1734.

This edition, which I have not seen, is quoted by Dr. Zunz in '*Zeitschrift für die Wissenschaft des Judenthums*' Berlin 1823. p. 130.

7. מסעות של רבי בנימן ; נדפסו בעיון יוחנן אנדריאס מיכאל נאגיל לתועלת תלמידיו פה ישיבה מהוללה . אלטדורף בשנת אתשס"ב בבית מדפים מהיר ומשובח יוחנן אדם היזיל .

(Travels of R. Benjamin. Printed under the direction of John Andrew Michael Nagel, for the use of his scholars at this celebrated university. Altdorf 1762. printed by John Adam Hessel.) small 8vo. 56 pp. square character.

A correct reprint of No. 4. of this list, containing even every mistake of its original. The editor, Nagel, has published 14 dissertations on our author, and this edition of the '*Travels*' is so rare that Meusel doubted its existence. See his '*Lexicon deutscher Schriftsteller*' vol. X. 1810.)

8. מסעות של רבי בנימן . נדפס בק"ק זולצבאך בשנת תקמ"ז .

. . . .

(Travels etc. printed at Sulzbach 542. [1782]) small 8vo. 32 pp. square character.

A very poor reprint of L'Empereurs edition, upon wretched german blotting paper, full of mistakes and without the least literary value, being but a '*popular sixpenny Book.*'

9. מסעות רבי בנימן . זאלקווא . . . .

(Travels of R. Benjamin. Printed at Zolkiew in Austrian Gallicia)

An edition quoted by the celebrated scholar, the Revd. Rabbi Salomon L. Rapoport, in his geographical preface to Shalom Cohen's Kore Haddoroth (Warsaw 1838). I have not been able to procure this reprint, which the Revd. Rabbi in a letter to me calls 'a common edition', but which appears to contain some various readings. Several of these occur in the few quotations made use of in the abovemention'd preface, or rather essay, which as well as all the other papers we possess from the pen of the Revd. Rabbi, prove him to be the first hebrew scholar and critic of Europe. I am proud to say that both my translation and my notes have been enriched by his kind assistance, for which I here publicly render my best acknowledgments.

II. HEBREW AND LATIN.

10. מסעות של רבי בנימן .

Itinerarium D. Benjaminis cum versione et notis Constantini L'Empereur ab Oppyck S. T. D. et S. L. P. in acad. Lugd. Batav. Lugd. Batavorum. Ex officina Elzeviriana. 1633. small 8vo. of 34 (unnumber'd) and 234 (number'd) pages.

This edition, as far as the text and translation are concern'd is composed of Nos. 4 and

12 of this list, the dissertation and the notes contain a vast deal of antiquated learning.

In his '*Dissertatio ad Lectorem*' L'Empereur speaks of Arias Montanus' translation in terms of contempt, but upon a nearer examination it will be found that L'Empereur made more mistakes, than he ought to have done having such a translation before him. Renaudot's judgment of both editors cannot be called too severe; he says in speaking of the Text: 'Le Juif Benjamin ...... n'est pas un Auteur mesprisable, comme l'ont voulu faire croire quelques Sçavants qui ne l'ont pas entendu, à la teste desquels il faut mettre ceux qui entreprirent de le traduire, Arias Montanus, et après luy Constantin L'Empereur. Ils avoient travaillé l'un et l'autre, sur l'édition faite à Constantinople, qui estant un peu fautive, et assez peu nette, pouvoit embarasser ceux qui ne sçavaient pas la matiere. Arias Montanus fit des fautes énormes dans sa traduction, que le traducteur Hollandois n'a pas apperceües: et l'un et l'autre ayant mal leu plusieurs noms propres de villes, de peuples, et de provinces, en ont formé d'imaginaires qui ne furent jamais', and of the Notes: 'A. Montanus a laissé à ses lecteurs le soin de developper ces difficultez: mais L'Empereur, voulant esclaircir son Auteur, a joint à sa traduction, des notes chargées de citations Arabes et Hebraïques entierement inutiles. Car elles ne sont pas tirées des Escrivains originaux, ni des Geographes ou Historiens dont il ne connoissoit aucun, sinon la Geographie de Nubie, et Elmacin, que souvent il n'a pas entendus.' ***Anciennes Relations des Indes et de la Chine de deux Voyageurs Mahometans qui y allerent dans le neuviéme siecle; traduites d'Arabe: avec des Remarques sur les principaux endroits de ces Relations. Paris*** 1718. Préface, pag. XXI. et XXII.

III. LATIN.

11. Itinerarium Benjamini Tudelensis: in quo Res Memorabiles, quas ante quadringentos annos totum fere terrarum orbem notatis itineribus dimensus vel ipse vidit vel a fide dignis suae aetatis hominibus accepit, breviter atque

dilucide describuntur; ex Hebraica Latinum factum Bened. Aria Montano Interprete.

Antwerpiae. ex officina Chr. Plantini
Architypographi regii. MDLXXV.

The celebrated Arias Montanus was the first to introduce this work to the learned Christians, who although they might understand the scripture hebrew were strangers to that style, which is called the rabbinic, and in which these travels are written. In many instances he has rather guessed at than faithfully translated the text, but nothwithstanding this, his labours deserve respect, and I have found his suggestions in many instances nearer the truth than those of later translators.

12. Itinerarium Benjaminis. Lat. redditum Lugd. Batav. 1633. 24mo.

This neat little volume, which forms part of the 'Respublicae' is one of, if not *the* rarest of that series. The text is that of No. 10. of this list, and in consequence of its correctness and convenient form it has become a desideratum with students and collectors of books.

13. Itinerarium Benjaminis Tudelensis ex

Versione Benedicti Ariae Montani. Subjectae sunt descriptiones Mechae et Medinae — Alnabi ex itinerariis Ludovicii Vartomanni et Johannis Wildii. Praefixa vero Dissertatio ad Lectorem, quam suae editioni praemisit Constantinus L'Empereur et nonnullae ejusdem notae. Helmstadi in typographeo Calixtino excudit Henningus Mullerus MDCXXXVI. small 8vo.

This little volume contains besides Montanus' translation the extracts mention'd in the above title. It is curious, although there is very little new matter in it. The editor having preferred Arias Montanus' to L'Empereur's version, has given a complete list of all the phrases in which these two translations differ, and in this book the student possesses *all* that had been written on the subject in latin, down to the year of its publication

14. Benjaminis Tudelensis Itinerarium ex Versione Benedicti Ariae Montani. Subjectae sunt Descriptiones Mechae et Medinae — Alnabi. Ex Itinerariis Ludovici Vartomanni et Johannis Wildii. Praefixa vero Dissertatio ad Lectorem, quam suae editioni praemisit Con-

stantinus L'Empereur et nonnullae ejusdem Notae. Lipsiae apud Joann. Michael. Ludov. Teubner. MDCCLXIV. 8vo.

This is a corrected reprint of all the contents of the volume noticed just now under No. 13. The typography of this editon is infinitely superior to that of its predecessor.

IV. ENGLISH.

15. The Peregrinations of Benjamin the Sonne of Jonas a Jew, written in Hebrew, translated into Latin by B. Arias Montanus. Discouering both the state of the Jews and of the world, about foure hundred and Sixtie yeeres since.

For this first english translation see: Purchas's Pilgrimes, London 1625, folio, vol. II. Liv. 9. Chap. 5. p. 1437, it is divided into 5 Paragraphs.

16. The Travels of R. Benjamin, the Son of Jonas of Tudela, through Europe, Asia and Africa, from Spain to China, from 1160 to 1173. From the Latin Versions of B. A. Montanus and

Constantine l'Empereur, compared with other Translations into different Languages.

This extract of the Itinerary will be found in Harris's collection of voyages and travels. London 1744—8. fol. vol. I. p. 546 to 555, and the introduction which is prefixed as well as the notes are not devoid of interest. The editor treats 1, of the author of the work and of the several editions and translations of it; 2, of the objections that have been made to the credit of the author and the true state of the question; he then goes on to give an extract of the itinerary and concludes by 'Remarks and Observations on the foregoing Travels.' The following note, which will be found at p. 554, letter g, will at once show the spirit of the editor. 'It is very clear from a multitude of circumstances, that our author chiefly intended this work to celebrate his own Nation, to preserve an account of the different places in which they were settled, and to do all in his Power to keep up their Spirits under their Captivity, by putting them in mind of the coming of the Messiah. I must confess I consider this in a different Light from most of the Critics, for I do not conceive that a man's loving his countrymen ought to prejudice him in the opinions of his readers, and though it may possibly beget some Doubts as to the Fidelity of his Relations with regard to the Jews, yet I do not see how this can with justice be extended to the other Parts of this Book.' We very much regret that Mr. Harris neither understood hebrew nor gave a complete translation of our author, as we have reason to believe, that this would have made that part of the present edition superfluous, and would have gone far to reestablish the authority of the book.

16. Travels of Rabbi Benjamin, Son of Jonah of Tudela:

Through Europe, Asia and Africa, from the ancient Kingdom of Navarre, to the Frontiers of China. Faithfully translated from the Original Hebrew and enriched with a Dissertation and Notes, Critical, Historical and Geographical. In which the true Character of the Author and Intention of the Work, are impartially (!) considered.

By the Rev. R. Gerrans, Lecturer of Saint Catherine Coleman, and Second Master of Queen Elisabeths Free Grammar-School, Saint Olave, Southwark.

This author flourished about the year 1160 of the Christian Aera, is highly prized by the Jews and other Admirers of Rabbinical Learning; and has frequently been quoted by the greatest Orientalists that this or any other nation ever produced, but was never before (to the Editors Knowledge) wholly translated into English, either by Jew, or Gentile. London MDCCLXXXIV. 8vo.

The author of this edition pretends both on the title and in the course of the work, that he translated it 'out of the Hebrew' and that his is 'a most faithful translation' and this assertion has induced Dr. Chalmers in the Biographical Dictionary and Mr. Lowndes in the Bibliographers Manual to state that this is really the case, but an examination of the work will clearly prove that Mr. Gerrans understood very little if any thing of hebrew, and that all his learning was derived from B. Arias Montanus, L'Empereur and Barratier. He denies having seen the latter work (quoted below No. 19) before he had printed the first chapters, but the very division into chapters, which is to be found in none of the originals and which was first introduced by Barratier proves the contrary, and the more strongly so as his and B's chapters are exactly similar. The dissertation at the head of the work is a mere abridgement of Barratier's second volume, and those passages, which being rabbinic and not understood, were wrong translated by Barratier have been 'faithfully' transcribed by Mr. Gerrans and are in many instances complete nonsense. The following may serve as specimen of Mr. Gerrans' critical tact and of his abilities as a translator. R. Benjamin, in speaking of the city of Lunel, mentions as usual several learned jews; a Rabi Asher 'very learned in the law'

„והוא חכם גדול בתלמוד והרב רבי משה גיסו, ורבי שמואל החזן, ורבי שלמה הכהן".

the literal translation of which runs as follows; 'and he is a great proficient in the Talmud, and (there are also) Rabbi Moshe his brother in law and R. Sh'muel the minister, and R. Sh'lomo Cohen (a descendant of Aron)' Mr. Gerrans however translates: 'This man is well skilled in the Talmudic writings. Here you likewise meet with that great R. Moses Gisso (!) and R. Samuel (Hhasan) R. Salomon (13) the Priest' etc. — In the note (13) he continues as follows: 'He is commonly called by the Jews רש"י i. e. R. Salomon Jarchi (or rather Jerachi) from the City of Lunel which takes its name from ירח Jareach, the Moon ..... He died A. D. 1105, together with his Disciple, who composed those Prayers called מחזור or the Circle, which contain many bitter Invectives against Christians in general, and the Church of Rome in particular. This is one of Benjamins Errors in Chronology, for רשי was dead long before.' — There are almost as many errors as words in this passage! — Gisso, his brother in law — he was ignorant enough to consider a proper name. Chasan — Minister, he explains in a note to be sometimes a reader and sometimes an excutioner! Cohen — an appellation borne by the descendants of Aron even to this day, he translates priest and to crown all, Mr. Gerrans accuses Benjamin of an error in chronology, because *he* was ignorant enough to suppose that by a certain R. Salomon Cohen, our author could have meant R. Salomon Jitschaki! It requires ignorance such as Mr. Gerrans alone could boast of to suppose any thing of the kind, for 1) Rashi was no Cohen and only the descendants of Aron bear that appellation, 2) Rashi did not bear the apellation of Jarchi, altho' the initials of his name were thus explained by Buxtorff — 3) Rashi did not live at Lunel but at Troyes or Luistre — 4) The מחזור (Machazor) or book of common prayer, the liturgy of the jews, was composed many years before Rashi's time — 5) The jews never dared to introduce any 'bitter invectives' against the church of Rome and would have been very foolish to do so, as that church yielded them better protection than any other authority, and a man who could make mistakes of this kind dares to accuse Benjamin of ignorance, superstition, falsehood, the very basest of vices he can possibly imagine!

In the course of this translation we shall point out a few more of the grossest mistakes committed by Mr. Gerrans, and we consider this rather a duty, as his has been unfortunately for more than 50 years the only edition accessible to the english public.

17. The Travels of R. Benjamin of Tudela from the Latin of B. Arias Montanus and Constantin L'Empereur compared with other Translations into different Languages.

This abridgement, which will be found in Pinckertons 'General Collection of the best and most interesting Voyages and Travels of the world.' London 1808—14. 4to. Vol. VII. contains such passages only as appear to have been of interest to the editor. Mr. Pinkerton concludes his extracts by stating, that one of the most remarkable things to be learned out of this work is the circumstance, that a person could travel so far at the time; he allowes Rabbi Benjamin to have been an able judge of what he saw, and doubts not the veracity of the travels. Mr. P. has enriched this abridgment by some very valuable remarks, of which we shall avail ourselves in our volume of notes.

V. FRENCH.

18. Voyage du celèbre Benjamin, au tour du monde, commencé l'an MCLXXIII (sic) contenant une exacte et succincte Description de ce qu'il a vû de plus remarquable, dans presque toutes les parties de la Terre; aussi bien que de ce qu'il en a apris de plusieurs de ses Contemporains dignes de foi. Avec un detail, jusques ici inconu, de la Conduite, des Sinagogues, de la Demeure et du Nombre des Juifs et de leurs Rabins, dans tous les endroits ou il a été etc. dont on aprend en même tems l'état où se trouvoient alors diférentes Nations avant l'agrandissement des Turcs.

Ecrit premierement en Hebreu par l'auteur de ce Voyage; traduit ensuite en Latin, par Benoit Arian Montan: et nouvellement du Latin en François. Le tout enrichi des Notes, pour l'explication de plusieurs passages.

The above title quoted at length informes the

reader of the sources of this translation, which will be found to occupy 74 pages 4to. of vol 1. in Bergeron's ***Collection de Voyages, faits principalement en Asie, dans le*** XII - XIII - XIV *et* XV ***Siécles, a la Haye*** 1735, 2 vols. 4to. The notes are of no value, nor is the map which accompanies this poor piece of work.

19. Voyages de Rabbi Benjamin fils de Jona de Tudele en Europe, en Asie et en Afrique depuis l'Espagne jusqu'à la Chine. Où l'on trouve plusieurs choses remarquables concernant l'Histoire et la Geographie et particulierement l'état des Juifs au douzième siecle. Traduits de l'Hebreu et enrichis de notes et de Dissertations Historiques et Critiques sur ces Voyages. Par J. P. Barratier. Etudiant en Theologie. A Amsterdam, aux dépens de la Compagnie. 1734. 2 vol. small 8vo.

Vol. I. contains the voyage and the notes. Vol. II. the 8 dissertations mention'd in the title. With respect to the value of the work I can do no better than quote Gibbon's words (***Decline and Fall, Chap.*** LIII.: 'The hebrew text has been translated into french by that marvellous Child Barratier, ***who has added a volume of crude learning*'!** It is hardly worth while, here to enter into the question whether young Barratier made the translation without the aid of some more experienced scholar, but it is to be regretted that even a child should have been biassed by his teachers against all persons professing another creed than himself. From his notes it appears that the testimony of roman catholics and jews were suspected by him because of their religious belief and it will be no difficult task to prove that his suspicions generally arise from ignorance only.

20. Voyages de Benjamin de Tudelle autour du monde commencé l'an 1173. De Jean du Plan-Carpin en Tartarie, du Frère Ascelin et de ses compagnons vers la Tartarie. De Guillaume de Rubruques en Tartarie et en Chine en 1253 suivi des Additions de Vincent de Beauvais et de l'Histoire de Guillaume de Naugès, pour l'Eclaircissement des precedentes Voyages. Paris, imprimé aux Frais du Gouvernement pour procurer du Travail aux ouvriers Typographes. Août 1830. in 8vo.

A reprint of No. 18, and curious only on account of the occasion, which procured Master Benjamin the honour of being called forth again from oblivion!

VI. DUTCH.

21. De Reysen van R. Benjamin Jonas Tudelens. In de drie Deelen der Werelt. Int Nederduyts overgeschrieben door Jan Bara. Amsterdam, Jonas Rex. 1666. 24mo. 117 pp.

This translation having been made from L'Empereurs latin version offers nothing new or valuable to the critical reader.

VIII. JEWISH - GERMAN.

22. דיזי זיין דיא רייזי פון רבי בנימן טודעלענס רופא, וועלכי ער דורך דיא דרייא עקין פון דען עולם גערייזט האט.

(These are the voyages of R. Benjamin Tudelens the physician (!) which he has travelled through three corners of the world). Amsterdam 451 (1691) 8vo.

This translation by Chaim Ben Jacob was made from L'Empereurs text, and although the editor was a jew, he was too illiterate to correct any of the errors of L'Empereur, nor does he pretend to any learning; but avows that he printed the book merely as a popular treatise for the women and children of the dutch jews, who speak a dialect of their own, mixed with german and hebrew words.

23. דיזי זיין דיא רייזי וכו׳ .

(These are the Voyages etc.)

Francfort on the Mayne 471. (1711) 8vo.

A mere reprint of the former edition and consequently as worthless in a critical point of view —.

It is a curious fact that the Germans, who have written on every subject and have translated almost every thing from Aristotle to Nicholas Nickleby, have no edition of these travels, nor have we been able to trace any Swedish, Danish, Italian or Spanish translation.

THE TRAVELS OF RABBI BENJAMIN OF TUDELA.

HEBREW PREFACE.

This book contains the reports of Rabbi Benjamin the son of Jonah, of blessed memory[a], of Tudela in the kingdom of Navarre. This man travelled through many and distant countries, as related in this account and wrote down in every place whatever he saw or what was told him by men of integrity, whose names were known in Spain.

Rabbi Benjamin also mentions some of the principal men in the places he visited and when he returned he brought this report along with him to the country of Castile in the year 933 (1173).

---

a 'Of blessed memory' (abridged o. b. m. in the course of this work) is an expression generally added by Jews when mentioning the 'honour'd dead'. See Proverbs X. 7.

The abovemention'd Rabbi Benjamin was a man of wisdom and understanding and of much information; and after strict inquiry, his words were found to be true and correct, for he was a true man.

TRAVELS OF
RABBI BENJAMIN
OF BLESSED MEMORY.

Thus says R. Benjamin B. Jonah of blessed memory:

I first set out from the city of SARAGOSSA and proceeded down the river Ebro to TORTOSA.

Two days journey brought me to the ancient city of TARRACONA, which contains many cyclopaean and pelasgic remains, and similar buildings are found nowhere else in the whole kingdom of Spain; the city stands on the coast. Two days from thence lies BARCELLONA, in which place there is a congregation of wise, learned and princely men, for instance R. Shesheth, R. Shealthiel and R. Sh'lomo B. R. Abraham B. Chisdai o. b. m. The city though small is handsome and is situated on the seashore. Merchants resort thither for goods from all parts of the world: from Greece, from Pisa, page 2. 1.

Genoa and Sicily, from Alexandria in Egypt, from Palestine and the adjacent countries.

A days journey and a half brings you to GERONA, which city contains a small jewish congregation.

Three days further lies NARBONNE, a place of eminence in consequence of the studies carried on there. From thence the study of the law spreads over all countries. This city contains many very wise and noble men, principally R. Calonymos son of the great and noble R. Theodoros o. b. m., a descendant of the house of David, as proved by his pedigree. page 2. 2. This man holds landed property from the sovereigns of the country, of which nobody can deprive him by force. There is further R. Abraham the president of the university, R. Makhir, R. Iehuda and others of much merit and learning, altogether the number of Jews amounts to about three hundred.

Four parasangs from thence lies the city of BEZIERS, containing a congregation of learned men, the principals of which are R. Sh'lomo Chalaphtha and R. Joseph B. R. Nethanel o. b. m.

From thence it is two days to HAR GA'ASH or MONTPEILLIER, a city conveniently situated for the purposes of trade, being within two page 3. 1. parasangs from the coast. You there meet with christian and mahometan merchants from all parts: from Algarve *(Portugal)* Lombardy, the roman empire, from Egypt, Palestine, Greece, France, Spain, and England. People of all tongues are met there principally in consequence of the traffick of the Genoese and of the Pisans. The Jews of that city belong to the wisest and most esteemed of the present generation. R. Reuben B. Theodoros, R. Nathan B. R. Sekhariah, R. Sh'muel their Rabbi, R. Shelemiah and R. Mordekhai o. b. m. are the principal among them; others are also very rich page 3. 2. and benevolent towards all those, who apply for assistance.

Four parasangs to LUNEL, a city containing also a holy congregation of Jews who employ all their time upon the study of the law. This town is the place of residence of the celebrated Rabbi R. Meshullam and his five sons: R. Joseph, R. Jitschak, R. Ja'acob, R. Aharon and

R. Asher, all of which are eminent scholars and rich men. The latter is an ascetic[a], who does not attend to any worldly business but studies day and night, keeps fasts and never page 4. 1. eats meat. He possesses an extraordinary degree of knowledge of every thing relating to talmudic learning. R. Moshe his brother in law, R. Sh'muel the Minister, R. Sh'lomo Cohen and the physician R. Jehuda B. Thibbon of spanish origin are also inhabitants of LUNEL. All foreign students who resort thither with the intention of studying the law, are supplied with food and raiment at the public expence during the whole time of their stay in the university. The Jews of this city amounting to about three hundred, are wise, holy and benevolent men, page 4. 2. who support their poor brethren near and far. The town stands within two parasangs from the coast.

To BEAUCAIRE two parasangs; this is a large

---

a פרוש, ascetic, 'one who exercises himself in and is devoted to the contemplation of divine things and for that purpose separates himself from intercourse with the world.' ***Richardson's Dict.***

borough, containing about four hundred Jews and a great university under the presidency of the great Rabbi, R. Abraham B. David o. b. m., a scholar of the very first degree of eminence and skill, both in the scriptural and talmudic branches of learning. He attracts students from distant countries who find abode in his own house and are taught by him; he moreover page 5 1. provides them with all necessaries of life from his own means and private property, which is very considerable. R. Joseph B. R. Menachem, R. Benbenast, R. Benjamin, R. Abraham and R. Jitschak B. R. Moshe o. b. m. of this city, are also very great scholars and wise men.

To Nogres or Bourg de St. Gilles three parasangs. The principal of the jewish inhabitants, of which there are about one hundred, are: R. Jitschak B. R. Ja'acob, R. Abraham B. R. Jehuda, R. El'asar, R. Jitschak, R. Moshe and R. Ja'acob the son of the late Rabbi R. Levi o. b. m. This town, a place of Pil- page 5. 2. grimage visited even by the inhabitants of distant countries and islands, is situated within three parasangs from the sea on the very banks of the large river Rhone which surrounds the whole Provence. It is the place of residence of R. Abba Mari B. R. Jitschak o. b. m. who holds the office of steward to count Raymond.

To ARLES three parasangs, the principal of its two hundred Israelites are: R. Moshe, R. Tobi, R. Jesha'jah, R. Sh'lomo, the Rabbi R. Na-
page 6. 1.
than and R. Abba Mari o. b m.

Three days to MARSEILLES, a city containing many eminent and wise men. The three hundred Jews form two congregations, one of which resides in the lower town on the coast of the Mediterranean and the other in the upper part, near the fortress. The latter supports a great university and boasts of many learned scholars, R. Shimeon B. R. Antoli, his brother R. Ja'acob and R. L'varo are the principals of the upper, R. Ja'acob Perpiano the rich man, R. Abraham and his
page 6. 2
son in law R. Meir, R. Jitschak and R. Meir those of the lower congregation. An extensive trade is carried on in this city, which stands on the very coast.

Here people take ship for GENOA, which also stands on the coast and is reached in about four days. Two Jews from Ceuta, R. Sh'muel B. Khilam and his brother reside there. The city is surrounded by a wall, no king governs over it, but senators chosen by the citizens and of their own body. Every page 7. 1. house is provided with a tower and in times of civil commotion war is carried on from the tops of these towers. The Genoese are masters of the sea and build vessels called galleys by means of which they carry on war in many places and bring home a vast deal of plunder and booty, to Genoa; they are at war with the Pisans.

From their city to that of Pisa is a distance of two days journey. The latter is of very great extent, containing about ten thousand fortified houses, from which war is carried on in times of civil commotion. All the inhabitants are brave, no king nor prince governs over page 7. 2. them, the supreme authority being vested in senators chosen by the people. The principal of the twenty Jews resident at Pisa, are: R. Moshe, R. Chaim and R. Joseph. The city has no walls, stands about four miles from the sea and the navigation is carried on by means of vessels who ply upon the Arno, a river which runs through the very city.

To LUCCA four parasangs. This is a large city and contains about forty Jews, the principal of
page 8. 1. them are: R. David, R. Sh'muel and R. Ja'acob.

A journey of six days from thence brings you to the large city of ROME, the metropolis of all Christendom. The two hundred Jews who live there are very much respected and pay tribute to no one. Some of them are officers in the service of Pope Alexander, who is the principal ecclesiastic and head of the christian church. The principal of the many eminent Jews resident there are R. Daniel and R. Jechiel. The latter is one of the pope's officers, a handsome, prudent and wise man, who frequents the pope's palace being the steward of his household and minister of his private property. ***R. Jechiel*** is a descendant of R. Na-
page 8. 2. than, the author of the Book Aruch and its comments. There are further at ROME: R. Joab B. Rabbi R. Sh'lomo, R. Menachem the president of the university, R. Jechiel who resides in Trastevere and R. Benjamin B. R. Shabthai o. b. m.

The city of Rome is divided into two parts by means of the river Tiber which runs through it. In the first of these divisions you see the large place of worship called St. Peter of Rome, there was the large palace of Julius Caesar. The city contains numerous buildings and structures entirely different from all other page 9. 1. buildings upon the face of the earth. The extent of ground cover'd by ruined and inhabited parts of Rome amounts to four and twenty miles. You there find eighty halls of the eighty eminent kings who are all called Imperator, from king Tarquin to king Pipin the father of Charles who first conquer'd Spain and wrested it from the mahometans.

In the outskirts of Rome is the palace of Titus who was rejected by three hundred senators in consequence of his having wasted three years in the conquest of Jerushalaim, which task according to their will he ought to have accomplished in two years. There is further the hall of the palace page 9 2. of king Vespasianus, a very large and strong building; also the hall of king Galba, containing 360 windows, equal in number to the days of the year. The circumference of the palace is nearly three miles. A battle was fought here in times of yore and in the palace fell more than a hundred thousand slain, whose bones are hung up there even to the present day. The king caused a representation of the battle to be drawn, army against army, the men, the horses and all their accoutrements were sculptured in marble, in order to preserve a memorial of the wars of antiquity.

page 10. 1.

You there find also a cave under ground containing the king and his queen upon their thrones, surrounded by about one hundred nobles of their court, all embalmed by physicians and in good preservation to this day.

Also St. Giovanni in porta latina in which place of worship there are two copper pillars constructed by king Sh'lomo o. b. m. whose name 'Sh'lomo Ben David' is engraved upon each. The Jews in Rome told him, that every year about the time of the 9th of Ab,[a] these

page 10. 2.

a The time of the destruction of both temples at Jerusalem. The day is still one of fast and mourning to all jews and is celebrated as such by all synagogues.

pillars sweat so much that the water runs down from them.

You there see also the cave, in which Titus the son of Vespasian hid the vessels of the temple, which he brought from Jerushalaim, and in another cave on the banks of the Tiber you find the sepulchres of those holy men o. b. m., the ten martyrs of the kingdom.

Opposite St. Giovanni de Laterano stands a statue of Shimshon with a lance of stone in page 11. 1. his hand, also that of Abshalom the son of David and of king Constantine, who built Constantinople, which city is called after his name, his statue is cast in copper, man and horse are gilt. ROME contains many other remarkable buildings and works, the whole of which nobody can enumerate

CAPUA is four days from Rome. This large city was built by king Capis, the town is elegant but the water is bad and the country unhealthy. Among the three hundred Jews, who reside at CAPUA, are many very wise men of universal fame, principally R. Konpasso and his page 11. 2.

brother R. Sh'muel, R. Saken and the Rabbi R. David, who bears the title of Principalo.

From thence to PUZZUOLO or SORRENTO, a large city built by Tsintsan Hadar'eser, who fled in fear of king David o. b. m. The city has been inundated in two spots by the sea. Even to this day you may see the streets and towers of the submerged city. A hot spring, which issues forth from under ground, produ-

page 12. 1.

ces the oil called Petroleum, which is collected upon the surface of the water and used in medicine. There are also the hot baths, provided from hot subterranean springs, which here issue from under ground. Two of these baths are situated on the seashore and whoever is afflicted with any desease generally experiences great relief if not certain cure from the use of these waters. During the summer season all persons afflicted with complains flock thither from the whole of Lombardy.

From this place a man may travel fifteen miles by a causeway under the mountains. This way was constructed by king Romulus,

page 12. 2.

the founder of Rome, who feared David king

of Israel and Joab his general and constructed buildings both upon and under the mountains.

The city of NAPLES is very strongly fortified, situated on the coast and originally built by the Greeks. R. Chiskiah, R. Shalom, R. Eliah Cohen and R. Jitschak from mount Hor are the principal of the five hundred Jews who live in the city.

One days journey brings you to SALERNO, the principal medical university of christendom. The number of Jews amounts to about six hundred, among which R. Jehuda B. R. Jitschak, R. Malkhi Tsedek, the grand Rabbi, originally from Siponte, R. Sh'lomo Cohen, R. Elija Hajevani, R. Abraham Narboni and R. Thamon deserve particular notice, being wise and learned men. The city is surrounded by a wall from the landside, one part of it however stands on the shore of the sea. The fortress on the top of the hill is very strong.

page 13. 1.

Half a day to AMALFI, a city among the inhabitants of which you find twenty Jews, principals: R. Chananel the physician, R. Elisha' and the benevolent *or noble* Abu-al-Gid.

The christian population of this country is mostly addicted to trade, they do not till the ground, but buy every thing for money, because
page 13. 2.
they reside on high mountains and upon rocky hills; fruit abounds however, the land being well supplied with vineyards, olivegroves, gardens and orchards. Nobody dares wage war with them.

One day to BAVENTO, a large city situated between the coast and a high mountain. The congregation of Jews numbers about two hundred, principals R. Calonymos, R. Sarach and R. Abraham o. b. m.

Two days to MELFI in Apulia, the Pul[a] of
page 14. 1.
scripture, with about two hundred Jews of which R. Achima'ats, R. Nathan and R. Tsadok are the principal.

One days journey to ASCOLI, the principal of the forty Jews who live there are: R. Kontilo, R. Tsemach his son in law and R. Joseph.

Two days to TRANI on the coast. All the pilgrims who travel to Jerushalaim assemble here

---

a Jesaia LXVI. 19.

in consequence of the convenience of its port. The city contains a congregation of about two hundred Israelites, the principal of whom are R. Eliiah, R. Nathan the lecturer and R. Ja'a-cob. Trani is a large and elegant town.

One days journey to St. Nicolas di Bari, page 14. 2. the large city which was destroyed by king William of Sicily. The place still lies in ruins and contains neither jewish nor christian inhabitants.

One days journey and a half to Taranto, this is the frontier town of Calabria, the inhabitants are Greeks, the city is large and the principal of the three hundred Jews who live there are: R. Mali, R. Nathan and R. Jisrael.

One days journey to Brindisi on the sea page 15. 1. coast, containing about ten Jews, who are dyers.

Two days to Otranto on the coast of the grecian sea, the principal of its five hundred jewish inhabitants are R. M'nachem, R. Khaleb, R. Meier and R. Mali.

From thence you cross over in two days to the island of Corfu, containing but one Jew, a dyer of the name of R. Joseph. Unto this places reaches the kingdom of Sicily.

Two days journey by sea bring you to the coast of ARTA, the confines of the empire of Manuel king of Greece, on this coast lies a vil-
page 15. 2. lage with about a hundred jewish inhabitants, the principal of them are R. Sh'lachiah and R. Hercules.

Two days to ACHELOUS, with ten Jews, principal: R. Shabthai.

Half a day to ANATOLICA on the gulf.

One days journey by sea to PATRAS. This is the city of Antipatros king of Greece, one of the four kings who rose after king Alexander. The city contains large and ancient buil-
page 16. 1. dings and about fifty Jews reside there. R Jitschak, R. Ja'acob and R. Sh'muel are the principal of them.

Half a day by sea to LEPANTO on the coast The principal of the hundred Jews who reside there are R. Gisri, R. Shalom and R. Abraham.

One days journey and a half to CRISSA. Two hundred Jews live there by themselves on mount PARNASSUS and carry on agriculture upon their own land and property; R. Sh'lomo, R. Chaim and R. Jeda'iah are the principal of them.

Three days to the city of CORINTH which contains about three hundred Jews, principals: R. Leon, R. Ja'acob and R. Chiskiah. Page 16. 2.

Three days to the large city of THEBES with about two thousand jewish inhabitants. These are the most eminent manufacturers of silk and purple cloth in all Greece. Among them are many eminent talmudic scholars and men as famous as any of the present generation. The principal of them are: the great Rabbi R. Aharon Koti, his brother R. Moshe, R. Chija, R. Eliiah Tareteno and R. Joktan. No scholars like them are to be met with in the whole grecian empire except at Constantinople. Page 17. 1.

A journey of three days brings you to NEGROPONT, a large city on the coast to which merchants resort from all parts. Of the two hundred Jews who reside there the principal are R. Eliiah Psalteri, R. 'Emanuel and R. Khaleb.

From thence to JABUSTRISA is one days journey. This city is situated on the coast and contains about one hundred Jews, the principal of whom are: R. Joseph, R. Sh'muel and R. Nethaniah.

RABENICA is distant one days journey and contains about one hundred Jews. R. Joseph, page 17. 2. R. El'asar and R. Jitschak are the principal of them.

SINON POTAMO or ZEITUN is one days journey further; R. Sh'lomo and R. Ja'acob are the principal of its fifty jewish inhabitants.

Here are the confines of Walachia, a country the inhabitants of which are called Vlachi. They are 'as nimble as deer'[a] and descend from their mountains into the plains of Greece committing robberies and making booty. Nobody ventures to make war upon them, nor can any king bring them to submission, and they do not profess the christian faith. Their names are of jewish origin and some even say they have been page 18. 1. Jews, which nation they call brethren. Whenever they meet an Israelite, they rob but

---

a 2 Samuel II. 18.

never kill him, as they do the Greeks. They profess no religious creed.

From thence it is two days to GARDICKI, a ruined place, containing but few jewish or grecian inhabitants.

Two days further stands the large commercial city of ARMIRO, on the coast. It is frequented by the Venetians, the Pisans, the Genoese and many other merchants, who there transact business. It is a large city and contains about four hundred jewish inhabitants; page 18. 2. principals: R. Shiloh, R. Joseph the elder and R. Sh'lomo the president.

One day to BISSINA; the principal of the hundred Jews who reside there are the Rabbi R. Shabtha, R. Sh'lomo and R. Ja'acob.

The town of SALUNKI is distant two days journey by sea, it was built by king Seleucus, one of the four greek nobles who rose after Alexander, is a very large city and contains about five hundred jewish inhabitants. The Rabbi R. Sh'muel and his children are eminent scholars and he is appointed provost of the resi- page 19. 1. dent Jews by the kings command. His son in law R. Shabthai, R. Eliiah and R. Mikhael also reside there. The Jews are much oppressed in this place and live by the exercise of handicrafts.

Mitrizzi, distant two days journey, contains about twenty Jews. R. Jescha'iah, R. Makhir and R. Eliab are the principal of them.

Drama, distant from hence two days journey contains about one hundred and forty Jews; principals: R. Mikhael and R. Joseph.

From thence one days journey to Christopoli, with about twenty jewish inhabitants.

page 19. 2

Distant three days journey from thence by sea stands Abydos, on the coast.

Five days journey by the mountains to the large city of Constantinople.

This city, the metropolis of the whole grecian empire is also the residence of the emperor, king Manuel. Twelve princely officers govern the whole empire by his command and every one of them inhabits a palace at Constantinople and possesses fortresses and cities of his own. The first of these nobles bears the title of Praepositus magnus; the second is called Mega Domesticus, the third Dominus, the fourth Megas Dukas, the fifth Oeconomus magnus, the names of the other are similar to these. The circumference of the city of Constantinople amounts to eighteen miles, one half of the city is bounded by the continent, the other by the sea, two arms of which meet here: the one being a branch or outlet of the russian, the other of the spanish sea. page 20. 1.

Great stir and bustle prevails at Constantinople in consequence of the conflux of many merchants who resort thither, both by land and by sea, from all parts of the world for purposes of trade. Merchants from Babylon and from Mesopotamia, from Media and Persia, from Egypt and Palestine as well as from Russia, Hungary, Patzinakia, Budia, Lombardy and Spain are met with here and in this respect the city is equalled only by Bagdad, the metropolis of the Mahometans. page 20. 2.

At Constantinople is the place of worship called St. Sophia and the metropolitan seat of the Pope of the Greeks, who are at variance with the Pope of Rome. It contains as many altars as the year numbers days and possesses innumerable riches.

These are augmented every year by the contributions of the two islands and of the adjacent towns and villages. (page 21. 1.) All the other places of worship in the whole world do not equal St. Sophia in riches. It is ornamented by pillars of gold and silver and by innumerable lamps of the same precious materials.

The Hippodrome is a public place near the wall of the palace, set aside for the sports of the king. Every year the birthday of Jisho the Nazarene is celebrated there by public rejoicings. On these occasions you may there see representations of all the nations, who inhabit the different parts of the world and surprising feats of jugglery. Lions, bears, leopards (page 21. 2.) and wild asses as well as birds, that have been trained to fight each other, are also exhibited, and all this sport, the equal of which is to be met with nowhere, is carried on in the presence of the king and the queen.

King 'Emanuel has built a large palace for his residence on the sea shore, besides the palace built by his predecessors, this edifice is called Blachernes.

The pillars and walls of this palace are cover'd with sterling gold. All the wars of the ancients as well as his own wars are represented in pictures. The throne in this palace is of gold and ornamented with precious stones. A golden crown hangs over the throne suspended on a page 22. 1. chain of the same material, the length of which exactly admits the emperor to sit under it. This crown is ornamented with precious stones of inestimable value. Such is the lustre of these diamonds that, even without any other light, they illumine the room in which they are kept. Other objects of curiosity are met with here which nobody can adequately describe.

The tribute, which is collected at Constantinople every year, from all parts of Greece consisting of silks and purple cloths and gold, fills many towers. These riches and buildings are equalled nowhere in the world. They say page 22. 2. that the tribute of the city alone amounts every day to twenty thousand florins; this revenue arises from rents of hostelries and bazaars and of the duties paid by merchants who arrive by sea and by land.

The Greeks who inhabit the country are extremely rich and possess great wealth of gold and precious stones. They dress in garments of silk, ornamented by gold and other valuable materials; they ride upon horses and in their appearance they are like princes. The country is rich producing all sorts of delicacies as well abundance of bread, meat and wine page 23. 1. and nothing upon earth equals their wealth. They are well skilled in the greek sciences and live comfortable, 'every man under his vine and his fig tree'[a].

The Greeks hire soldiers of all nations whom they call barbarians, for the purpose of carrying on their wars with the Sultan of the Thogarmim who are called Turks. They have no martial spirit themselves and like women are unfit for warlike enterprizes.

No Jew dwells in the city with them, having been expelled beyond the one arm of the

---

a. Micha. IV. 4.

sea. They are shut in by the channel of Sophia on one side and they can reach the city page 23. 2. by water only, whenever they want to visit it for the purpose of trade. The number of Jews at Constantinople amounts to two thousand rabbanites and five hundred caraites,[a] they live on one spot but a wall divides them. The principal of the rabbanites, who are learned in the law, may be called: the Rabbi R. Abtalion, R. 'Obadiah, R. Aharon Khuspo, R. Joseph Sargeno and R. Eliakim the elder. Many of them are manufacturers of silk cloth, many others are merchants, some of them being extremely rich; but no Jew is allowed to ride upon a horse page 24. 1. except R. Sh'lomo Hamitsri who is the king's physician and by whose influence the Jews enjoy many advantages even in their state of oppression. This state is very severely felt by them and the hatred against them is enhanced by the practice of the tanners, who pour out their filthy water in the streets and even be-

---

a. The former respect and conform with the authority of the rabbinic explanations, which are rejected by the latter.

fore the very doors of the Jews, who being thus defiled, become objects of hatred to the Greeks. Their yoke is severely felt by the Jews, both good and bad, they are exposed to be beaten in the streets and must submit to all sorts of bad treatment, but the Jews are page 24. 2 rich, good, benevolent and religious men, who bear the misfortunes of the exile with humility. The quarter inhabited by the Jews is called PERA.

Two days from CONSTANTINOPLE stands RODOSTO, containing a congregation of about four hundred Jews, the principal of which are: R. Moshe, R. Abiiah and R. Ja'acob.

To GALLIPOLI two days. Of the two hundred Jews of this city the principal are: R. Eliiah Kapid, R. Shabthai the little and R. Jitschak Megas; — this term means 'tall' in the greek language.

page 25. 1. To (Kales or) KILIA two days. The principal of the fifty Jews who inhabit that place are R. Jehudah, R. Ja'acob and R. Shm'aiah.

Two days to MITILENE, one of the islands

of the sea. Ten places of this island contain jewish congregations.

Three days from thence is situated the island of CHIO, containing about four hundred Jews, the principal of which are R. Eliiah, R. Theman and R. Shabthai. The trees which yield mastic are found here.

Two days to the island of SAMOS with about three hundred Jews. Principals: R. Page 25. 2. Sh'maria, R. 'Obadiah and R. Joel. These islands contain many congregations of Jews.

To RHODES, three days by sea; the principal of the four hundred Jews who reside here are: R. Aba, R. Chananel and R. Eliiah.

Four days to CYPRUS. Besides the rabbanitic Jews in this island, there is a community of heretic Jews, called Kaphrossin, or 'cyprians'. They are Epicureans and the Jews excommunicate them every where. The evening of the sabbath is profaned and that of the sunday kept holy by these sectarians.

To CORYCUS two days, this is the frontier of Aram, which is called Armenia. Here are the con- Page 26 1. fines of the empire of Toros, king of the mountains, sovereign of Armenia, whose sway reaches unto the city of Dhuchia and unto the country of the Togarmim who are called Turks.

Two days to Malmistras which is TERSOOS situated on the coast. Thus far reaches the empire of the Javanites who are called Greeks.

The large city of ANTIOCH is distant two days. It stands on the banks of the Makloub, which river flows down from mount Lebanon, from the country of Chamath; the city was founded by king Antiochus, and is overlooked page 26. 2. by a very high mountain. A wall surrounds this height, on the summit of which is situated a well. The inspector of the well distributes the water by subterranean aquaducts and provides the houses of the principal inhabitants of the city therewith. The other side of the city is surrounded by the river. This place is very strongly fortified and in the possession of Prince Boemond Poitevin, surnamed le Baube. It contains about ten Jews, who are glass-manufacturers, the principal of them are: R. Mordekhai, R. Chaiim and R. Jishma'el.

Two days from thence to Lega which is

LATACHIA with about two hundred Jews, of page 27. 1.
which R. Chiia and R. Joseph are the principal.

Two days to JEBILEE, the Ba'al Gad[a] of Scripture under mount Lebanon.

In this vicinity resides the nation which are called ASSASSINS, who do not believe in the tenets of mohammedanism, but in those of one, whom they consider like unto the prophet Kharmath. They fulfil whatever he commands them to do, whether it be a matter of life or death. He goes by the name of Sheikh-al-Chashishin, or their old man, by whose commands all the acts of these mountaineers are regulated. His seat is in the city of Kadmus, the Kedemoth[b] of scripture, in the land of Sichon. The As- page 27. 2.
sassins are faithful to one another by the command of their old man and make themselves the dread of every one, because their devotion goes far enough gladly to risk their lives, and to kill even kings, if commanded to do so.[c] The extent of their country is eight days journey. They are at war with the christians, cal-

---

a. Joshua XI. 17. XII. 7. XIII. 5. b. ibid. XIII. 18. XXI. 37. I. Chron. VI. 64. c. see Notes.

led Franks and with the count of Tripoli, which is Tarablous el Sham.

Some time ago TRIPOLI was visited by an earthquake, which destroyed many Jews and Gentiles, numbers of the inhabitants were killed by the falling houses and walls, under the ruins of which they were buried. More than twenty thousand persons were killed in Palestine by this earthquake.

page 28. 1.

One days journey to the other DJEBAIL which was the Gebal of the children of 'Ammon;[a] it contains about one hundred and fifty Jews and is govern'd by seven Genoese, the supreme command is vested in one of them, Julianus Embriaco by name. You there find the ancient place of worship of the children of 'Ammon, the idol of this people sits upon a cathedra or throne, constructed of stone and richly gilt; two female figures occupy the seats on his side, one being on the right, the other on the left, and before it stands an altar, upon which the children of 'Ammon offer'd sacrifices

page 28. 2.

---

a. Joshua XIII. 5. 1 Kings V. 32. Ezech. XXVII. 9.

and burned incense in times of yore. The city contains about two hundred Jews the principal of which are R. Meir, R. Ja'acob and R. Szimchah, and stands on the coast of the sea of the holy land.

Two days to BEYRUT, which is Beeroth.[a] The principal of its fifty jewish inhabitants are: R. Sh'lomo, R. 'Obadiah and R. Joseph.

One days journey to SAIDA which is Tsidon page 29. 1. of scripture;[b] a large city with about twenty jewish inhabitants.

Within twenty miles resides a nation who are at war with the inhabitants of Tsidon; the name of this nation is DRUSES. They are called heathens and unbelievers because they confess no religion. Their abodes are on the summits of the mountains and in the ridges of the rocks, and they are subject to no king or prince. Mount Hermon, a distance of three days journey, confines their territory. This nation is very incestuous; a father cohabits with his own daughter, and

---

a. Joshua XVIII. 25. b. Joshua XI. 3. XIX. 28.

page 29. 2. once every year all men and women assemble to celebrate a festival upon which occasion, after eating and drinking they hold promiscuous intercourse.

They say that the soul of a virtuous man is transferred to the body of a newborn child, whereas that of the vicious transmigrates into a dog or some other animal. 'This their way *is* their folly.'[a]

Jews have no permanent residence among them, some tradesmen however and a few dyers travel through the country occasionally, to carry on their trades or sell goods and they return to their homes when their business is done. The Druses are friendly towards page 30. 1. the Jews; they are so nimble in the climbing of hills and mountains, that nobody ventures to carry on war with them.

One days journey to New Tsour, a very beautiful city, the port of which is in the very town. This port is guarded by two towers, within which the vessels ride at anchor. The

---

a. Psalms XLIX. 13.

officers of the customs draw an iron chain from tower to tower every night, thereby effectually preventing any thieves or robbers to escape by boats or by other means. A port equal to this is met with nowhere upon earth. About four hundred Jews reside in this excel- page 30. 2. lent place, the principal of which are the Judge R. Ephraim Mitsri, R. Meier of Carcasson, and R. Abraham, the elder of the community. The Jews of Tsour are shipowners and manufacturers of the far-renowned tyrian glass, the purple dye is also found in this vicinity.

If you mounts the walls of New Tsour, you may see the remains of 'Tyre the crowned'[a] which was inundated by the sea, it is about the distance of a stones-throw from the new town; and whoever embarks may observe the towers, the markets, the streets and page 31. 1 the halls on the bottom of the sea. The city of New Tsour is very commercial, and one to which traders resort from all parts.

One day to Acre, which is Acco of Scrip-

---

a. Isaiah XXIII.

ture,[a] on the confines of the tribe of Asher. This city is the frontier town of Palestine and in consequence of its situation on the shore of the mediterranean and of its large port, is the principal place of disembarcation of all pilgrims who visit Jerushalaim by sea. A river called Nahr el Kelb runs near the city which contains about two hundred jewish inhabitants; page 31 2 R. Tsadok, R. Jepheth and R. Jona are the principal of them.

To Khaifa, which is Gath Hachepher,[b] three parasangs. One side of this city is situated on the coast, on the other it is overlooked by mount Kharmel. Under the mountain are many jewish sepulchres and near the summit is the cavern of Elijahu, upon whom be peace. Two christians have built a place of worship near this site, which they call St. Elias, and on the summit of the hill you may still trace the situation of the altar which was rebuilt by Elijahu o. b. m. in the time of king Achab[c] and the circumference of which is about four yards.

---

a. Judges I. 31. b. Joshua XIX. 13. c. I. Kings XVIII. 30.

The river Mukattua runs down the mountain and along its base.

Four parasangs to KH'PHAR THANCHUM, which is Kh'phar Nachum, identical with Meon, the place of abode of Nabal the Carmelite.[a] page 32. 1.

Six Parasangs to CESAREA, the Gath of the Philistines of scripture,[b] inhabited by about ten Jews and two hundred Cuthaeans. The latter are samaritan Jews, commonly called Samaritans. The city is very elegant and beautiful, situated on the sea shore, and was built by king Herod who called it Cesarea in honor of the Emperor or Caesar.

To KAKUN, the K'eilah of scripture[c] half a days journey; in this place are no Jews.

To ST. GEORGE, the ancient Luz,[d] half a days journey. One Jew only, a dyer by profession, lives there. page 32. 2.

To SEBASTE one days journey. This is the ancient Shomron[e] where you may still trace the site of the palace of Achab, king of Israel.

---

a. On this passage and its translation see my volume of Notes. b. 1 Sam. VI. 17. c. Joshua XV. 44. d. Judges I. 26. e. I. Kings XVI. 24.

It was formerly a very strong city, and is situated on the mount, in a fine country richly water'd and surrounded by gardens, orchards, vineyards and olivegroves, no Jews live there.

To Nablous, the ancient Sh'khem on mount Ephraim,[a] two parasangs. This place contains no jewish inhabitants and is situated in the valley between mount Gerizim and mount 'Ebal. It is the abode of about one hundred Cuthaeans, who observe the mosaic law only, and are called Samaritans. They have priests, descendants page 33. 1. of Aharon the priest, of blessed memory, whom they call Aharonim. These do not intermarry with any other than priestly families; but they are priests only of their own law, who offer sacrifices and burnt offerings in their synagogue on mount Gerizim. They do this in accordance with the words of scripture[b], Thou shalt put the blessing on mount Gerizim, and they pretend that this is the holy temple[c]. On passover and holidays they offer burnt offerings on the altar, which

---

a. Joshua XX. 7. b. Deut. XI. 29. c. To which place according to the tenets of the talmudic Jews, the offerings are confined and since the destruction of which have been discontinued.

they have erected on mount Gerizim,[a] from the stones put up by the children of Israel after they had crossed the Jordan.[b] They pre- page 33. 2. tend to be of the tribe of Ephraim and are in possession of the tomb of Joseph the righteous, the son of our father Ja'acob, upon whom be peace, as is proved by the following passage of scripture[c] 'the bones of Joseph, which the children of Israel brought up with them from Egypt, they buried in Sh'khem.'

The Samaritans do not possess the three letters ה Hé, ח Cheth and ע 'Ajin; the Hé of the name of our father Abraham, and they have no glory — the Cheth of the name of our father Jitschak, in consequence of which they are devoid of piety, the 'Ajin of the name of Ja'acob, for they want humility. Instead of these letters they always put an Aleph, by which page 34. 1. you may know that they are not of jewish origin, for they know the law of Moshe, except these three letters.

This sect carefully avoides being defiled by

a. Deut. XXVII. 4. — see notes. b. ibid.
c. Joshua XXIV. 32.

touching corpses, bones, those killed by accident or graves, and they change their daily garments whenever they visit their synagogue, upon which occasion they wash their body and put on other clothes. These are their daily habits.

Mount Gerizim is rich in wells and orchards, whereas mount 'Ebal is dry like stone and rock, the city of Nablous lies in the valley between these two hills.

page 34. 2. Four parasangs from thence is situated MOUNT GILBOA'[a], which christians call Monto Jelbon, the country is very barren hereabout.

Five parasangs further is the valley of AJALON,[b] called by the christians Val de Luna.

One parasang to GRAN DAVID, formerly the large city of Gib'on.[c] It contains no jewish inhabitants.

From thence three parasangs to JERUSHALAIM, which city is small and strongly fortified by three walls. It contains a numerous population composed of Jacobites, Armenians,

---

a. I. Sam. XXVIII. 4. XXXI. 1—8. II. Sam. I. 6, 21. b. Joshua VII. 12; at present Yâlo. *Smith.* c. Joshua X. 2.

Greeks, Georgians, Franks and in fact of people of all tongues.

The dyeing house is rented by the year and the exclusive privilege of carrying on this trade is purchased from the king by the Jews of JERUSHALAIM, two hundred of which dwell in one corner of the city, under the tower of David. page 35. 1.

About ten yards of the base of this building are very ancient, having been constructed by our ancestors, the remaining part was added by the Mahometans and the city contains no building stronger than the tower of David.

There are at JERUSHALAIM two hospitals, which support four hundred knights and afford shelter to the sick; these are provided with every thing they may want, both during life and in death; the second house is called hospital of Sal'mon being the palace originally built by king Sh'lomo. page 35. 2.

This hospital also harbours and furnishes four hundred knights, who are ever ready to wage war, over and above those knights who arrive from the country of the Franks and other parts of Christendom. These generally have taken a vow upon themselves to stay a year or two and they remain until the period of their vow is expired.

The large place of worship, called Sepulchre and containing the sepulchre of that man,[a] is visited by all pilgrims.

page 36. 1.

JERUSHALAIM is furnished with four gates, called gate of Abraham, of David, of Tsion and of Jehoshaphat; the latter stands opposite the place of the holy temple, which is occupied at present by a building called Templo Domino. 'Omar Ben Al-Khataab erected a large and handsome cupola over it and nobody is allowed to introduce any image or painting into this place which is set aside for prayers only. In front of it you see the western wall, one of the walls which formed the holy of holies of the ancient temple, it is called gate of mercy and all Jews resort thither to say their prayers near the wall of the court yard.

page 36. 2.

At JERUSHALAIM you also see the stables which were erected by Sh'lomo[b] and which

a. Jesus is thus called by the Talmud. b. I. Kings IV. 26.

formed part of his house. Immense stones have been employed in this fabric, the like of which is nowhere else to be met with.

You further see to this day vestiges of the canal, near which the sacrifices were slaughter'd in ancient times and all jews inscribe their name upon an adjacent wall.

If you leave the city by the gate of Jehoshaphat, you may see the pillar erected on Abshaloms place[a] and the sepulchre of king 'Usia[b] and the great spring of the Shiloach which runs into the brook Kidron. Upon this spring you see a large building erected in the times of our forefathers.

page 37. 1.

Very little water is found at JERUSHALAIM, the inhabitants generally drink rain water, which they collect in their houses.

From the valley of Jehoshaphat the traveller immediately ascends the mount of olives, as this valley only intervenes between the city and the mount, from which the dead sea is clearly seen. Two parasangs from the sea

---

a. II. Sam. XVIII. 18. b. II. Kings XV. 1—7.

stands the salt pillar into which Lots wife was
page 37. 2. metamorphosed,[a] and although the sheep continually lick it, the pillar grows again and retains its original state. You also have a prospect upon the whole valley of the dead sea and of the brook of Shittim[b] even as far as mount N'bo.[c]

Mount Tsion is also near JERUSHALAIM and upon this acclivity stands no building except a place of worship of the Nazarenes. The traveller further sees there three jewish cemeteries, where formerly the dead were buried, some of the sepulchres had stones with inscriptions upon them, but the christians destroy these monuments and use these stones in building their houses.

JERUSHALAIM is surrounded by high moun-
page 38. 1. tains, and on mount Tsion are the sepulchres of the house of David and those of the kings who reigned after him. In consequence of the following circumstance however, this place is hardly to be recognized at present: Fifteen

---

a. Gen. XIX. 26. b. Joel III. 18. c. Deuter. XXII. 49.

years ago, one of the walls of the place of worship on mount Tsion, fell down, which the patriarch order'd the priest to repair. He commanded to take stones from the original wall of Tsion and to employ them for that purpose, which command was obeyed. About twenty journey-men were hired at stated wages, who broke stones from the very foundations of the walls of Tsion. Two of these labourers, who were intimate friends, upon a certain day treated one another, and repaired to their work after their friendly meal. The overseer questioned them about their tardiness, but they answer'd that they would still perform their days work, and would employ thereupon the time, during which their fellow labourers were at meals. They then continued to break out stones and happen'd to meet with one, which formed the mouth of a cavern. They agreed with one another to enter the cave and to search for treasure, in pursuit of which they proceeded onward until they reached a large hall, supported by pillars of marble, encrusted with gold and silver, and before which stood a table,

page 38. 2.

page 39. 1.

with a golden sceptre and crown. This was the sepulchre of David, king of Israel, to the left of which they saw that of Sh'lomo in a similar state and so on the sepulchres of all kings of Jehuda, who were buried there. They further saw locked trunks, the contents of which nobody knew and desired to enter the hall; but a blast of wind like a storm issued forth from the mouth of the cavern, strong enough to throw them down, almost lifeless, on the ground. There they lay until evening, when another wind rushed forth, from which they heard a voice, like that of human being, calling aloud: get up and go forth from this place. The page 39. 2. men came out in great haste and full of fear, proceeded to the patriarch and reported what had happen'd to them. This ecclesiastic summon'd into his presence R. Abraham el Constantini, a pious ascetic, one of the mourners of the downfall of Jerushalaim and caused the two labourers to repeat what they had previously reported. R. Abraham thereupon informed the patriarch that they had discover'd the sepulchres of the house of David and of the kings of Jehuda. The following morning the labourers were sent for again, but they were found stretched on their beds and still full of page 40. 1. fear; they declared that they would not attempt to go again to the cave, as it was not God's will to discover it to any one. The patriarch order'd the place to be walled up, so as to hide it effectually from every one unto the present day. The above-mention'd R. Abraham told me all this.

Two parasangs from Jerushalaim is Beth-Lechem of Jehuda, called BETH-LECHEM; within half a mile of it, where several roads meet,[a] stands the monument which points out the grave of Rachel. This monument has been constructed of eleven stones, equal to the number of the children of Ja'acob. It is cover'd by a cupola, which rests upon four pillars and every page 40. 2. Jew who passes there, inscribes his name on the stones of the monument. Twelve Jews, dyers by profession, live at BETH-LECHEM, the

---

a. Gen. XXXV. 19. 20.

country abounds with rivulets, wells and springs of water.

Six parasangs to CHEBRON. The ancient city of that name was situated on the hill and lies in ruins at present, whereas the modern town stands in the valley, even in the field of Makhphela.[a] Here is the large place of worship called St. Abraham, which during the time of the Mahomedans was a synagogue. The page 41. 1. Gentiles have erected six sepulchres in this place, which they pretended to be those of Abraham and Sarah, of Jitschak and Ribekah and of Ja'acob and Leah; the pilgrims are told, that they are the sepulchres of the fathers and money is extorted from them. But if any Jew come, who gives an additional fee to the keeper of the cave, an iron door is opened, which dates from the times of our forefathers who rest in peace, and with a burning candle in his hands, the visitor descends into a first cave, which is empty, traverses a second in the same state and at last reaches a third, which con-

a. Gen. XXIII. 19.

tains six sepulchres: that of Abraham, Jitschak and Ja'acob and of Sarah, Ribekah and Leah, one opposite the other. All these sepulchres bear inscriptions, the letters being engraved, page 41. 2. thus upon that of Abraham 'this is the sepulchre of our father Abraham upon whom be peace' even so upon that of Jitschak and upon all the other sepulchres. A lamp burns in the cave and upon the sepulchres continually, both night and day, and you there see tubs filled with the bones of Israelites, for it is a custom of the house of Israel to bring thither the bones of their relicts and of their forefathers and to leave them there, unto this day. page 42. 1.

On the confines of the field of Makhphela stands the house of our father Abraham, who rests in peace, before which house there is a spring and in honor of Abraham, nobody is allowed to construct any building on that site.

Five parasangs to Beith Jaberim, the ancient Maresha,[a] in which place there are but three jewish inhabitants.

---

a. Joshua XV. 44.

Five parasangs to TORON DE LOS CABALLEROS, which is Shunem,[a] inhabited by three hundred Jews.

Three parasangs to ST. SAMUEL OF SHILOH, the ancient Shiloh,[b] within two parasangs of page 42. 2. Jerushalaim. When the christians took Ramleh, which is Ramah, from the Mahomedans, they discover'd the sepulchre of Shmu'el the Ramathi[c] near the jewish synagogue and removed his remains to Shiloh, where they erected a large place of worship upon them, called St. Samuel of Shiloh to the present day.

Three parasangs to PESIPUA, which is Gib'ath Shaoul, or Geb'a Binjamin;[d] it contains no Jews.

Three parasangs to BEITH NUBI, which is page 43. 1. Nob the city of the priests.[e] In the middle of the road are the two rocks of Jehonathan, the name of one of which is Botsets and of the other Séné. The two Jews who live here are dyers.

---

a. Joshua XIX. 18. b. Judges XXI. 19. c. 1 Sam. I. 1 and foll. d. Joshua XVIII. 24. Judges XX. 10. 1 Kings XV. 22. e. 1 Sam. XXII. 19.

Three parasangs to RAMLEH, which is Harama, where you still find walls erected by our forefathers; this is evident from the inscriptions upon the stones. The city contains about three Jews and was formerly very considerable, a jewish cemetry in its vicinity has two miles in extent.

Five parasangs to JAFFA, the ancient Japho[a] on the coast; one Jew only, a dyer by profession, lives there.

Three parasangs to IBELIN, Jabneh[b] of antiquity, where the site of the schools may still be traced; it contains no Jews. Here was the frontier of the tribe of Ephraim. page 43. 2.

Two parasangs to Palmis, or ASDOUD, formerly a city of the Philistines,[c] at present in ruins, and containing no Jews.

Two parasangs to ASCALON, which is in fact the New Ascalon, built on the coast by 'Esra the priest o. b. m. and originally called Benebra, distant about four parasangs from ancient Ascalon[d], which lies in ruins at present. This

---

a. Joshua XIX. 46. 2 Chron. II. 16. b. 2 Chron. XXVI. 6. c. Joshua XIII. 3. d. ibid. Judges I. 18.

city is very large and handsome, merchants from all parts resort thither for purposes of trade, it being conveniently situated on the con-
page 44. 1. fines of Egypt. Of rabbanite Jews there are about two hundred; R. Tsemach, R. Aharon and R. Sh'lomo being the principal of them, besides about forty Karaites and about three hundred Cutheans *or Samaritans*. In the city stands a fountain, called Bir Ibrahim-al-Khalil, which was dug in the time of the Philistines.

From thence *back* to St. George, which is Lydda and in

One day and a half to Serain, the ancient Jisre'el,[a] a city containing a remarkably large fountain; one jewish inhabitant, a dyer by profession.

Three parasangs to Sufurieh, the Tsippori of antiquity. The sepulchres of Rabenu Hak-
page 44. 2. kadosh, of R. Chija, who came back from Babylon, and of Jonah ben Amithai the prophet are shown here; they are buried in the mountain, which also contains numerous other sepulchres.

---

a. Joshua XIX. 18. 2 Sam. II. 9.

Five parasangs to TIBERIAS. This city is situated on the Jordan, which here bears the name of sea of Khinnereth,[a] *or lake of Tiberias.* Here are the falls of the Jordan, in consequence of which the place bears also the name of Ashdoth Hapisga,[b] which means 'the place where the rapid rivers have their fall';[c] the Jordan afterwards empties itself in lake Asphaltes, which is the dead sea.

TIBERIAS contains about fifty Jews, the principal of them are: R. Abraham the astronomer R. Mukhthar and R. Jitschak.

The hot waters, which spout forth from under ground, are called the warm baths of TIBERIAS. page 45. 1.

In the vicinity is the synagogue of Khaleb B. J'phuneh and among numerous other jewish sepulchres, those of R. Jochanan B. Sakhai and of R. Jehonathan B. Levi; they are all situated in lower Galilee.

Two *(days)* Parasangs to TEBNIN, the an-

---

a. Numbers XLIII. 11. b. Deut. III. 17. IV. 49.
c. see Gesenius אשדות.

cient Thimnatha,[a] where you find the sepulchre of Shmu'el *(Shim'on)* the just and many other sepulchres of Israelites.

One day to Gish, which is Gush Chaleb, with about twenty jewish inhabitants.

Six parasangs to Meroon, which is Maron; in a cave near this place are the sepulchres of Hillel and Shamai and of twenty of their dis-

page 15. 2.

ciples, also those of R. Benjamin B. Jephet and of R. Jehuda B. B'thera.

Six parasangs to 'Alma, containing fifty jewish inhabitants and a large cemetry of the Israelites.

Half a day to Kades, which is Kadesh Naphthali[b] on the banks of the Jordan, the sepulchres of R. El'asar B. 'Arach, of R. El'asar B. 'Asariah, of Chuni Hama'agal, of R. Shim'on B. Gamliel, of R. Jose Hag'lili and of Barak B. Abino'am are here; the place contains no Jews.

page 46 1.

A days journey to Belinas, the ancient

a. Joshua XV. 10. XIX. 43. b. Joshua XII. 22. XIX. 37. XXI. 32. Judges IV. 6.

Dan;[a] the traveller here may see a cave, from which the Jordan issues and three miles from whence this river unites its waters with those of the Arnon, a rivulet of the ancient land of Moab.

In front of the cave you may still trace vestiges of the altar of Mikha's image, which was adored by the children of Dan in times of yore; there is also the site of the altar erected by Jarob'am B. N'bat in honor of the golden calf, and here were the confines of the land of Israel toward the hinder sea.[b]

Two days from thence to DAMASCUS, a large page 46. 2. city and the frontier town of the empire of Nureddin, king of the Thogarmim, which are vulgarly called Turks. This place is very large and handsome, enclosed by a wall and surrounded by a beautiful country, which in a circuit of fifteen miles presents the richest gar-

---

a. Joshua XIX. 47. Judges XVIII. 29.
b. ים האחרון, see Deut. XI. 24. where it means the mediterranean; this is one of the many abortive attemps of our author at comparative geography.

dens and orchards, in such quantity and beauty as to be without equal upon earth.

The rivers Amana[a] and Parpar,[b] the sources of which are on the Hermon, (a mount on which the city leans,) run down here; the Amana follows its course through Damascus and the waters are conducted by pipes into the page 47. 1. houses of the principal inhabitants as well as into the streets and markets.

A considerable trade is carried on here by merchants of all countries. The Parpar runs between the gardens and orchards in the outskirts and richly supplies them with water.

DAMASCUS contains a mahomedan Mosque, called 'the Synagogue of Damascus,' which building is equalled nowhere upon earth. They say that it was the palace of Ben Hadad[c] and that one wall of it is built of glass by witchcraft. This wall contains as many openings as there are days in the solar year and the sun gradually throws its light into the openings.

---

a. II. Kings V. 12. Greek name: ***Chrysorhoas***; modern arabic ***Barady***. b. II. Kings V. 12. modern name: ***el Faige***. c. Jerem. XLIX. 27. Amos I. 4.

These are divided into twelve degrees, equal page 47. 2. to the number of the hours of the day and by this contrivance every body may know what time it is. The palace contains houses richly ornamented with gold and silver, formed like tubs and of a size to allow three persons to bathe in them at once. In this building is also preserved the rib of a giant, which measures nine spans in length and two in breadth, and which belonged to an ancient giant king, of the name of Abkhamas.

This name was found engraved upon a stone of his tomb, which also contained the information that he reigned over the whole world. page 48. 1.

Many of the three thousand Jews who inhabit this city are learned men and rich; it is the residence of the president of the university of Palestine by name R. 'Esra, the brother of whom, Sar Shalom, is the principal of the *jewish* court of law; of R. Joseph, who ranges fifth in the university; of R. Matsliach, the lecturer and master of the schools; also of R. Meir, a flower of the learned; of R. Joseph Ibn Pilath, who may be called the prop of the university, of R. Heman the elder and of R. Tsadok the physician. The city contains also two hundred Karaites and about four hundred page 48. 2. Samaritans, all these sects live upon friendly terms, but they do not intermarry.

One days journey from thence to JELA'AD which is Gil'ad[a] and contains about sixty Jews, the principal of them is R. Tsadok. The city is large, richly water'd and surrounded by gardens and orchards.

Half a days journey further stands SALKHAT, the city of Salkhah of scripture.[b]

From thence to BA'ALBEK is half a days journey. This is the city, which is mention'd in scripture as 'Ba'alath in the valley of Lebanon, which Sh'lomo built for the daughter of Pharao.'[c] The palace is constructed of stones of enormous size, measuring twenty spans page 49. 1. in length and twelve in breadth; no binding material holds these stones together and peo-

---

a. Hos. VI. 8. b. Numb. XXXII. 26. 29. 39. Deut. III. 10. Joshua XII. 5. I. Chron. V. 11. c. I. Kings IX. 18. II. Chron. VIII. 6.

ple pretend, that the building could have been erected only by the help of Ashmedai.

A great spring takes its rise at the upper side of the city, through which its waters rush like those of a considerable river. They are employed in the working of several mills, situated within the city, which also encloses numerous gardens and orchards.

THADMOR in the desert[a] was also built by Shl'omo of equally large stones; this city is surrounded by a wall and stands in the desert, far from any inhabited place, is four days journey distant from the abovemention'd Ba'alath and contains two thousand warlike Jews. These page 49. 2. are at war with the christians and with the arabian subjects of Nureddin and aid their neighbours the mahomedans; R. Jitschak Haj'vani, R. Nathan and R. 'Usiel are their principals.

Half a day to CARIATEEN which is Kirjathaim;[b] one Jew only, a dyer by profession, lives there.

---

a. I. Kings IX. 18. II. Chron. VIII. 4.
b. Joshua XIII. 19.

One day to HAMAH, the ancient Chamath,[a] on the Orontes, under mount Lebanon.

Some time ago this city was visited by an earthquake, in consequence of which fifteen page 50. 1. thousand men died in one day, leaving only seventy survivors. R. 'Ulah Hacohen and the Sheikh Abu al Galeb Umokhatar are the principal.

Half a day to REIHA which is Chatsor.[b]

Three parasangs to LAMDIN, from whence it is a journey of two days to ALEPPO, the Aram Tsoba of scripture.[c] This city is the residence of King Nureddin, in which his palace is situated, a building fortified by an uncommonly high wall. There being neither spring nor river, the inhabitants are obliged to drink rain-water, which is collected in every house in a page 50. 2. cistern, called in arabic Algub. The principal of the fifteen hundred Jews who live in ALEPPO are: R. Moshe el-Costandini, R. Jisrael and R. Sheth.

To BALES which is P'thora[d] on the Euphrates, two days. Even at present you there still

---

a. Numb. XIII. 21. XXXIV. 8. b. Joshua XI. 1. 11. II. Kings XV. 29. c. Psalms LX. 2. II. Sam. X. 6. 8. d. Numb. XXII. 5. Deut. XXIII. 4.

find *remains of* the tower of Bil'am Ben Be'or (may the name of the wicked rot[a]) which he built in accordance with the hours of the day.[b] This place contains about ten Jews.[c]

Half a day to KALA' JIABER, which is Sela' Midbarah. This city remained in the power of the Arabs even at the time, when the Thogarmim *or Turks* took their country and dispersed them in the desert; it contains about Page 51. 1. two thousand Jews, of which R. Tsidkiah, R. Chia and R. Sh'lomo are the principal.

One day to RACCA, which is Khalneh[d] on the confines of Mesopotamia, being the frontier town between that country and the empire of the Thogarmim *or Turks*; it contains about seven hundred jewish inhabitants, the principal of whom are: R. Sakhai, R. Nadib who is blind[e]

---

a. Proverbs X. 7. b. See above, Damascus. c. מנין, a term not understood by former translators, *see Baratier and Gerrans*, and signifying the number of adult males, requisite to constitute a congregation and to allow of the performance of certain prayers in public. d. Gen. X. 10. Amos VI. 2. e. Mr. Gerrans, who understood no rabbinic hebrew, translates 'the much enlighten'd'. s. p. 92. of his translation.

and R. Joseph; one of the synagogues was built by 'Esra the scribe, when he returned to Jerushalaim from Babylon.

One day to the ancient place of CHORAN;[a] its twenty jewish inhabitants also possess a sy-page 51. 2.nagogue erected by 'Esra. Nobody is allowed to construct any building, on the site, where the house of our father Abraham was situated; even the Mahomedans pay respect to the place and resort thither to pray.

Two days journey from thence is[b] . . . . . *on* the mouth of the El-Khabour, the Chabor of scripture.[c] This river takes its course through Media and loses itself in the Kizil Ozein; about two hundred Jews dwell near this place.

To NISIBIN two days; it is a large city, richly water'd and contains about one thousand Jews.

Two days to JEZIREH BEN 'OMAR, an island page 52. 1.in the Tigris, on the foot of mount Ararat and four miles distant from the place, on which the

---

a. Gen. XI. 31. II.Kings XIX. 12. Ezech. XXVI. 23.
b. the name of the place is omitted in the text. c. II. Kings XVII. 6. XVIII. 1. I. Chron. V. 26. compare: Ezech. I. 3. III. 15. 23. X. 15. 22; *Chaboras* gr. and lat.

ark of Noah rested; 'Omar Ben Al Khatab removed the ark from the summit of the two mountains and made a mosque of it.

There still exists in the vicinity of the ark a synagogue of 'Esra the scribe, which is visited by the Jews of the city on the 9th. of Ab.[a] The city of JEZIREH 'OMAR BEN AL-KHATAB contains about four thousand Jews, principals: R. Mubchar, R. Joseph and R. Chiia.

Two days from thence stands MOSUL, mention'd in scripture as: Ashur the great, which contains about seven thousand Jews, the principal of whom are R. Sakhai, the Prince, a descendant of king David and R. Joseph, surnamed 'Borhan al Phulkh' who is astronomer of Seifeddin, the brother of Nureddin, king of Damascus. This city, situated on the confines of Persia, is of great extent and very ancient; it stands on the banks of the Tigris and is combined by a bridge with NINIVEH. Page 52. 2.

Although the latter lies in ruins, there are numerous inhabited villages and small town-

a. see p. 40. note.

ships on its site. NINIVEH is distant one para-
page 53. 1. sang from the town of Arbiil and stands on the Tigris. MOSUL contains the synagogues of 'Obadiah, of Jonah ben Amithai and of Nachum Haelkoshi.

Three days to RAHABAH, which is 'Rechoboth by the river'[a] Euphrates and contains about two thousand Jews, the principal of whom are: R. Chiskiiah, R. Ehud and R. Jitschak. The city is surrounded by a wall, is very handsome, large and well fortified; the environs abound with gardens and orchards.

One day to KARKISIA, the ancient Kharkh'-mish[b], on the banks of the Euphrates, contai-
page 53. 2. ning about five hundred jewish inhabitants; principals: R. Jitschak and R. Elchanan.

Two days to JUBA, which is Pumbeditha in Neharde'a, containing about two thousand Jews, some of them being eminent scholars. The Rabbi R. Chen, R. Moshe and R. Eliạkim are the principal of them. Here the traveller may see the sepulchres of R. Jehuda and R.

---

a. Gen. XXXVI. 37. b. Isaiah X. 9. Jerem. XLVI. 2. II. Chron. XXXV. 20.

Sh'muel opposite to two synagogues, which they erected during their lives, also the sepulchre of R. Bosthenai, the prince of the captivity, of R. Nathan and of R. Nachman B. Papa. page 54. 1.

Five days to CHARDAH ***or Chadrah*** with fifteen thousand Jews of whom R. Saken, R. Joseph and R. N'thanel are the principal.

Two days to OKBERA, the city which was built by Jekhoniah king of Jehuda;[a] it contains about ten thousand Jews, the principal of whom are R. Jehoshua' and R. Nathan.

Two days from thence stands BAGDAD, the large metropolis of the Khalif Emir al Mumenin[b] al 'Abassi of the family of their prophet, who is the chief of the mahomedan religion. All mahomedan kings acknowledge him and he page 54. 2. holds the same dignity over them, which the Pope enjoys over the christians.

The palace of the Khalif at BAGDAD is three miles in extent, it contains a large park of all sorts of trees, both useful and ornamental and all sorts of beasts, as well as a pond of water

---

a. 1 Kings XXIV. 8. and foll. b. Commander of the faithful.

led thither from the river Tigris; and whenever the Khalif desires to enjoy himself and to sport and to carouse, birds, beasts and fishes are prepared for him and for his councillors, whom he invites to his palace.

page 55. 1. This great Abasside is extremely kind towards the Jews, many of his officers being of that nation; he understands all languages, is well versed in the mosaic law and reads and writes the hebrew language.

He enjoys nothing, but what he earns by the labour of his own hands and therefore manufactures coverlets which he stamps with his seal and which his officers sell in the public market; these articles are purchased by the nobles of the land and from their produce his necessaries are provided.

The Khalif is an excellent man, trustworthy and kind-hearted towards every one, but generally invisible to the mahomedans. The pilgrims, which come hither from distant countries page 55. 2. on their way to Mekha in Yemen, desire to be presented to him and thus address him from the palace: 'Our Lord, light of the mahomedans and splendor of our religion, show us the brightness of thy countenance', but he heeds not their words. His servants and officers then approach and pray: 'O Lord, manifest thy peace to those men, who come from distant lands and desire shelter in the shadow of thy glory' and after such petition he rises and puts one corner of his garment out of the window, which is eagerly kissed by the pilgrims. One of the lords then addresses them thus: 'go in peace, for our Lord, the light of the mahomedans, is well pleased and gives you his blessing.' This prince being esteemed by them equal to their prophet, they proceed on their way, full of joy at the words addressed to them by the lord, who communicated the message of peace.

Page 56. 1.

All the brothers and other members of the Khalif's family, are accustomed to kiss his garments, and every one of them possesses a palace within that of the Khalif, but they are all fetter'd by chains of iron, and a special officer is appointed over every household to prevent their rising in rebellion against the great king.

Page 56. 2.

These measures are enacted in consequence of an occurence, which took place some time ago and upon which occasion the brothers rebelled and elected a king among themselves; to prevent this in future it was decreed, that all the members of the Khalif's family should be chained, in order to prevent their rebellious intentions. Every one of them, however, resides in his palace, is there much honor'd and they possess villages and towns, the rents of which are collected for them by their stewards; they eat and drink and lead a merry life.

The palace of the great king contains large buildings, pillars of gold and silver, and treasu-page 57. 1res[a] of precious stones.

The Khalif leaves his palace but once every year, viz. at the time of the feast called Ramadan. Upon this occasion many visitors assemble from distant parts, in order to have an opportunity of beholding his countenance. He then bestrides the *royal* mule, dressed in kingly robes, which are composed of gold and

---

a. מחבואות synonimous with מטמונים, treasure. Gen. XLIII. 23.

silver cloth. On his head he wears a turban, ornamented with precious stones of inestimable value, but over this turban is thrown a black veil, as a sign of humility and as much as to say: See all this wordly honor will be converted into darkness on the day of death. He is accompanied by a numerous retinue of page 57. 2. mahomedan nobles, array'd in rich dresses and riding upon horses, princes of Arabia, of Media, of Persia and even of Tibet, a country distant three months journey from Arabia.

This procession goes from the palace to the Mosque on the Botsra gate, which is the metropolitan Mosque. All those who walk in procession are dressed in silk and purple, both men and women. The streets and squares are enliven'd by singing, rejoicings[a] and by parties who dance before the great king, called Khalif. He is loudly saluted by the assembled crowd page 58. 1. who cry: 'Blessed art thou our Lord and King' he thereupon kisses his garment and by holding it in his hand, acknowledges and returns the

a. רנן, Psalms XXXIII.1 ; joyfulness, ibid. XCVIII. 8.

compliment. The procession moves on, into the court of the mosque, where the Khalif mounts a wooden pulpit and expounds their law unto them. The learned Mahomedans rise, pray for him and praise his great kindness and piety, upon which the whole assembly answer: Amen! He then pronounces his blessing and kills a camel, which is led thither for that purpose. and this is their offering, which is distributed to the nobles. These send portions of it *to their friends* who are eager to taste of the page 58. 2. meat killed by the hands of their holy king and are much rejoiced therewith. He then leaves the Mosque, and returns alone, to his palace, along the banks of the Tigris, the noble Mahomedans accompanying him in boats until he enters this building; he never returns by the way he came, and the path on the bank of the river is carefully guarded all the year round, to as so prevent any one treading in his footsteps. The Khalif never leaves his palace again, for a whole year.

He is a pious and benevolent man and has page 59. 1. erected buildings on the other side of the river, on the banks of an arm of the Euphrates, which runs on one side of the city. These buildings include many large houses, streets and hostelries for the sick poor, who resort thither in order to be cured. There are about sixty medical warehouses here, all well provided from the kings stores with spices and other necessaries; and every patient who claims assistance is fed at the king's expense, until his cure is completed.

There is further the large building, called 'Dar - al - Maraphtan,[a] in which are locked up all those insane persons who are met with, particularly during the hot season, every one of whom is secured by iron chains until his reason returns, when he is allowed to return to his home. For this purpose they are regularly examined once a month by the kings officers, appointed for that purpose, and when they are found to be possessed of reason they are immediately liberated. All this is done by the king in pure charity, towards all who come to Bagdad,

page 59. 2

---

a. Dar-al-Morabittan in arabic, litterally: abode of those who require being chained, i. e. of the raving mad. *D'Ohsson.*

either ill or insane, for the king is a pious man and his intention is excellent in this respect.

BAGDAD is inhabited by about one thousand page 60 1. Jews, who enjoy peace, comfort and much honor under the government of the great king. Among them are very wise men and presidents of the colleges, whose occupation is the study of the mosaic law.

The city contains ten colleges, the principal of the great college is the Rabbi R. Sh'muel Ben 'Eli, principal of the college Geon Ja'acob. The provost of the levites is the president of the second, R. Daniel the master of the third college. R. El'asar the fellow, presides the fourth, R. El'asar Ben Tsemach the fifth college. He is master of the studies and possesses a pedigree of his descent from the page 60. 2. prophet Sh'muel, who rests in peace, and he and his brothers know the melodies, that were sung in the temple during its existence. R. Chasadiah, principal fellow, is the master of the sixth, R. Chagai the prince, the principal of the seventh and R. 'Esra the president of the eighth college. R. Abraham, called Abu Tahir, presi-

des over the ninth and R. Sakhai B. Bosthenai, master of the studies, over the tenth college. All these are called Batlanim 'the Idle' because their page 61. 1. sole occupation consists in the discharge of public business. During every day of the week they dispense justice to all the jewish inhabitants of the country, except on monday, which is set aside for assemblies under the presidency of the Rabbi Sh'muel, master of the college Geon Ja'acob, who on that day dispenses justice to every applicant and is assisted therein by the ten Batlanim, presidents of the colleges.

The principal of all these however, is R. Daniel Ben Chisdai, who bears the titles of: PRINCE OF THE CAPTIVITY and LORD and who possesses a pedigree, which proves his descent from king David. The Jews call him 'Lord, page 61. 2. Prince of the captivity' and the mahomedans: 'Saidna Ben Daoud' ***noble descendant of David***, and he holds great command over all jewish congregations under the authority of the Emir al Mumenin ***(Commander of the faithful)*** the Lord of the Mahomedans, who has commanded to respect him, and has confirmed his power by granting him a seal of office. Every one of his subjects, whether he be Jew or Mahomedan or of any other faith, is commanded to rise in the presence of the Prince of the captivity and to salute him respectfully under penalty of one hundred stripes.

Whenever he pays a visit to the king, he is escorted by numerous horsemen, both Jews page 62. 1. and gentiles and a crier commands aloud: 'make way before our Lord the son of David as becomes his dignity' in arabic: 'A'milu tarik La-Saidna Ben Daud.' Upon these occasions he rides upon a horse and his dress is composed of embroider'd silk; on his head he wears a large turban, cover'd by a white cloth and surmounted by a chain *or diadem*.

The authority of the PRINCE OF THE CAPTIVITY extends over the following countries viz: over Mesopotamia; Persia; Khorassan; S'ba which is Yemen; Diarbekh; all Armenia and page 62. 2. the Land of Kota near mount Ararat; over the country of the Alanians, which is shut in by mountains and has no outlet except by the iron gates, which were made by Alexander; over Sikbia and all the provinces of the Turkmans unto the Aspisian mountains; over the country of the Georgians unto the river Oxus, (these are the Girgashim[a] of scripture and believe in christianity) and as far as the frontiers of the provinces and cities of Tibet and India. Permission is granted by the PRINCE OF CAPTIVITY to all the jewish congregations of these different countries to elect rabbis and ministers, all of whom appear before him in order to receive consecration[b] and the permission to officiate, upon which occasions presents and valuable gifts are offer'd to him even from the remotest countries.

page 63. 1.

The PRINCE OF THE CAPTIVITY possesses hostelries, gardens and orchards in Babylonia and extensive landed property inherited from his forefathers, of which nobody dares deprive him. He enjoys a certain yearly income from the jewish hostelries, the markets and the merchandise of the country, which is levied in form

---

a. Gen. X. 16. XV. 21. Joshua XXV. 11.
b. סמיכה, the ceremony of consecration, performed by the Prince of captivity, consisted in his laying his hands on the heads of the candidates.

of a tax, over and above what is presented to him from foreign countries; the man is very rich, an excellent scholar and so hospitable that numerous Israelites dine at his table every day.

page 63. 2. At the time of the installation of the PRINCE OF THE CAPTIVITY he spends considerable sums in presents to the king, *or* ***Khalif***, his princes and nobles. The ceremony is performed by the act of the laying on of the hands of the king *or* ***Khalif***, after which the PRINCE rides home from the king's abode to his own house, seated in a royal state carriage and accompanied by the sound of various musical instruments; he afterwards lays his hands on[a] the gentlemen of the university.

Many of the Jews of BAGDAD are good scholars and very rich, the city contains twenty-page 64. 1. eight jewish synagogues, situated partly in BAGDAD and partly in Al-Khorkh, on the other side of the river Tigris, which runs through and divides the city. The metropolitan synagogue of the PRINCE OF THE CAPTIVITY is ornamented with pillars of richly colour'd marble, plated

---

a. Reinstals.

with gold and silver; on the pillars are inscribed verses of the psalms in letters of gold. The ascent to the holy ark[a] is composed of ten marble steps on the uppermost of which are the stalls set apart for the PRINCE OF THE CAPTIVITY and the other princes of the house of David.

The circumference of the city of BAGDAD measures three miles, the country in which it Page 61. 1. is situated is rich in palm-trees, gardens and orchards so that nothing equals it in Mesopotamia; merchants of all countries resort thither for purposes of trade and it contains many wise philosophers, well skilled in sciences, and magicians, proficient in all sorts of witchcraft.

Two days from thence stands GIHIAGIN or RAS-AL-AIEN, which is Resen 'the great city';[b] it contains about five thousand Jews and a large synagogue. In a house near the synagogue is the sepulchre of[c] .... and in a cave below it, that of his twelve disciples.

---

a. The place, where the rolls of the Pentateuch are deposited; it is generally elevated above the seats of the congregation. b. Gen. X. 12. c. The name

page 65. 1. To BABYLON one day; this is the ancient Babel[a] and now lies in ruins but the streets still extend thirty miles. Of the palace of Nebuchadnetsar the ruins are still to be seen, but people are afraid to enter it on account of the serpents and scorpions, by which it is infested.

Twenty thousand Jews live within about twenty miles from thence, who perform their worship in the synagogue of Daniel, who rests in peace. This synagogue is of remote antiquity, having been built by Daniel himself; it is constructed of solid stones and bricks.

Here the traveller may also behold the palace of Nebuchadnetsar with the burning fiery page 65. 2. furnace[b] into which were thrown Chananiah, Mishael and 'Asariah,[c] it is a valley well known to every one.

HILLAH, which is at a distance of five miles, contains about ten thousand Jews and four synagogues, one of which is that of R. Meier whose sepulchre is in front of it, another is that of R.

---

is omitted in all editions. a. Gen. X. 10. XI. 9. II. Kings XVII. 24. XX. 12. Micha IV. 10. b. Dan. III. 6. 11. 15. 17. c. ibid. I. 6. II. 17.

S'iri Ben Chama and R. M'iri; public worship is performed daily in these synagogues.

The tower built by the dispersed generation[a] is four miles from thence. It is constructed of bricks called Al-ajur; the base measures two miles, the breadth two hundred and forty yards and the hight about one hundred canna. A spiral passage, built into the tower (from ten to ten yards,)[b] leads up to the summit from which there is a prospect of twenty miles, the country being one wide plain and quite level. The heavenly fire, which struck the Tower, split it to its very foundation.

page 66. 1.

Half a day from thence, at NAPACHA, which contains two hundred Jews, is the synagogue of R. Jitschak Napacha, in front of which is his sepulchre.

Three parasangs from thence on the banks of the Euphrates, stands the SYNAGOGUE OF THE PROPHET J'CHESKEL, *commonly Ezekiel*, who rests in peace. The place of the synagogue is fronted by sixty towers, the room between every

page 66 2

a. Gen. XI. b. see notes.

two of which is also occupied by a synagogue; in the court of the largest stands the ark and behind it is the sepulchre of J'cheskel Ben Busi the Cohen. This monument is cover'd by a large cupola and the building is very handsome; it was erected by J'khoniah king of Jehuda and the thirty five thousand Jews who went along with him, when Evil M'rodakh released him from the prison,[a] which was situated between the river Chaboras and another river. The name of J'khoniah and of all those who came with him are inscribed on the wall, the kings name first, that of J'cheskel last.

page 67. 1.

This place is consider'd holy even to the present day, and is one of those, to which people resort from remote countries in order to pray, particularly at the season of new year and atonement day.[b] Great rejoicings take place there about this time, which are attended even by the PRINCE OF THE CAPTIVITY and the presidents of the colleges of BAGDAD. The assem-

---

a. II. Kings XXV. 27. Jerem. LII. 31. b. These days are celebrated on the first and tenth of Thishri (about the end of Sept. or beginning of Oct.)

bly is so large that their temporary abodes cover twenty two miles of open ground, and attracts many arabian merchants, who keep a market or fair.

On the day of atonement the proper lesson of the day is read from a very large manuscript Pentateuch of J'cheskel's own handwriting.[a]

A lamp burns night and day on the sepulchre of the prophet and has always been kept burning, since the day he lighted it himself; the oil and wicks are renewed as often as necessary. A large house belonging to the sanctuary contains a very numerous collection of books, some of them as ancient as the second, some even coeval with the first temple, it being the custom that whoever dies childless, bequeathes his books to this sanctuary. The inhabitants of the country lead to the sepulchre, all foreign Jews who come from Media and Persia to visit it in consequence of vows they have performed.

page 67. 2.

The noble mahomedans also resort thither

---

a. Neither Baratier (vol. I. p. 161.) nor Gerrans (p. 107.) understood the meaning of this passage.

page 68. 1 to pray, because they hold the prophet J'cheskel, upon whom be peace, in great veneration and they call this place 'Dar M'licha;[a] the sepulchre is also visited by all devout Arabs. Within half a mile of the synagogue are the sepulchres of Chananiah, Mishael and Asar'iah,[b] each of them cover'd by a large cupola. Even in times of war neither Jew nor mahomedan ventures to despoil and profanate the sepulchre of J'cheskel.

Three miles from thence stands the city of Al-Kotsonaath with three hundred jewish inhabitants page 68. 2. and the sepulchres of R. Papa, R. Huna, R. Joseph Sinai and R. Joseph B. Chama, in front of each of which is a synagogue, in which Jews daily pray.

To Ain Japhata three parasangs, this place contains the sepulchre of the prophet Nachum the Elkoshite who rests in peace. In a persian village, a day from thence are the sepulchres of R. Chisdai, R. 'Akiba and R. Dossa and in another village, situated at half a days distance

---

a. Agreable abode. b. Daniel III. 12.

in the desert, those of R. David, R. J'hudah, R. Kubreh, R. S'chora and R. Aba and on the river Lega, a distance of one day, that of King Zidkiiahu[a], who rests in peace; the latter is page 69. 1. ornamented by a large cupola.

To Kufa one day, this city contains about seventy thousand Jews and the sepulchre of King J'khoniah, which consists of a large building with a synagogue in front of it.

To Sura one day and a half; this is the place called in the Thalmud Matha M'chasia and was formerly the residence of the princes of the captivity and of the principals of the colleges. The following sepulchres are at Sura: that of R. Shrira and of his son Rabenu Hai, that of Rabenu S'adiah-al-Fajumi, of R. Sh'muel B. Chophni the Cohen and that of Z'phaniahu B. Khushi B. Gedaliah the prophet and of many other princes of the captivity, descendants of the house of David, who page 69. 2. formerly resided there, before the city was ruined.

Two days from thence to Shafjathib. In this place is a synagogue, which the Israelites

---

a. II. Kings XXIV. 17.

erected with earth and stones brought from Jerushalaim and which they called 'the transplanted of N'harde'a.'

One day and a half from thence is El Jubar, or Pombeditha on the river Euphrates, which contains about three thousand Jews and the synagogues, sepulchres and colleges of Rab and Sh'muel.

page 70. 1. Twenty one days journey through the desert of Sh'ba or Al-Yemen, from which Mesopotamia lies in a northerly direction, are the abodes of the Jews, who are called B'ne ***(Children of)*** Rekhab,[a] men of Thema. The seat of their Government is at Thema[b] ***or Tehama,*** where their Prince and Governor Rabbi Chanan resides. This city is large and the extent of their country is sixteen days journey towards the northern mountain range. They possess large and strong cities and are not subject to any of the gentiles, but undertake warlike expeditions into distant provinces with the Arabians their neighbours and

---

a. II. Kings X. 15. 23. Jerem. XXXV. 2. and seq. I. Chron. II. 55. b. Isai. XXI. 14. Jer. XXV. 23. see Gesenius Lex.

allies 'to take the spoil and to take the prey.'[a] page 70. 2.
These Arabians are Bedouins, who live in tents in the deserts and have no fixed abode, and who are in the habit of undertaking marauding expeditions in the province of Yemen. The Jews are a terror to their neighbours; their country being very extensive, some of them cultivate the land and rear cattle.

A number of studious and learned men, who spend their lives in the study of the law are maintained by the tithes of all produce, part of which is also employed towards sustaining the poor and the ascetics, called: mourners of Tsion, and: mourners of Jerushalaim. These eat no meat and abstain from wine, dress always in black and live in caves or in low hou- page 71. 1. ses and keep fasts all their lives except on Sabbaths and holy-days.[b] They continually implore the mercy of God for the Jews in exile and devoutly pray that He may have compassion on them for the sake of His own

---

a. Isaiah X. 6. b. Fasting being prohibited on these days by the Thalmud. This proves Niebuhr's supposition that they were Thalmudists, to be correct.

great name,[a] and they also include in their prayers all the Jews of TEHAMA and of TELMAS.

The latter contains about one hundred thousand Jews, who are govern'd by Prince Sal'-mon who, as well as his brother Prince Chanan are descendants of the royal house of David, who rests in peace, which is proved by their pedigrees. In doubtful cases they solicit the page 71. 2. decisions of the Prince of the Captivity[b] and set aside forty days of every year, during which they go in rent clothes and keep fasts and pray for all the Jews who live in exile.

The province of which THANAEJM is the metropolis, contains forty cities and two hundred villages and one hundred small towns and is inhabited by about three hundred thousand Jews.

THANAEJM is a very strong city, being fifteen square miles in extent and large enough to allow agriculture to be carried on within its

---

a. I. Sam. XII. 22. b. Baratier (vol. I. p. 170) entirely misunderstood this sentence, Mr. Gerrans (p. 111.) of course translated like Baratier, neither of them knowing the meaning of the word שאלות in rabbinic hebrew.

boundaries; within which are also situated the palace of Prince Sal'mon and many gardens and orchards.

page 72 1.

Telmas is also a city of considerable magnitude; it contains about one hundred thousand Jews, is strongly fortified and situated between two very high mountains. Many of its inhabitants are well informed, wise and rich. The distance from Telmas to Chaibar is three days journey.

It is reported that these Jews are of the Tribes of Reuben, Gad and half the Tribe of M'nashe, who were led away captives by Shalmanesser king of Ashur and who repaired into these mountainous regions, where they erected the abovenamed large and strong cities. They carry on war with many kingdoms and are not easily to be reached because of their situation, which requires a march of eighteen days through uninhabited deserts and thus renders them difficult of access.

page 72. 2.

Chaibar is also a very large city and contains among its fifty thousand jewish inhabitants many learned scholars. The people of this city are valiant and engaged in wars with the inhabitants of Mesopotamia, with those of the northern districts and with those of Yemen, who live near them; the latter province borders on India.

It is a distance of twenty five days journey from the country of these Jews to . . . . . .[a] on the river Virah in Yemen, which place contains about three thousand Jews.

page 73. 1. WASET is distant seven days and contains about ten thousand Jews, R. N'dain is of this number.

Five days to BASSORA on the Tigris, with two thousand Israelites, many of whom are learned and wealthy.

Two days to . . . .[a] on the River SAMARRA or SHAT-EL-ARAB. This is the frontier of Persia and contains fifteen hundred Jews. The sepulchre of 'Ezra the priest and scribe is in this place, where he died on his journey from Jerushalaim to King Artaxerxes, in front of page 73. 2. the sepulchre a large synagogue and a mahome-

---

a. The name of a city appears to be omitted here.

dan mosque have been erected, the latter as a mark of the veneration, in which 'Ezra is held by the mahomedans, who are very friendly towards the Jews and resort thither to pray.

Four miles from thence begins KHUZESTAN, 'Elam[a] of scripture, a large province,[b] which however is but partially inhabited, a portion of it lying in ruins. Among the latter are the remains of SHUSHAN the Metropolis and palace[c] of King Achashverosh, which still contains very large and handsome buildings of ancient date. Its seven thousand jewish inhabitants possess fourteen synagogues; in front of one of which page 74. 1 is the sepulchre of Daniel who rests in peace. The river Ulai divides the parts of the city which are connected by a bridge; that portion of it, which is inhabited by the Jews, contains the markets, to it all trade is confined and there

a. Esra IV. 9. Dan. VIII. 2. b. Baratier I. 172. note 4. accuses our author of ignorance because he *(Baratier)* did not know that מדינה means province in hebrew: As it is however the syriac and arabic for *city*, it is very frequently used in that sense by Benjamin. c. Nehem. I. 1. Esther I. 2.

dwell all the rich; on the other side of the river they are poor, because they are deprived of the abovenamed advantages and have even no gardens nor orchards. These circumstances gave rise to jealousy, which was foster'd by the belief that all honour and riches originated from the possession of the remains of the Prophet Daniel, who rests in peace, and who was buried on their side. A request was made *by the poor* for permission to remove the sepulchre to the other side, but it was rejected; upon which a war arose and was carried on between the two parties for a length of time; this strife lasted until 'their souls become loath'[a] and they came to a mutual agreement, by which it was stipulated that the coffin, which contained Daniel's bones, should be deposited alternately every year on either side. Both parties faithfully adhered to this arrangement, which was however interrupted by the interference of Sanjar Shah Ben Shah, who governs all Persia

page 74 2

a. Numb. XXI. 4. 5. Judg. XVI. 16.

and holds supreme power over forty five of its kings. This prince is called in arabic: Sultan-al-Fars-al-Khabir[a] and his empire extends from the banks of the Shat-el-arab unto the city of Samarkand and the Kizil Ozein, incloses the city of Nishapur, the cities of Media, and the Chaphton mountains and reaches as far as Tibet, in the forests of which country that quadruped is met with, which yields the musk; the extent of his empire is four months and four days journey. page 75. 1.

When this great Emperor, Sanjar king of Persia, came to SHUSHAN and saw that the coffin of Daniel was removed from side to side, he crossed the bridge with a very numerous retinue and accompanied by Jews and mahomedans and inquired into the reason of those proceedings. Upon being told what we have related above, he declared that it was derogatory to the honor of Daniel and commanded that the distance between the two banks should be exactly measured, that Daniel's coffin should page 75. 2.

---

a. Supreme commander of Persia.

be deposited in another coffin, made of glass, and that it should be suspended from the very middle of the bridge, fasten'd by chains of iron. A place of public worship was erected on the very spot, open to every one, who desired to say his prayers, whether he be Jew or Gentile; and the coffin of Daniel is suspended from page 76. 1. the bridge unto this very day. The King commanded that in honor of Daniel nobody should be allowed to fish in the river, one mile on each side of the coffin.

Three days to RUDBAR[a] with twenty thousand Jews, among whom there are many scholars and rich men, but who generally live under great oppression.

Two days to the river HOLWAN near which you find the abodes of about four thousand Jews.

Four days to the district of MULEHET, the possessors of which are a sect who do not believe in the tenets of Mahomet, but live on page 76. 2. the summit of high mountains and pay obe-

---

a. Rúdbar is a name, applied to many districts in Persia, which lie along the banks of a river. Journal Geogr. Soc. IX. 56. note.

dience to the commands of the old man in the country of the Assassins. Four congregations of Jews dwell among them and combine with them in their wars.

They do not acknowledge the authority of the kings of Persia, but live on their mountains, whence they occasionally descend to make booty and to take spoil, with which they retire to their mountain fortresses, beyond the reach of their assailants. Some of the Jews, who live in this country, are excellent scholars and all acknowledge the authority of the Prince of the captivity, who resides at Bagdad in Babylonia.

Five days from thence to 'Amaria with five and twenty thousand Jews. This congregation forms part of those, which live in the mountains of Chaphton and which amount to more than one hundred, extending to the frontiers of Media.

Page 77. 1.

These Jews are descendants of those, who were originally led into captivity by king Shalmanesser,[a] they speak the syriac language

a. II. Kings XVII. 3. XVIII. 9.

and among them are many excellent thalmudic scholars; they are neighbours to those of the city of 'Amaria, which is situated within one days journey of the empire of Persia, the king of which they obey and to whom they pay a tribute. This is collected by a deputy and amounts here as well as in all mahomedan page 77. 2. countries to one Amiri of gold — equal to one and one third golden Maravedi — for each male inhabitant of the age of fifteen and upwards.

About fifteen years ago there rose a man of the name of David El Roy of the city of 'Amaria, who had studied under the Prince of the captivity Chisdai and under 'Eli the president of the college of Geon Ja'acob in the city of Bagdad and who became an excellent scholar, being well versed in the mosaic law, in the decisions of the rabbins, and in the thalmud; understanding also the profane sciences, the language and the writings of the Mahomedans and the page 78. 1. scriptures of the magicians and enchanters. He made up his mind to rise in rebellion against the king of Persia, to combine the Jews who live in the mountains of Chaphton and with them to engage in war with all gentiles, making the conquest of Jerushalaim his final object.

He gave signs to the Jews by false miracles and assured them: 'the Lord has sent me to conquer Jerushalaim and to deliver you from the yoke of the gentiles;' Some of the Jews did believe in him and called him 'Messiah.' When the king of Persia became acquainted with these circumstances, he sent and summoned David into his presence. The latter went without fear and when they met he was asked: Art thou the king of the Jews? to which he made answer and said: I am! Upon this the king immediatly commanded, that he should be secured and put into prison in that place, where the captives are kept who are imprisoned for life, situated in the city of Dabaristan, on the banks of the Kizil Ozein, which is a broad river.

page 78. 2.

After a lapse of three days, when the king sat in council to take the advice of his nobles and officers respecting the Jews, who had rebelled against his authority, David appear'd among them, having liberated himself from prison without the aid of any one. When page 79. 1. the king beheld him he inquired: who has brought thee hither or who has set thee at liberty? to which David made answer: my own wisdom and subtility,[a] for verily I neither fear thee nor all thy servants.' The king immediately commanded that he should be made captive, but his servants answer'd and said: we see him not and are aware of his presence only by hearing the sound of his voice. The king was very much astonished at David's exceeding wisdom, who thus addressed him: I now go my own way! and he went out followed by the king and all his nobles and servants page 79. 2. to the banks of the river, where he took his shawl, spread it upon the water and crossed it thereupon. At that moment he became visible and all the servants of the king saw him cross the river on his shawl; he was pursued by them in boats ***but without success,*** and

---

a. תחבולותי, counsel, wicked or wise, Prov. I. 5. XII. 5. XX. 18. XXIV. 6.

they all confessed, that no magician upon earth could equal him. He that very day travelled to 'Amaria, a distance of ten days journey by the help of the Shem Hamphorash[a] and related to the astonished Jews all that had happen'd to him.

This King of Persia afterwards sent to the Emir el Mumenin, the Khalif of Bagdad, principal of the Mahomedans, to solicit the influence Page 80. 1. of the Prince of the captivity and of the presidents of the colleges in order to check the proceedings of David El Roy, and threatening to put to death all Jews who inhabited his empire. The congregations of Persia were very severely dealt with about that time and sent letters to the Prince of the captivity and the presidents of the colleges at Bagdad to the following purpose: Why will you allow us to die and all

---

a. Shem hamphorash, literally: the explained name, the letters of the word Jehovah in their full explanation, a mystery known but to very few, and by which wonders may be executed. The wonders performed by Jesus are ascribed by the Thalmud to his knowledge of this mystery.

the congregations of this empire; restrain the deeds of this man and prevent thereby the shedding of innocent blood. The Prince of the page 80. 2. captivity and the president of the colleges hereupon addressed David in letters which run thus:

'Be it known unto thee that the time of our redemption has not yet arrived and that we have not yet seen the signs[a] *by which it is to manifest itself*, and[b] that by strength no man shall prevail. We therefore command thee to discontinue the course thou hast adopted, on pain of being excommunicated from all Israel.' Copies of these letters were sent to Sakhai, the Prince of the Jews in Mosul, and to R. Joseph the astronomer, who is called Borhan-al-Fulkh[c] and also resides there, with the request to forward them to David El Roy. The last mention'd Prince and the astronomer added let- page 81. 1. ters of their own, in which they advised and exhorted him; but he nevertheless continued in his criminal career. This he carried on until

---

a. Psalms LXXIV. 9. b. I. Sam. II. 8. c. see p. 91. antè.

a certain Prince of the name of Sin-el-Din,[a] a vassal of the king of Persia, and a Turk by birth, cut it short by sending for the father-in-law of David El Roy, to whom he offer'd ten thousand florins if he would secretly kill David El Roy. This agreement being concluded, he went to David's house while he slept and killed him on his bed, thus destroying his plans and evil designs. Notwithstanding this the wrath of the king of Persia still continued against the Jews, who lived in the mountains and in his country, who in their turn craved the influence of the Prince of the captivity with the King of Persia. Their petitions and humble prayers were supported by a present of one hundred talents of gold, in consideration of which the anger of the King of Persia was subdued and the land was tranquillized.

Page 81. 2.

From that mount to HAMADAN is a journey of ten days; this was the Metropolis of Media and contains about fifty thousand Jews. In front

---

a. see: Desguignes Hist. des Huns III*a*. p. 169.

of one of the synagogues is the sepulchre of Mord'khai and Esther.

Four days from thence stands DABARISTAN on the river Kizil Ozein; it contains about four thousand jewish inhabitants.

page 82. 1.

The city of ISBAHAN is distant seven days journey, it is the metropolis and residence, being twelve miles in extent and containing about fifteen thousand Jews. Sar Shalom, the Rabbi of this city and of all other towns of the persian empire, has been promoted to the dignity by the Prince of the captivity.

Four days distant stands SHIRAS, or FARS, a large city with about ten thousand Jews.

Seven days from thence to GIVA,[a] a large

page 82 2.

city on the banks of the Oxus, containing about eight thousand Jews. Very extensive commerce is carried on in this place, to which resort traders of all countries and languages; the country about it is very flat.

Five days from thence, on the frontiers of the kingdom stands SAMARKHAND, a city of con-

---

a. see notes.

siderable magnitude, which contains about fifty thousand Jews. The Prince Rabbi 'Obadiah is the governor of the community, which includes many wise and learned men.

Four days from thence is the province of TIBET, in the forests of which country that beast is found which yields the musk.

To the mountains of KHAZVIN on the river Kizil Ozein, a journey of eight and twenty days. Jews of those parts, who live in Persia at present, report that the cities of Nisapur are inhabited by four tribes of Israel, viz. the tribe of Dan, that of S'bulan and that of Naphthali, being part of the first exiles who were carried into captivity by Shalmanesser king of Ashur as reported in scripture:[a] he banish'd them to Lachlach and Chabor, the mountains of Gozen, the mountains of Media.

Page 83. 1.

The extent of their country is twenty days

---

a. II. Kings XVII. 6. and XVIII. 11. where these verses are thus render'd by the authorized translation: And the King of Assyria did carry away Israel unto Assyria, and put them in Halah and in Habor *by* the river Gozan, and in the cities of the Medes.

journey and they possess many towns and ci-
page 83. 2. ties in the mountains, the river Kizil Ozein makes their boundary on one side, and they are subject to no nation, but are govern'd by their own Prince, who bears the name of Rabbi Joseph Amarkh'la Halevi.[a]

Some of these Jews are excellent scholars, others carry on agriculture and a number of them are engaged in war with the country of Cuth, by way of the desert. They are in alliance with the Caphar Tarac or infidel Turcs, who adore the wind and live in the desert. This is a nation, who eat no bread and drink no wine, but devour the meat raw and quite un-
page 84. 1. prepared; they have no noses, but draw breath through two small holes and eat all sorts of meat, whether from clean or unclean beasts, and they are on very friendly terms with the Jews.

About eighteen years ago, this nation inva-

---

a. Of the Tribe of Levi, the descendants of which are divided into Leviim and Khohanim and are the only Jews who to this day claim the descent from a certain tribe, all others having mixed and become extinct in the course of time.

ded Persia with a numerous host and took the city of Rai, 'which they smote with the edge of the sword'[a] took all the spoil and returned to their deserts. Nothing similar was seen before in the kingdom of Persia; and when the king of that country became acquainted with this occurrence, his wrath was kindled, for, said he: in the time of my predecessors page 84. 2. no host like this ever issued from the desert; I will go and will extinguish their name from the earth. He raised the war-cry in the whole empire, collected all his troops and made inquiry whether he could find any guide, that would show him the place, where his ennemies pitched their tents.

A man was met with, who spoke thus to the king: 'I will show thee the place of their retreat for I am one of them' and the king promised to enrich him if he would act thus and show him the way. Upon inquiry how many provisions would be necessary for this long way through the desert, the spy answerd: take with page 85. 1.

---

a. Deut. XIII. 16. XX. 13. Joshua VI. 21. VIII. 24. X. 28.

you bread and water for fifteen days, as you will find no provisions whatever before you reach their country. This advice being acted up to, they travelled fifteen days in the desert and as they met with nothing that could serve for sustenance, they became extremely short of provisions and men and beasts began to die. The king sent for the spy and thus spoke to him: 'what becomes of thy promise to show us our enemy'? no other reply being made than; 'I have mistaken my way' the head of the spy was cut off by the kings command.

Orders were issued to the host that every page 85. 2. one, who had any provisions left, should share them with his companion, but every thing eatable was consumed, even the beasts, and after travelling thirteen additional days in the desert they at last reached the mountains of Khazvin, where the Jews dwell.

They arrived there and encamped in the gardens and orchards and near the springs, which are in the vicinity of the river Kizil Ozein. It being the fruit season, they made free with it and destroyed much, but no living being came forward. On the mountains however, they discover'd cities and many towers and the king commanded two of his servants to go and to Page 86. 1. inquire the name of the nation which inhabited these mountains and to cross over to them, either in boats or by swimming the river. They at last discover'd a large bridge, fortified by towers and secured by a locked gate, and on the other side of the bridge a considerable city.

They shouted on their side of the bridge until at last a man come forth, to inquire what they wanted or to whom they belonged. They could not, however, make themselves understood and fetched an interpreter who spoke both languages; the queries being repeated they replied: we are the servants of the king of Persia and have come to inquire, who you are and whose subjects. The answer was: we are Page 86. 2. Jews, we acknowledge no king or prince of the gentiles, but are subjects of a jewish prince. Upon inquiries after the Ghuzi, the Caphar Tarac or infidel Turks, the Jews made answer: 'verily they are our allies and whoever seeks to harm them, we consider our own enemy.'

The two men returned and reported this to the king of Persia, who became much afraid, and particularly so, when after a lapse of two days the jews sent a herald to offer him battle. The king said: 'I am not come to make war against you, but against the Caphar Tarac or infidel Turks, who are my enemies; and if you attack me, I will certainly take my vengeance and will destroy all the Jews in my own kingdom, for I am well aware of your superiority over me in my present position; but I entreat you to act kindly and not to harrass me, but allow me to fight with the Caphar Tarac my enemy and also to sell me as much provision as I want for the maintenance of my host. The Jews took counsel among themselves and determined to comply with the request of the king of Persia for the sake of his jewish subjects. The king and all his host were consequently admitted into the country of the Jews, and during his stay of fifteen days he was treated with most honorable distinction and respect.

page 87. 1.

page 87. 2.

The Jews however meanwhile sent information to their allies, the Caphar Tarac, and made them acquainted with the abovemention'd circumstances; these took possession of all the mountain passes and assembled a considerable host, consisting of all the inhabitants of that desert and when the king of Persia went forth to give them battle, the Caphar Tarac conquer'd, killed and slew so many of the Persians, that the king escaped to his country with only very few followers.

One of the horsemen of the retinue of the king enticed a Jew of that country, of the page 88. 1. Name of R. Moshe, to go along with him; he carried this man along with him into Persia and there made him a slave. Upon a certain day however, the king was the spectator of sports, carried on for his amusement, and consisting principally of the excercise of handling the bow; among all competitors none excelled this R. Moshe. The king enquired after this man by the help of an interpreter and was told what had happen'd to him and how he had been forcibly carried away from his country by the horseman, upon learning which the king not only immedially granted him his liberty, but gave him a dress of honor, composed of silk and fine linen, and many other presents. A proposal was also made to R. Moshe, that if he page 88. 2. would renounce his religion for that of the Persians he should be treated with the utmost kindness, should gain considerable riches and be made the king's steward, but he refused and said 'I cannot make up my mind to any such step'. The king however placed him in the house of the Rabbi Sar Shalom of the Ispahan congregation who in the course of time became his father-in-law. This very R. Moshe related all these things unto me.

From thence I returned to the country of KHUZISTAN, which lies on the Tigris, this river runs downward and falls into the Indian sea *(persian gulf)* in the vicinity of an island called page 89. 1. KISH. The extent of this island is six miles and the inhabitants do not carry on any agriculture *principally because* they have no rivers, nor more than one spring in the whole island and are consequently obliged to drink rain water.

It is however a considerable market, being the point, to which the indian merchants and those of the islands bring their commodities; while the traders of Mesopotamia, Yemen and Persia import all sort of silk and purple cloths, flax; cotton; hemp; mash;[a] wheat; barley; millet;[b] rye and all other sorts of comestibles and pulse, which articles form objects of exchange; those from India import great quantities of spices and the inhabitants of the island live by what they gain in their capacity of brokers to both parties. The island contains about five hundred Jews.

Page 89. 2.

Ten days passage by sea lies EL-CATHIF, a city with about five thousand Israelites. In this vicinity the pearls are found: about the twenty fourth of the month of Nisan[c] large drops of rain are observed upon the surface of the water, which are swallow'd by the reptiles,

---

a. 'Mâsh, which is a sort of pea' Lee's Ibn Batuta p. 107. — Abdollatiph calls it 'Masch', see de Sacy's Ed. p. 119. Edrisi: Mach, see Jaubert's Ed. p. 117, — These authors, l. c. enumerate most of the articles mention'd above. b. דוחן. Ezech. IV. 9. c. in April.

after this they close their shells and fall upon the bottom of the sea; about the middle of the month of Thishri,[a] some people dive with the assistance of ropes, collect these reptiles from page 90. 1. the bottom and bring them up with them, after which they are opened and the pearls taken out.

Seven days from thence is CHULAM, on the confines of the country of the sun-worshippers They are descendants of Khush,[b] are addicted to astrology and are all black.

This nation is very trustworthy in matters of trade and whenever foreign merchants enter their port, three secretaries of the king immediatly repair on board their vessels, write down their names and report them to him. The king thereupon grants them security for their pro- page 90. 2. perty, which they may even leave in the open fields without any guard.

One of the king's officers sits in the market, and receives goods that may have been found anywhere, and which he returns to

---

a. in October. b. Negroes; see Gesenius כוש.

those applicants, who can minutely describe them. This custom is observed in the whole empire of the king.

From easter to new year,[a] during the whole of the summer the heat is extreme. From the third hour of the day[b] people shut themselves up in their houses until the evening, at which time every body goes out. The streets and markets are lighted up and the inhabitants employ all the night upon their business, which Page 91. 1. they are prevented from doing in the day time, in consequence of the excessive heat.

The pepper grows in this country; the trees, which bear this fruit are planted in the fields, which surround the towns, and every one knows his plantation. The trees are small and the pepper is originally white, but when they collect it, they put it into basins and pour hot water upon it; it is then exposed to the heat of the sun and dried in order to make it hard and more substantial, in the course of which process it becomes of a black colour.

---

a. i. e. from April to October. b. nine o' clock in the morning.

Cinnamon, Ginger and many other kinds of spices also grow in this country.

page 91. 2. The inhabitants do not bury their dead but embalm them with certain spices, put them upon stools and cover them with cloths, every family keeping apart. The flesh dries upon the bones and as these corpses resemble living beings, every one of them recognises his parents and all the members of his family for many years to come.

These people worship the sun; about half a mile from every town they have large pla- page 92. 1. ces of worship and every morning they run towards the rising sun; every place of worship contains a representation of that luminary, so constructed by machinery[a] that upon the rising of the sun it turns round with a great noise, at which moments both men and women take up their censers and burn incense in honor of this their deity. 'This their way *is* their folly.'[b] All the cities and countries inhabited by these people contain only about one hundred Jews,

---

a. Our author calls it כישוף, Witchcraft.

b. Psalms XLIX. 14.

who are of black colour as well as the other inhabitants. The Jews are good men, observers of the law and possess the Pentateuch, the Prophets and some little knowledge of the Thalmud and its decisions.

The island of KHANDY is distant twenty two page 92. 2. days journey. The inhabitants are fire worshippers called Druzes and twenty three thousand Jews live among them. These Druzes have priests everywhere in the houses consecrated to their idols and those priests are expert necromancers, the like of whom are to be met with no-where. In front of the altar of their house of prayer, you see a deep ditch, in which a large fire is continually kept burning; this they call Elahuta, Deity. They pass their children thro' it and into this ditch they also throw page 93. 1 their dead.

Some of the great of this country take a vow to burn themselves alive; and if any such devotee declares to his children and kindred his intention to do so, they all applaud him and say: 'happy *shalt* thou *be*, and *it shall be* well with thee.[a] Whenever the appointed day arrives, they prepare a sumptuous feast, mount the devotee upon his horse if he be rich or lead him afoot if he be poor, to the brink of the ditch. He throws himself into the fire and all his page 93. 2. kindred manifest their joy by the playing of instruments until he is entirely consumed. Within three days of this ceremony two of the principal priests repair to his house and thus address his children: prepare the house, for to day you will be visited by your father, who will manifest his wishes unto you. Witnesses are selected among the inhabitants of the town and lo! the devil appears in the image of the dead. The wife and children inquire after his state in the other world and he answers: 'I have met my companions, but they have not admitted me into their company, before I have discharged my debts to my friends and neighbours,' he then page 94. 1. makes a will, divides his goods among his children and commands them to discharge all debts he owes and to receive what people owe him;

---

a. Psalms CXXVIII. 2.

this will is written down by the witnesses ....[a] to go his way, and he is not seen any more. In consequence of these lies and deceit, which the priests pass off as magic, they retain a strong hold upon the people and make them believe, that their equal is not to be met with upon earth.

From thence the passage to CHINA is effected in forty days, this country lies eastward and some say that the star Orion predominates in the sea which bounds it, and which is called Sea of Nikpha. Sometimes so violent a storm rages in this sea, that no mariner can page 94. 2. reach his vessel; and whenever the storm throws a ship into this sea, it is impossible to govern it; the crew and the passengers consume their provisions and then die miserably. Many vessels have been lost in this way, but people have learned how to save themselves from this fate by the following contrivance: They take bullocks hides along with them and whenever this storm arises and throws them into the sea of Nikpha, they sew themselves up in the hides, page 95. 1.

---

a. A blank occurs here in both first Editions.

taking care to have a knife in their hand, and being secured against the sea water, they throw themselves into the ocean; here they are soon perceived by a large eagle called griffin, which takes them for cattle, darts down, takes them in in his gripe and carries them upon dry land, where he deposits his burthen on a hill or in a dale, there to consume his prey. The man however, now avails himself of his knife therewith to kill the bird, creeps forth from the hide and tries to reach an inhabited country. Many people have been saved by this stratagem.

page 95. 2.

GINGALEH is but three days distant by land, whereas it requires a journey of fifteen days to reach it by sea; this place contains about one thousand Israelites.

To KHULAN seven days by sea, no Jews live there.

Twelve days from thence to SEBID, which contains but few Jews.

Eight days from thence is MIDDLE INDIA,[a]

---

a. litterally: continental India.

which is called 'Aden and in scripture 'Aden in Thelasar'.[a] This country is very mountainous and contains many independent Jews, who are not subject to the power of the gentiles, but possess cities and fortresses on the summits of the mountains, from whence they descend into the country of MA'ATUM, with which they are at war. MA'ATUM is also called NUBIA, is a christian kingdom and the inhabitants are called Nubians. Page 96. 1.

The Jews generally take spoil and plunder from them, which they carry into their mountain fastnesses, the possession of which makes them almost unconquerable. Many of the Jews of 'Aden visit Egypt and Persia.

To the country of ASSUAN twenty days journey. The road leads through the desert of Sh'ba, on the banks of the Nile,[b] which comes down here from the country of the blacks. This country is govern'd by a king, whom they call Sultan-al-Chabash and some of the inhabitants resemble beasts Page 96 2.

---

a. II. Kings XIX. 12. Isaiah XXXVII. 12.
b. פישון, Nilus. see Castelli annot. samar. ad Exod. II. 3. and Gesenius.

in every respect. They eat the herbs, which grow on the banks of the Nile, go naked in the fields and have no notions like other men, for instance, they cohabit with their own sisters and with whomever they find. The country is excessively hot and when the people of Assuan invade their country, they carry wheat, raisins and figs, which they throw out like bait, thereby alluring the natives. These are made captive page 97. l. and sold in Egypt and in the adjoining countries, where they are known as black slaves, being the descendants of Cham.[a]

From ASSUAN to CHALUAH twelve days; this place contains about three hundred Jews and is the starting point of the caravans, who traverse the desert Al-Tsahara in fifty days on their way to Savila, the Chavila of scripture,[b] which is in the country of Ganah. This desert contains mountains of sand and whenever a storm arises, the caravans are exposed to the imminent danger of being buried alive by the sand; those which escape, however, carry iron,

---

a. Gen. VI. 10. XI. 25., see Gesenius חם.
b. Gen. X. 7. I. Chron. I. 9.

copper, different sorts of fruits, pulse and salt; Page 97. 2. gold and precious stones are brought from thence *in exchange.* This country lies westward of Khush or Abyssinia.

Thirteen days journey from CHALUAH stands KUTS, a city on the frontiers of Egypt, with thirty thousand jewish inhabitants.

To FAJUHM five days, this is Pithom,[a] contains about twenty Jews and some remains of the buildings erected by our forefathers even to this day.

Four days from thence to MITSRAIM or MEMPHIS; this large city stands on the banks of Page 98. 1. the Nilus, called Al-Nil, and contains about two thousand Jews.

Here are two synagogues, one of the congregation of Palestine, called the syrian, the other of the babylonian Jews *(or those of Irac.)* They follow different customs regarding the division of the Pentateuch into Parashioth and S'darim.[b]

---

a. Exod. I. 11. b. The Pentateuch is divided into 54 Parashioth of 7 Portions each, and the custom of the babylonians as described in the text is practised at present almost universally.

The Babylonians read one Parasha every week, as is the custom throughout Spain, and finish the whole of the Pentateuch every year, whereas page 98. 2. the Syrians have the custom of dividing every Parasha into three S'darim and concluding the lecture of the whole once in three years. They uphold however the long-established custom to assemble both congregations and to perform public service together, as well on the day of the joy of the law as on that of the dispensation of the law.[a]

Rabbi N'thanel, the Lord of Lords, is the president of the jewish university and in his capacity of primate of all the jewish congregations of Egypt, excercises the right of electing Rabanim[b] and ministers. He is one of the officers of the great king, who resides in the fortress of TSO'AN in the city of MITSRAIM, which is the metropolis of all those Arabians, who obey the

---

a. The former is celebrated on the last day of the feast of Tabernacles (Deut. XVI. 13—15) the latter with the feast of weeks (ibid. 9.). b. See the explanation of this term in my volume of notes.

Emir-al-Mumenin[a] of the sect of 'Ali Ben Abitaleb. All the inhabitants of his country are called rebels, because they rebell'd against the Emir-al-Mumenin[a] Al-'Abassi who resides at Bagdad and there is continual hatred between them. page 99 1.

The residence of Tso'AN was selected, because it appear'd most convenient. The prince appears in public twice every year; once at the time of their great holiday and the second time at the moment of the innundation of the Nile. Tso'AN is inclosed by a wall, whereas MITSRAIM is open and the Nile washes one portion of it; the city is large, containing many markets and bazaars and very wealthy jewish inhabitants. page 99. 2.

Rain, frost or snow is almost unknown here, the climate being very warm. The river overflows once every year, in the month of Elul,[b] innundates the whole country and moistens it to the extent of fifteen days journey. The water remains standing on the land during that

a. Commander of the faithful, see page 222.
b. August.

and the following month, whereby it is moisten'd and made fit for agriculture.

A marble pillar, constructed with great skill, has been erected in front of an island; twelve yards of this pillar protrude above the level of the river and whenever the water rises to a height sufficient to cover the pillar, they know that it has innundated the whole land of Egypt to the extent of fifteen days journey, whereas if one half only of the pillar be cover'd, it shows that one half of the country is yet dry. A certain officer measures the rise of the river every day and makes proclamation in TSO'AN and in MITSRAIM in these words: 'Praise God, for the river has risen so and so much!'; the measuring and proclamation is repeated every day. Whenever the water submerges the whole pillar, it produces great plenty in the whole land of Egypt; the river rises by degrees until the whole country is innundated to the extent of fifteen days journey.

page 100. 1.

page 100. 2.

The proprietors of land cause ditches to be dug along their fields, into which the fishes are swept with the rising waters and when the river retires into its bed the fish remain in the trenches, are collected by the proprietors and used for food; others sell them to merchants, by whom they are cured and sold in this state all over the country. The fat of these fishes, with which they abound, is used by the rich of the land instead of oil, and they light their lamps therewith. Those who eat of the fish and drink Nile water after it, need not fear any bad consequences, the water being an excellent preventive thereof.

page 101. 1.

Persons who inquire at the reason of the rise of the Nile, are told by the Egyptians that it is caused by the heavy rains, which fall in the country of Abyssinia, the Chavila of scripture, and which is elevated above the level of Egypt; this forces the river out of its bed and innundates the whole country. Whenever the overflowing of the Nile is suspended, they can neither sow nor reap 'and the famine *is* sore in the land'.[a]

The time for sowing in Egypt is the month

---

a. Gen. XLIII. 1.

of Marcheshvan,[a] after the river has retired into its usual bed, in Adar[b] they cut barley and in Nissan[c] the wheat. In the same month page 101. 2 the following fruits are ripe: a kind of acid plum, called cherry; nuts; cucumbers; gourds; St. John's bread;[d] beans; spelt-corn; chick-pease; as well as all sorts of herbs, such as: purslain; asparagus *or fennel*; grapes; lettice; coriander; succory; cabbage; and wine. Upon the whole the country abounds with good things, the gardens and orchards are water'd partly from wells and partly from the Nile.[e]

Above Mitsraim the Nile divides into four arms. One of them goes to Damietta, which is Khaphthor[f] and there falls into the sea, a second flows towards Rashid ***or Rosetta***, which page 102. 1. is near Alexandria, and there falls into the sea;

---

a. November. b. March. c. April. d. Carob-Siliqua in latin, ***Caroube*** or ***Carouge***, french; this translation is traditional among Jews and it has been employed, although Abdollatif does not mention this fruit as one indigenous in Egypt. e. יאור litterally sea — See the note on this appellation of the Nile in the 2d. vol. of this work. f. Jerem. XLVII. 4. Amos IX. 7.

the third takes the direction of Ashmun, the large city on the frontier of Egypt.

The banks of these four arms are lined on both sides by cities, towns and villages and are enliven'd by numerous travellers, who journey both by river and by land; in fact upon the whole earth there is no country as populous and as well cultivated as Egypt, which is of ample territory and full of all sorts of good things.

From New- to Old Mitsraim is a distance of two parasangs. The latter lies in ruins, but the sites of the walls and the houses may still be traced at this day, as also the granaries of Joseph, of which there is a large number. page 102. 2.

The pyramids, which are seen here are constructed by witchcraft and in no other country or other place is any thing equal to them. They are composed of stones and cement and are very substantial.

In the outskirts of the city is the very ancient synagogue of our great master Moshe, upon whom be peace. An old, very learned man is the overseer and clerk of this place of public worship; he is called Al Sheikh Abunasar. OLD MITSRAIM is three miles in extent.

From thence to the land of Goshen[a] eight page 103. 1. parasangs; it is called BELBEIS, is a large city and contains about three thousand jewish inhabitants.

Half a day to 'Iskiil AIN AL SHEMS, the ancient Ra'amses,[b] which is in ruins. Here are remains of the buildings, erected by our forefathers, and tower-like buildings constructed of bricks.

One days journey to AL-BOUTIDG; about two hundred Jews live here.

To SEFITA half a day; about two hundred Jews.

To DAMIRA four parasangs; this place contains about seven hundred Jews.

page 103 2. To MAHALEH, with about five hundred Israelites, five days.

Two days from thence stands ALEXANDRIAH, Alexander the Macedonian, who built this ex-

---

a. Gen. XLV. 10. XLVI. 28. 34. XLVII. 27. L. 8. Exod. IX. 26. b. Gen. XLVII. 11. Exod. I. 11. XII. 37. Numb. XXXIII. 3. 5.

tremely strong and handsome city, called it after his own name.

In the outskirts of the city was the school of Aristotle, the teacher of Alexander; the building *is still* very handsome and large and is divided into many apartments by marble pillars; there are about twenty schools, to which people flocked from all parts of the world, in order to study the aristotelian philosophy.

The city is built upon arches, which are hollow below, the streets are straight and some of them *are of such extent*, that the eye cannot overlook them at once; that which runs from the Rosetta to the Sea-gate is a full mile in length. page 104. 1.

The port of ALEXANDRIAH is formed partly by a pier, which extends a mile into the sea.

Here is also erected a high tower, called lighthouse, in arabic Minar of Alexandriah, on the summit of which was placed a glass mirror. All vessels, which approached with hostile intentions from Greece and from the western side, could be observed at fifty days distance by means of this glass mirror, and precautions page 104. 2.

were taken against their measures. Many years after the death of Alexander there arrived a grecian vessel commanded by a man of the name of Tod'ros *(Theodoros)*, who was of extreme cunning. The grecians were subject to the Egyptians at the time and the abovenamed Shipper brought a valuable present to the king of Egypt, consisting of silver, gold and silk garments. He rode at anchor in view of the mir-
page 105. 1
ror, the customary station of all merchantmen who arrived, and the keeper of the lighthouse as well as his servants were invited every day by him, until they became very intimate and paid one another frequent visits. Upon a certain day the keeper and all his servants were invited to a sumptuous meal and were plied so much with wine, that both he and his servants became drunk and fell into a sound sleep; this opportunity was seized by the shipper and his crew to break the mirror, after which feat they left the port that very night. From that time the christians began to visit ALEXANDRIA with small and large vessels and took the large is-
page 105. 2
land of Crete as well as Cyprus, which are in

possession of the greeks unto this day; and the Egyptians have not been able to withstand the Greeks ever since.

The lighthouse is still a mark to all seafaring men; it it observed at the distance of one hundred miles by day, and at night bears a light, which serves as a guide to all mariners.

The city is very mercantile and affords an excellent market to all nations. People from all christian kingdoms resort to ALEXANDRIA, from Valentia; Tuscany; Lombardy; Apulia; page 106. 1. Amalfi; Sicilia; Rakuvia; Catalonia; Spain; Roussillon; Germany; Saxony; Denmark; England; Flandres; Hainault; Normandy; France; Poitou; Anjou; Burgundy; Mediana; Provence; Genoa; Pisa; Gascogne; Aragon and Navarra. From the west you meet Mahomedans from Andalusia, Algarve, Africa and Arabia; as well as from the countries towards India, Savila, Abyssinia, Nubia, Yemen, Mesopotamia, and page 106. 2. Syria, besides Greeks and Turks. From India they import all sorts of spices, which are bought by christian merchants. The city is full of bustle and every nation has its own fonteccho[a] there.

On the seashore is a marble sepulchre, upon which are depicted all sorts of birds and beasts, all in very ancient characters, which nobody can decipher, but it is supposed, that it is the tomb of a king of very ancient date, page 107. 1. who reigned even before the flood. The length of the tomb is fifteen spans, by six in breadth.

ALEXANDRIA contains about three thousand Jews.

To DAMIETTA, which is Khaphthor,[b] two days; this place contains about two hundred Jews.

Half a day from thence to SUNBAT, the inhabitants of which sow flax and weave fine

---

a. Est Fonticus domus grandis in qua et negociatones et merces eorum conservantur ubi et forum rerum venalium habent. *Breidenbach*. A merchants store-house, chiefe shop, or warehouse. *Florios italian Dictionary. London* 1611. Muratori considers this word as of arabic extraction; the annotator to Joinville (du Cagne) derives it from funda, a purse, and adduces in allucidation, that of bourse, a public place for the meeting of merchants. See *Archaeologia vol. XXI. p.* 366. b. See p. 152. note f.

linen, which forms a very considerable article of exportation.

Four days to AILAH, which is Elim;[a] it belongs to the Bedouin Arabs.

Two days to R'PHIDIM, which is inhabited by Arabians and contains no Jews. page 107. 2.

One day to Mount SINAI. The syrian monks possess a place of worship on the summit of the mount, at the base of which is a large village. The inhabitants, who speak the chaldean language, call it Tour Sinai; the mountain is small, is in possession of the Egyptians and is distant five days from MITSRAIM.

The Red sea is one days journey from mount SINAI; this sea is an arm of the Indian sea.

Back to DAMIETTA, from whence by sea to TENNIS, the ancient Chanes,[b] an island of the sea, containing about forty Israelites; here are the confines of the empire of Egypt. page 108. 1.

From thence in twenty days by sea to MESSINA on the shore of the island of SICILY, which

a. Exod. XVI. 1. Numb. XXXIII. 9. b. Isaiah XXX. 4.

is situated on the strait called Lunir, an arm of the sea which divides *the Continent of* Calabria from *the island of* Sicily. This city contains about two hundred Jews and is beautifully situated in a country, abounding with gardens and orchards and full of good things.

Most of the pilgrims, who embark for Jerushalaim, assemble here, because this city affords the best opportunity for a good passage.

Two days from thence stands PALERMO, a large city being two square miles in extent. It contains the large palace of king William and is inhabited by about fifteen hundred Jews and many christians and mahomedans. The country is rich in wells and springs, grows wheat and barley and is well supplied with gardens and orchards; it is in fact the best in the whole island of Sicily.

page 108. 2.

The city is the seat of the Viceroy, whose palace is called Al-hacina[a] and contains all

---

a. الحصينة in arabic, i. e. castle, fortified palace; both the first editions, which read אלחיצ"ינה (C.) and אלח ציינה (F.) instead of: אלחצינה are evidently corrupted. **S. *Munk*.**

sorts of fruit trees as also a great spring surrounded by a wall and a reservoir called Al-Behira, in which abundance of fish are preserved. The king's vessels are ornamented with silver and gold and ever ready for the amusement of himself and his women. page 109. 1.

There is further a large palace, the walls of which are richly ornamented with paintings and with gold and silver. The pavement is of marble and rich mosaick representing all sorts of figures; in the whole country there is no building equal to this.

The island begins at Messina, where many pilgrims meet, extends to CATANIA; SYRACUSE; MASARA; PANTALEONE and TRAPANI, being six days in circumference.

Near TRAPANI is found the stone called, Coral, *in arabic* Al-Murgan.

From thence you cross over and reach ROME in three days; from ROME by land in five days to LUCCA, from whence you get in twelve days to BARDIN by mount Maurienne and over the passes of Italy. page 109. 2.

Here are the confines of Germany, a country full of hills and mountains. The jewish congregations of Germany inhabit the banks of the great river Rhine, from COLOGNE, where the empire commences unto Cassanburg, the page 110. 1. frontier of Germany, which is fifteen days journey and is called Ashkenas *by the Jews.*

These are the cities in Germany, which contain congregations of Israelites, all situated on the river Moselle: COBLENCE, ANDERNACH, KAUB, KARTANIA, BINGEN, WORMS and MISTRAN.

In fact the Jews are dispersed over all countries and whoever hinders, that Israel is not collected, shall never see any good sign and shall not live with Israel. And at the time, which the Lord has appointed to be a limit of our captivity and to exalt the horn of his anoin- page 110. 2. ted,[a] every one shall come forth and shall say: I will lead the Jews and I will assemble them.

These cities contain many eminent scholars, the congregations are on the best terms with one another and are friendly towards the far and near; whenever a traveller visits them

---

a. I. Sam. II. 10.

they are rejoiced thereat and hospitably receive him. They are full of hopes and say: be of good spirit, dear brethren, for the salvation of the Lord will be quick like the twinkling of an eye; and indeed were it not that we had doubted hitherto that the end of our captivity had not yet arrived, we should have assembled long ago, but this is impossible before the time of song arrive and the sound of the cooing turtle gives warning,[a] then will the message arrive and we will ever say: the name of the Lord be exalted![b] They send letters to one another by which they exhort themselves to hold firm in the mosaic law. Those that spend their time as mourners of the downfall of Tsion and the destruction of Jerushalaim are always dressed in black clothes and pray for mercy before the Lord, for the sake of their brethren.

page 111. 1.

Beside the cities, which we have already mention'd as being in Germany, there are further Astransburg, Duidisburg, Mantern, Pi-

---

a. Solom. Song II. 12. b. Psalms XXXV. 27.

SINGAS, BAMBERG, TSOR, and REGENSBURG on the confines of the empire; all these cities contain page 111. 2. many rich and learned Jews.

Further on is the country of BOHEMIA, called PRAGUE. Here begins SCLAVONIA, called by the Jews who inhabit it Kh'na'an, because the inhabitants sell their children to all nations, which is also applicable to the people of RUSSIA.

The latter country is very extensive, reaching from the gates of PRAGUE to those o KIEV, a large city on the confines of the empire.

The country is very mountainous and full of forests; in the latter the beast called Vaiverges are met, who yield the sable fur or ermine. In winter the cold is so intense that page 112. 1. nobody ventures to leave his house in consequence of it; so far the kingdom of RUSSIA.

The kingdom of FRANCE, called *by the Jews* Tsarphat, reaches from the town of ALSODO to PARIS, the metropolis of it and has six days in extent. This city, situated on the river Seine belongs to king Louis and contains many learned men, the equal of which are to be met with at present nowhere upon earth; they employ all their time upon the study of the law, are hospitable to all travellers and on friendly terms with all their jewish brethren.

May the Lord in his mercy be full of compassion towards them and us and may he fulfil towards both the words of his holy scripture: (Deuter XXX. 3.) ***Then the*** LORD ***thy God will turn thy captivity, and have compassion upon thee, and*** will return and gather thee from all the nations, whither the LORD thy God hath scatterd thee,

page 112. 2.

Amen. Amen. Amen.

F i n i s.

NUMBER *one!*

Printed in Great Britain
by Amazon

מסעות

של

רבי בנימן ז״ל

לונדן

שנת ת״ר לפ״ק.

הוצאת ספרים „הקשת"
ונראתה הקשת בענן (נח, ט׳, י״ד).
927 ברודוויי, ניו־יורק

הקדמה

זֶה הַסֵּפֶר מְחוּבָּר מִדְּבָרִים שֶׁסִּפֵּר
אִישׁ אֶחָד מֵאֶרֶץ נַבַּארָה שֶׁשְּׁמוֹ רַבִּי
בִּנְיָמִן בַּר יוֹנָה מִטּוּדֵילָה · וַיֵּלֶךְ הָלוֹךְ
וַיָּבֹא בַּאֲרָצוֹת רַבּוֹת וּרְחוֹקוֹת כַּאֲשֶׁר
יִתְפָּרֵשׁ בִּדְבָרָיו אֵלּוּ וּבְכָל מָקוֹם שֶׁבָּא
בּוֹ כָּתַב כָּל הַדְּבָרִים שֶׁרָאָה אוֹ שֶׁשָּׁמַע
מִפִּי אַנְשֵׁי אֱמֶת אֲשֶׁר נִשְׁמְעוּ בְּאֶרֶץ
סְפָרַד : וְכַךְ הוּא זוֹכֵר מִקְצַת הַגְּדוֹלִים
וְהַנְּשִׂיאִים שֶׁבְּמִקְצַת מְקוֹמוֹת וּכְשֶׁבָּא
הֵבִיא דְּבָרָיו אֵלֶּה עִמּוֹ לְאֶרֶץ קַשְׁטִילְיָא
בִּשְׁנַת תתקל"ג ·

וְהָיָה רַבִּי בִּנְיָמִן הַנִּזְכָּר אִישׁ מֵבִין וּמַשְׂכִּיל בַּעַל תּוֹרָה וּבְכָל דָּבָר וְדָבָר שֶׁבְּדָקוּהוּ כְּדֵי לְפַשְׁפֵּשׁ אַחֲרָיו נִמְצְאוּ דְּבָרָיו מְתוּקָּנִים וְיַצִּיבִים בְּפִיו כִּי הָיָה אִישׁ אֱמֶת וְזֶה תְּחִלַּת דְּבָרָיו ·

מסעות

של

רבי בנימן ז"ל.

מַסְּעוֹת
שֶׁל רַבִּי בִּנְיָמִן ז"ל ·

אָמַר רַבִּי בִּנְיָמִן בַּר יוֹנָה ז"ל יָצָאתִי תְּחִלָּה מֵעִיר שַׂרַקוּשְׂטָה וְיָרַדְתִּי דֶּרֶךְ נְהַר אֵיבְּרוֹ לְטוֹרְטוֹשָׁה וּמִשָּׁם הָלַכְתִּי דֶּרֶךְ שְׁנֵי יָמִים לְעִיר טַרְכּוֹנָה הַקַּדְמוֹנָה וְהִיא הָיְתָה מִבִּנְיַן עֲנָקִים וְיוָנִים וְלֹא נִמְצָא כְּבִנְיָן הַהוּא בְּכָל־אַרְצוֹת סְפָרַד וְהִיא יוֹשֶׁבֶת עַל־הַיָּם׃ וּמִשָּׁם שְׁנֵי יָמִים לְעִיר בַּרְצְלוֹנָה וְיֵשׁ שָׁם קָהָל קָדוֹשׁ וַאֲנָשִׁים חֲכָמִים וּנְבוֹנִים וּנְשִׂיאִים גְּדוֹלִים כְּגוֹן רַבִּי שֵׁשֶׁת וְרַבִּי שְׁאַלְתִּיאֵל וְרַבִּי שְׁלֹמֹה בֶּן רַבִּי אַבְרָהָם בֶּן חִסְדָּאִי ז"ל וְהִיא עִיר קְטַנָּה וְיָפָה וְיוֹשֶׁבֶת עַל־שְׂפַת הַיָּם בָּאִים אֵלֶיהָ בִּסְחוֹרָה תַּגָּרִים מִכָּל־מָקוֹם מֵאֶרֶץ

[1] יָוָן וּפִּישָׁה וְגִינוּאָה וְסִיסִילְיָא וְאֶרֶץ אַלֶכְּסַנְדְרִיָא שֶׁל מִצְרַיִם וּמֵאֶרֶץ יִשְׂרָאֵל וְכָל גְבוּלֶיהָ · וּמִשָּׁם מַהֲלַךְ יוֹם וָחֵצִי לְגִירוּנְדָה וּבָהּ קָהָל קָטָן מִיְהוּדִים · וּמִשָּׁם מַהֲלַךְ שְׁלשֶׁת יָמִים לְנַרְבּוֹנָה וְהִיא עִיר קְדוּמָה לַתּוֹרָה וּמִמֶּנָּה תֵּצֵא תוֹרָה לְכָל־הָאֲרָצוֹת וּבָהּ חֲכָמִים גְּדוֹלִים וּנְשִׂיאִים וּבְרֹאשָׁם רַבִּי קָלוֹנִימוּס בֶּן הַנָּשִׂיא הַגָּדוֹל רַבִּי טוֹדְרוֹס ז״ל מִזֶּרַע בֵּית דָּוִד מְכוּנֶה בְּיִחוּס וְיֵשׁ לוֹ נְחָלוֹת וְקַרְקָעוֹת מֵאֵת [2] מוֹשְׁלֵי הָאָרֶץ וְאֵין אָדָם יָכוֹל לִיקַּח מִמֶּנּוּ בְּחָזְקָה · וּבְרֹאשָׁם רַבִּי אַבְרָהָם רֹאשׁ הַיְשִׁיבָה וְרַבִּי מָכִיר וְרַבִּי יְהוּדָה וַאֲחֵרִים כְּנֶגְדָּם הַרְבֵּה תַּלְמִידֵי חֲכָמִים וְיֵשׁ בָּהּ הַיּוֹם כְּמוֹ שְׁלֹשׁ מֵאוֹת יְהוּדִים · וּמִשָּׁם אַרְבַּע פַּרְסָאוֹת לְבֵידְרַשׁ הָעִיר וְשָׁם קְהַל תַּלְמִידֵי חֲכָמִים וּבְרֹאשָׁם רַבִּי שְׁלֹמֹה חֲלַפְתָּא וְרַבִּי יוֹסֵף בַּר רַבִּי נְתַנְאֵל ז״ל · וּמִשָּׁם שְׁנֵי יָמִים לְהַר גַּעַשׁ הַנִּקְרָא מוֹנְפֶּישְׁלְיֵיר וְהוּא מָקוֹם יָפֶה לִסְחוֹרָה ·

קָרוֹב מִן הַיָּם שְׁתֵּי פַּרְסָאוֹת וּבָאִים אֵלֶיהָ [1]
מִכָּל־מָקוֹם לִסְחוֹרָה אֱדוֹם וְיִשְׁמָעֵאל
מֵאֶרֶץ אַל־עַרְוֶה וְלוֹנְבַּרְדִּיָּא וּמַלְכוּת
רוֹמָא רַבְּתָא וּמִכָּל־אֶרֶץ מִצְרַיִם וְאֶרֶץ
יִשְׂרָאֵל וְאֶרֶץ יָוָן וְאֶרֶץ צָרְפַת וְאֶרֶץ סְפָרַד
וְאִינְגְלַטֵירָה וּמִכָּל־לְשׁוֹנוֹת הַגּוֹיִם נִמְצָאִים
שָׁם עַל־יְדֵי גִּינוּאִין וּפִישָׂנִין וְשָׁם תַּלְמִידֵי
חֲכָמִים חֲשׁוּבֵי הַדּוֹר וּבְרֹאשָׁם רַבִּי רְאוּבֵן
בַּר טוֹדְרוֹס וְרַבִּי נָתָן בֶּן רַבִּי זְכַרְיָה וְרַבִּי
שְׁמוּאֵל הָרַב שֶׁלָּהֶם וְרַבִּי שֶׁלֶמְיָא וְרַבִּי
מָרְדְּכַי ז״ל · וְיֵשׁ בֵּינֵיהֶם עֲשִׁירִים גְּדוֹלִים [2]
וּבַעֲלֵי צְדָקָה וְעוֹמְדִים בַּפֶּרֶץ לְכֹל הַבָּאִים
לְיָדָם · וּמִשָּׁם אַרְבַּע פַּרְסָאוֹת לְלוּנִיל
וְשָׁם קָהָל קָדוֹשׁ מִיִּשְׂרָאֵל מִתְעַסְּקִים
בַּתּוֹרָה יוֹמָם וָלַיְלָה · וְשָׁם רַבֵּינוּ מְשׁוּלָּם
הָרַב הַגָּדוֹל ז״ל וַחֲמִשָּׁה בָנָיו חֲכָמִים
גְּדוֹלִים וַעֲשִׁירִים רַבִּי יוֹסֵף וְרַבִּי יִצְחָק
וְרַבִּי יַעֲקֹב וְרַבִּי אַהֲרֹן וְרַבִּי אָשֵׁר הַפָּרוּשׁ
שֶׁנִּפְרָשׁ מֵעִנְיָנֵי הָעוֹלָם וְעוֹמֵד עַל־הַסֵּפֶר
יוֹמָם וָלַיְלָה וּמִתְעַנֶּה וְאֵינוֹ אוֹכֵל בָּשָׂר

[1] וְהוּא חָכָם גָּדוֹל בַּתַּלְמוּד וְהָרַב רַבִּי מֹשֶׁה
גִּיסוֹ וְרַבִּי שְׁמוּאֵל הַחַזָּן וְרַבִּי שְׁלֹמֹה הַכֹּהֵן
וְרַבִּי יְהוּדָה הָרוֹפֵא בֶּן תִּיבּוֹן הַסְּפָרְדִּי
וְכָל־הַבָּאִים מֵאֶרֶץ מֶרְחָק לִלְמוֹד תּוֹרָה
מְפַרְנְסִים אוֹתָם וּמְלַמְּדִים אוֹתָם
וּמוֹצִיאִין *) שָׁם פַּרְנָסָה וּמַלְבּוּשׁ מֵאֵצֶל
הַקָּהָל כֹּל יְמֵי הֱיוֹתָם בְּבֵית הַמִּדְרָשׁ וְהֵם
אֲנָשִׁים חֲכָמִים וּקְדוֹשִׁים בַּעֲלֵי מִצְוֹת
עוֹמְדִים בַּפֶּרֶץ לְכָל־אֲחֵיהֶם הַקְּרוֹבִים
וְהָרְחוֹקִים וּבָהּ קְהַל יְהוּדִים כְּמוֹ שְׁלֹשׁ
[2] מֵאוֹת יצ״ו וְהִיא רְחוֹקָה מִן הַיָּם שְׁתֵּי
פַּרְסָאוֹת׃ וּמִשָּׁם שְׁתֵּי פַּרְסָאוֹת
לְפוּתְייקִירשׁ וְהִיא כְּרַךְ גָּדוֹל וְיֵשׁ בּוֹ
יְהוּדִים כְּמוֹ אַרְבַּע מֵאוֹת **) וְשָׁם יְשִׁיבָה
גְדוֹלָה עַל־יַד הָרַב הַגָּדוֹל רַבִּי אַבְרָהָם בַּר
רַבִּי דָּוִד זצ״ל רַב פְּעָלִים חָכָם גָּדוֹל
בַּתַּלְמוּד וּבַפָּסוּק וּבָאִים מֵאֶרֶץ מֶרְחָק
אֵלָיו לִלְמוֹד תּוֹרָה וּמוֹצְאִים מְנוּחָה בְּבֵיתוֹ
וְהוּא מְלַמְּדָם וּמִי שֶׁאֵין לוֹ לְהוֹצִיא הוּא

*) C. ומוצאים **) C. ארבעים

מוֹצִיא לָהֶם מִשֶּׁלּוֹ וּמִמְּמוֹנוֹ לְכָל־צָרְכֵיהֶם [1]
וְהוּא עָשִׁיר גָּדוֹל וְשָׁם חֲכָמִים רַבִּי יוֹסֵף
בַּר רַבִּי מְנַחֵם וְרַבִּי בֶּנְבֶּנַשְׁתְּ וְרַבִּי בִּנְיָמִן
וְרַבִּי אַבְרָהָם וְרַבִּי יִצְחָק בַּר רַבִּי מֹשֶׁה
ז״ל · וּמִשָּׁם שָׁלֹשׁ פַּרְסָאוֹת לְנוֹגְרִישׁ
הַנִּקְרָא בּוּרְק דְּשֵׁל גִּיל וְשָׁם קָהָל מִיְּהוּדִים
כְּמוֹ מֵאָה חֲכָמִים וּבְרֹאשׁ רַבִּי יִצְחָק בַּר
רַבִּי יַעֲקֹב וְרַבִּי אַבְרָהָם בַּר רַבִּי יְהוּדָה
וְרַבִּי אֶלְעָזָר וְרַבִּי יִצְחָק וְרַבִּי מֹשֶׁה וְרַבִּי
יַעֲקֹב בֶּן הָרַב רַבִּי לֵוִי ז״ל וְהוּא מְקוֹם
טָעוּת*) לַגּוֹיִם וְלָאִיִּים מֵאַפְסֵי הָאָרֶץ וְהִיא [2]
קְרוֹבָה מִן הַיָּם שְׁלֹשָׁה מִילִין וְיוֹשֶׁבֶת עַל
שְׂפַת הַנָּהָר הַגָּדוֹל הַנִּקְרָא רוֹדִי וְהוּא
הַסּוֹבֵב כָּל־אֶרֶץ פְּרוֹבֶנְצָה וְשָׁם הַנָּשִׂיא
רַבִּי אַבָּא מָרִי בַּר רַבִּי יִצְחָק ז״ל וְהוּא
פְּקִיד הַשִּׁלְטוֹן רֵמוֹן · וּמִשָּׁם שָׁלֹשׁ פַּרְסָאוֹת
לְעִיר אַרְלֵיט וְשָׁם כְּמוֹ מָאתַיִם מִיִּשְׂרָאֵל
וּבְרֹאשׁ רַבִּי מֹשֶׁה וְרַבִּי טוֹבִי וְרַבִּי יְשַׁעְיָה
וְרַבִּי שְׁלֹמֹה וְרַבִּי נָתָן הָרַב וְרַבִּי

*) C. קבוץ

[1] אַבָּא מָרִי ז״ל · וּמִשָּׁם שְׁלשֶׁת יָמִים לְמַרְשִׂילְיָיה וְהִיא עִיר גְּאוֹנִים וַחֲכָמִים וְהֵם שְׁתֵּי קְהִלּוֹת וּבָם כְּמוֹ שְׁלשׁ מֵאוֹת יְהוּדִים· הַקָּהָל הָאֶחָד יוֹשֵׁב עַל שְׂפַת הַיָּם לְמָטָּה· וְהַקָּהָל הָאַחֵר (יוֹשֵׁב עַל־שְׂפַת הַיָּם) יוֹשְׁבִים בַּמִּגְדָּל לְמַעְלָה וְהֵם יְשִׁיבָה גְדוֹלָה וְתַלְמִידֵי חֲכָמִים רַבִּי שִׁמְעוֹן בַּר רַבִּי אַנְטוֹלִי*) וְרַבִּי יַעֲקֹב אָחִיו וְרַבִּי לְבָארוֹ וְהֵם רָאשֵׁי שֶׁל מָעְלָה · וּבְרֹאשׁ הַקָּהָל שֶׁל מַטָּה רַבִּי יַעֲקֹב פֶּירְפִּיינוֹ הֶעָשִׁיר וְרַבִּי אַבְרָהָם וְרַבִּי [2] מֵאִיר הָתְנוֹ וְרַבִּי יִצְחָק וְרַבִּי מֵאִיר זצ״ל וְהִיא עִיר סְחוֹרָה מְאֹד עַל־שְׂפַת הַיָּם · וּמִשָּׁם יִכָּנֵס אָדָם בִּסְפִינָה לְעִיר גֵּינוּאָה הַיּוֹשֶׁבֶת עַל־שְׂפַת הַיָּם וְהוּא מַהֲלַךְ אַרְבָּעָה יָמִים בַּיָּם וְשָׁם שְׁנֵי יְהוּדִים אַחִים רַבִּי שְׁמוּאֵל בֶּן כִּלְאַם וְאָחִיו שֶׁהָיוּ מֵעִיר סַבְתָּה וְהֵם אֲנָשִׁים טוֹבִים וְהָעִיר מוּקֶּפֶת חוֹמָה וְאֵין מֶלֶךְ שׁוֹלֵט עֲלֵיהֶם כִּי אִם הַשּׁוֹפְטִים שֶׁהֵם מְקִימִים עֲלֵיהֶם כִּרְצוֹנָם וְכָל אֶחָד

*) C. et F. אנטוליו

וְאֶחָד מֵהֶם מִגְדָּל בְּבֵיתוֹ וּבִשְׁעַת מַחְלְקוֹתָם [1]
נִלְחָמִים אֵלּוּ עִם אֵלּוּ עַל־רָאשֵׁי הַמִּגְדָּלִים
וְהֵם מוֹשְׁלֵי הַיָּם וְעוֹשִׂים דוּגִיּוֹת הַנִּקְרָאוֹת
גַּלֵּירַאשׁ וְהוֹלְכִים לִשְׁלוֹל שָׁלָל וְלָבוֹז בְּכָל
הַמְּקוֹמוֹת שָׁלָל וּבִזָּה וּמְבִיאִים אֶל
גֵּינוּאָה · וְהֵם נִלְחָמִים עִם אַנְשֵׁי פִּישָׂה
וּבֵינֵיהֶם וּבֵין פִּישָׂה מַהֲלַךְ שְׁנֵי יָמִים וְהִיא
עִיר גְּדוֹלָה מְאֹד וּבָהּ כְּמוֹ עֲשֶׂרֶת אֲלָפִים
מִגְדָּלִים בַּבָּתִּים שֶׁלָּהֶם לִלְחוֹם בְּעֵת
הַמַּחֲלוֹקֶת וְכָל־אֲנָשֶׁיהָ גִּבּוֹרִים וְאֵין מֶלֶךְ
וְאֵין שַׂר שׁוֹלֵט עֲלֵיהֶם כִּי אִם הַשּׁוֹפְטִים [2]
אֲשֶׁר הֵם מְקִימִים עֲלֵיהֶם וּבָהּ כְּמוֹ עֶשְׂרִים
יְהוּדִים וְהָרֹאשׁ שֶׁלָּהֶם רַבִּי מֹשֶׁה וְרַבִּי חַיִּים
וְרַבִּי יוֹסֵף ז"ל וְאֵינָהּ מוּקֶּפֶת חוֹמָה וְהִיא
רְחוֹקָה מִן הַיָּם אַרְבָּעָה מִילִין וְיוֹצְאִין וְנִכְנָסִין
אֵלֶיהָ בִּסְפִינוֹת עַל־יַד הַנָּהָר (הֱיוֹת*) בְּתוֹךְ
הַמְּדִינָה · וּמִשָּׁם אַרְבַּע פַּרְסָאוֹת לְעִיר לוּקָא
וְשָׁם כְּמוֹ אַרְבָּעִים יְהוּדִים וְהִיא גְדוֹלָה וְהָרֹאשׁ
שֶׁל הַיְּהוּדִים רַבִּי דָוִד וְרַבִּי שְׁמוּאֵל וְרַבִּי

*) ?ארנות?

[1] יַעֲקֹב וּמִשָּׁם מַהֲלַךְ שִׁשָּׁה יָמִים לְעִיר רוֹמָא
רַבְּתָא וְהִיא רֹאשׁ מַלְכוּת אֱדוֹם · וְשָׁם
כְּמוֹ מָאתַיִם יְהוּדִים נִכְבָּדִים וְאֵין פּוֹרְעִין
מַס לְשׁוּם אָדָם וּמֵהֶם מְשָׁרְתֵי הַפַּפָּא
אַלֶכְּסַנְדִירוֹשׁ הוּא הַהֶגְמוֹן הַגָּדוֹל הַמְּמוּנֶּה
עַל כָּל דַּת אֱדוֹם וְשָׁם חֲכָמִים גְּדוֹלִים
וּבְרֹאשָׁם רַבִּי דָנִיֵּאל וְרַבִּי יְחִיאֵל מְשָׁרֵת
שֶׁל פַּפָּא וְהוּא בָּחוּר יָפֶה נָבוֹן וְחָכָם וְהוּא
יוֹצֵא וּבָא בְּבֵית הַפַּפָּא וְהוּא פְּקִיד בֵּיתוֹ
וְעַל־כָּל־אֲשֶׁר־לוֹ וְהוּא נֶכְדוֹ שֶׁל רַבִּי נָתָן
[2] שֶׁעָשָׂה סֵפֶר הֶעָרוּךְ וּפֵירוּשָׁיו וְרַבִּי יוֹאָב
בֶּן הָרַב רַבִּי שְׁלֹמֹה וְרַבִּי מְנַחֵם רֹאשׁ
הַיְשִׁיבָה וְרַבִּי יְחִיאֵל הַדָּר בִּטְרַשְׁטֵיבֵרֵי
וְרַבִּי בִּנְיָמִן בַּר רַבִּי שַׁבְּתַי ז״ל וְהִיא רוֹמָא
הָעִיר שְׁנֵי חֲלָקִים וְהַנָּהָר טִיבְרוּס חוֹלֵק
בְּאֶמְצַע הַמְּדִינָה חֵלֶק אֶחָד מִצַּד אֶחָד
וְחֵלֶק אֶחָד מִצַּד שֵׁנִי וּבַחֵלֶק הָרִאשׁוֹן
הַבָּמָה הַגְּדוֹלָה שֶׁקּוֹרִאין לָהּ שַׁלְבִּיטְרָא דִי
רוֹמָא וְשָׁם הָיָה אַרְמוֹן שֶׁל יוּלְיוּס קֵיסַר
הַגָּדוֹל · וְיֵשׁ שָׁם בִּנְיָנִים הַרְבֵּה וּמַעֲשִׂים

מְשׁוּנִים מִכָּל-בִּנְיָן שֶׁבָּעוֹלָם וּבֵין הַמְּיוּשָּׁב [1]
וְהֶחָרֵב מִן רוֹמָא אַרְבַּע וְעֶשְׂרִים מִילִין
וְשָׁם שְׁמוֹנִים הֵיכָלוֹת מִשְּׁמוֹנִים מְלָכִים
גְּדוֹלִים (בַּתּוֹרָה) הַנִּקְרָאִים כֻּלָּם אִינְפֵּירַדוֹר
מִמַּלְכוּת טַרְקִינוּס וְעַד מַלְכוּת פִּפּוּס*)
אָבִיו שֶׁל קַרְלוֹ אֲשֶׁר כָּבַשׁ אֶרֶץ סְפָרַד
מִיַּד הַיִּשְׁמְעֵאלִים בַּתְּחִלָּה · וְשָׁם הֵיכַל
טִיטוּס לְחוּץ לְרוֹמָא שֶׁלֹּא קִבְּלוּהוּ שְׁלֹשׁ
מֵאוֹת יוֹעֲצָיו בִּשְׁבִיל שֶׁלֹּא עָשָׂה מִצְוָתָם
שֶׁלֹּא לָקַח יְרוּשָׁלַיִם אֶלָּא לְשָׁלוֹשׁ שָׁנִים
וְגָזְרוּ הֵם עָלָיו שְׁתֵּי שָׁנִים וְשָׁם כְּמוֹ הֵיכָל [2]
אַרְמוֹן הַמֶּלֶךְ אַסְפַּסְיָינוּס בִּנְיָן גָּדוֹל וְחָזָק
מְאֹד ׃ וְשָׁם אַרְמוֹן הַמֶּלֶךְ מֶלֶךְ גַּלְבִּין וְיֵשׁ
בְּתוֹךְ אַרְמוֹן שֶׁלּוֹ שְׁלֹשׁ מֵאוֹת וְשִׁשִּׁים
אַרְמוֹנִים**) כְּמִנְיַן יְמוֹת הַשָּׁנָה · וְהַקָּפַת
הָאַרְמוֹנִים שְׁלֹשָׁה מִילִין · וְהָיְתָה מִלְחָמָה
בֵּינֵיהֶם בִּימֵי קֶדֶם וְנָפְלוּ בְּתוֹךְ הָאַרְמוֹן
יוֹתֵר מִמֵּאָה אֶלֶף בְּנֵי אָדָם הֲרוּגִים וְהָיוּ
הָעֲצָמוֹת עַד הַיּוֹם הַזֶּה תְּלוּיוֹת וְצִיֵּר הַמֶּלֶךְ

*) ?פיפינוס? **) ?חלונים?

[1] עִנְיַן הַמִּלְחָמָה מִצַּד וּמִצַּד מַעֲרָכָה לִקְרַאת
מַעֲרָכָה בְּנֵי אָדָם וְסוּסֵיהֶם וּכְלֵי מִלְחַמְתָּם
הַכֹּל אֶבֶן שֶׁיֵּשׁ לְהֵרָאוֹת לִבְנֵי הָעוֹלָם
הַמִּלְחָמָה שֶׁהָיְתָה בִּימֵי קֶדֶם וְשָׁם יִמָּצֵא
מְעָרָה שֶׁהוֹלֶכֶת תַּחַת הָאָרֶץ וְנִמְצָאִים
הַמֶּלֶךְ וְהַמַּלְכָּה אִשְׁתּוֹ עַל־כִּסְאוֹתָם וְעִמָּם
כְּמוֹ מֵאָה בְּנֵי אָדָם שָׂרֵי הַמְּלוּכָה וְכֻלָּם
חֲקוּקִים בִּמְלֶאכֶת הָרוֹפְאִים עַד הַיּוֹם הַזֶּה׃
וְשָׁם בְּשַׁלְטִיאַנִי אַ־לַטִּישְׁנָא וּבַבָּמָה שְׁנֵי
עַמּוּדִים מִנְּחֹשֶׁת מִמַּעֲשֵׂה שְׁלֹמֹה הַמֶּלֶךְ
[2] עָלָיו הַשָּׁלוֹם וּבְכָל־עַמּוּד וְעַמּוּד חָקוּק
שְׁלֹמֹה בֶּן דָּוִד וְאָמְרוּ לוֹ*) הַיְּהוּדִים אֲשֶׁר
בְּרוֹמָא כִּי בְּכָל־שָׁנָה וְשָׁנָה בִּימֵי תִּשְׁעָה
בְּאָב נִמְצָאָה זֵעָה עֲלֵיהֶם נִגֶּרֶת כַּמָּיִם׃
וְשָׁם מְעָרָה שֶׁגָּנַז טִיטוּס בֶּן אַסְפַּסְיָנוּס
כְּלֵי בֵּית הַמִּקְדָּשׁ שֶׁהֵבִיא מִירוּשָׁלַיִם וְגַם
מְעָרָה אַחַת בָּהָר עַל־שְׂפַת הַנָּהָר טִיבְּרוֹ׃
וְשָׁם קְבוּרִים הַצַּדִּיקִים ז"ל עֲשָׂרָה הֲרוּגֵי
מַלְכוּת וְלִפְנֵי שַׁלְגּוֹנָן דִּלַטֶּרְנָה מְצוּיָּר

*) .C לי

שִׁמְשׁוֹן וְכִידוֹר *) בְּיָדוֹ שֶׁל אֶבֶן ׀ וְגַם [1]
אַבְשָׁלוֹם בֶּן דָּוִד וְגַם הַמֶּלֶךְ קוֹשְׁטַדִּינוֹס
שֶׁבָּנָה קוֹשְׁטַנְדִּינָה וְעַל שְׁמוֹ נִקְרֵאת
קוֹשְׁטַנְטִינִיפּוֹלִי · וְהוּא מְצוּיָּר מִנְּחשֶׁת
וְסוּסוֹ וּמְצֻפִּים בְּזָהָב · וְיֵשׁ בִּנְיָנִים אֲחֵרִים
וְעִנְיָנִים בְּרוֹמָא שֶׁלֹּא יוּכַל אָדָם לְסַפְּרָם ·
וּמִשָּׁם אַרְבָּעָה יָמִים לְקַפּוּאָה הִיא הַמְּדִינָה
הַגְּדוֹלָה שֶׁבְּנָאָהּ קַפִּיס הַמֶּלֶךְ וְהִיא טוֹבָה
אֲבָל הַמַּיִם רָעִים וְהָאָרֶץ מְשַׁכֶּלֶת וְיֵשׁ בָּהּ
כְּמוֹ שְׁלֹשׁ מֵאוֹת יְהוּדִים וּבָם חֲכָמִים
גְּדוֹלִים נִכְבָּדֵי אָרֶץ וּבְרֹאשָׁם רַבִּי קוֹנְפַּשׂוֹ [2]
וְרַבִּי שְׁמוּאֵל אָחִיו וְרַבִּי זָקֵן וְהָרַב רַבִּי דָּוִד
ז״ל וְקוֹרְאִין לָזֶה פְּרִינְצִיפַּלוֹ · וּמִשָּׁם
לְפּוּצוֹל הַנִּקְרֵאת סוֹרֵיינְטוֹ הָעִיר הַגְּדוֹלָה
שֶׁבָּנָה צִינְצַן הֲדַרְעֶזֶר שֶׁבָּרַח מִפְּנֵי פַּחַד
דָּוִד הַמֶּלֶךְ עָלָיו הַשָּׁלוֹם וְיָצָא הַיָּם וְכִסָּה
אוֹתָהּ בִּשְׁנֵי חֲלָקִים מִן הָעִיר · וְעַד הַיּוֹם
הַזֶּה רָאִים בְּנֵי אָדָם הַשְּׁוָקִים וְהַמִּגְדָּלִים
שֶׁהָיוּ בְּתוֹךְ הַמְּדִינָה וְשָׁם מַעְיָן נוֹבֵעַ מִתּוֹךְ
הַתְּהוֹם וְיִמָּצֵא שָׁם הַשֶּׁמֶן הַנִּקְרָא פִּיטְרוֹלִיו

*) וכידון?

[1] וּמְלַקְּטִין אוֹתוֹ עַל פְּנֵי הַמַּיִם וּמְשִׂימִין
אוֹתוֹ רְפוּאוֹת וְיֵשׁ מֶרְחֲצָאוֹת שֶׁל מַיִם
חַמִּין נוֹבְעִין מִתַּחַת הַקַּרְקַע וְהֵם עַל שְׂפַת
הַיָּם וְהֵם כְּמוֹ שְׁנֵי מֶרְחֲצָאוֹת שֶׁכָּל אָדָם
שֶׁיֵּשׁ בּוֹ שׁוּם חוֹלִי יֵלֵךְ וְיִרְחוֹץ בָּהֶם
וְיִמְצָא מַרְפֵּא וּמַרְגּוֹעַ וְכָל הַחוֹלִים מִבְּנֵי
לוֹנְבַּרְדְּיָאה בָּאִים שָׁם הַקַּיִץ וּמִשָּׁם יֵלֵךְ
אָדָם דֶּרֶךְ חֲמִשָּׁה עָשָׂר מִילִין תַּחַת
הֶהָרִים הוּא הַבִּנְיָן אֲשֶׁר בָּנָה רוֹמוּלוּס
הַמֶּלֶךְ שֶׁבָּנָה רוֹמָא הַכֹּל עָשָׂה מִפְּנֵי פַּחַד
[2] דָּוִד מֶלֶךְ יִשְׂרָאֵל וְיוֹאָב שַׂר צְבָאוֹ וְעָשָׂה
בִּנְיָן עַל־הֶהָרִים וְתַחַת הֶהָרִים ·

נַאפּוּלִי הַמְּדִינָה · וְהִיא עִיר בְּצוּרָה
מְאֹד יוֹשֶׁבֶת עַל־שְׂפַת הַיָּם מִבִּנְיַן הַיְּוָנִים
וְשָׁם כְּמוֹ חֲמֵשׁ מֵאוֹת יְהוּדִים וְשָׁם רַבִּי
חִזְקִיָּה וְרַבִּי שָׁלוֹם וְרַבִּי אֵלִיָּה הַכֹּהֵן וְרַבִּי
יִצְחָק מֵהַר הָהָר ז״ל · וּמִשָּׁם דֶּרֶךְ יוֹם
עַד עִיר שַׁלִּירְנָה וְשָׁם יְשִׁיבַת הָרוֹפְאִים
לִבְנֵי אֱדוֹם וְשָׁם כְּמוֹ שֵׁשׁ מֵאוֹת יְהוּדִים
וְשָׁם חֲכָמִים רַבִּי יְהוּדָה בַּר רַבִּי יִצְחָק

וְרַבִּי מַלְכִּי צֶדֶק הָרַב הַגָּדוֹל שֶׁהָיָה מֵעִיר [1]
צִיפוֹנְתֶ וְרַבִּי שְׁלֹמֹה הַכֹּהֵן וְרַבִּי אֵלִיָּה
הֶחָזָנִי וְרַבִּי אַבְרָהָם נַרְבּוֹנִי וְרַבִּי תַּמּוֹן
וְהִיא עִיר מֻקֶּפֶת חוֹמָה מִצַּד הַיַּבָּשָׁה
וּמִצַּד הָאַחֵר עַל־שְׂפַת הַיָּם וְהַמִּגְדָּל בְּרֹאשׁ
הֶהָר חָזָק מְאֹד · וּמִשָּׁם חֲצִי יוֹם לְאַמַלְפִי
וְשָׁם כְּמוֹ עֶשְׂרִים יְהוּדִים וְשָׁם רַבִּי חֲנַנְאֵל
הָרוֹפֵא וְרַבִּי אֱלִישָׁע וְאָבּוּ־אַל־גִּיד הַנָּדִיב
ז"ל וְהַגּוֹיִם אַנְשֵׁי הָאָרֶץ תַּגָּרִים הוֹלְכִים
בִּסְחוֹרָה וְאֵינָם זוֹרְעִים אֶלָּא קוֹנִים הַכֹּל
בְּכֶסֶף מִפְּנֵי שֶׁהֶם שׁוֹכְנִים עַל־הֶהָרִים [2]
הַגְּבוֹהִים וּבְרָאשֵׁי הַסְּלָעִים · אֲבָל יֵשׁ
לָהֶם פֵּירוֹת הַרְבֵּה אֶרֶץ כְּרָמִים וְזֵיתִים
וְגִנּוֹת וּפַרְדֵּסִים וְאֵין אָדָם יָכוֹל לְהִלָּחֵם
עִמָּם · וּמִשָּׁם דֶּרֶךְ יוֹם לְבִינָאבְּינְטוֹ*) הִיא
עִיר גְּדוֹלָה יוֹשֶׁבֶת עַל־שְׂפַת הַיָּם וְהַר אֶחָד
וְשָׁם קָהָל מִיְּהוּדִים כְּמוֹ מָאתַיִם וּבְרָאשָׁם
רַבִּי קָלוֹנִימוֹס וְרַבִּי זֶרַח וְרַבִּי אַבְרָהָם
ז"ל · וּמִשָּׁם שְׁנֵי יָמִים לְמֶלְפִי**) שֶׁבְּאֶרֶץ
פּוּלְיָיא וְהִיא אֶרֶץ פּוּל וְשָׁם כְּמוֹ מָאתַיִם

*) ?בבנטו?   **) מלכי C. et F.

[1] יְהוּדִים וּבְרֹאשָׁם רַבִּי אֲחִימַעַץ וְרַבִּי נָתָן
וְרַבִּי צָדוֹק · וּמִשָּׁם מַהֲלַךְ יוֹם לְאַשְׁקוֹלִי
וְשָׁם כְּמוֹ אַרְבָּעִים יְהוּדִים וּבְרֹאשָׁם רַבִּי
קוֹנְטִילוֹ וְרַבִּי צֶמַח חֲתָנוֹ וְרַבִּי יוֹסֵף ז״ל
וּמִשָּׁם שְׁנֵי יָמִים לְטְרַנְאָה אֲשֶׁר עַל-שְׂפַת
הַיָּם וְשָׁם מִתְקַבְּצִים כָּל הַתּוֹעִים*) לַעֲבוֹר
לִירוּשָׁלַיִם כִּי שָׁם פּוֹרֶט הַנָּמָל הַנָּכוֹן וְשָׁם
קָהָל מִיִּשְׂרָאֵל כְּמוֹ מָאתַיִם וּבְרֹאשָׁם רַבִּי
אֵלִיָּה וְרַבִּי נָתָן הַדַּרְשָׁן וְרַבִּי יַעֲקֹב וְהִיא
עִיר טוֹבָה וּגְדוֹלָה · וּמִשָּׁם מַהֲלַךְ יוֹם
[2] לְמִיקָלַס דְּבַר הִיא הַמְּדִינָה הַגְּדוֹלָה אֲשֶׁר
הֶחֱרִיב הַמֶּלֶךְ גִּילְלְמוֹ שֶׁל צִיקִילְיָה וְאֵין
שָׁם הַיּוֹם מִיִּשְׂרָאֵל מִפְּנֵי שֶׁהִיא חֲרֵבָה וּמִן
הַגּוֹיִם כְּמוֹ כֵן· וּמִשָּׁם יוֹם וָחֵצִי לְטַרַאנְטוֹ·
הִיא תְּחִלַּת מַלְכוּת אֶרֶץ קַלָאבְרִיָּאה
וְיוֹשְׁבֶיהָ יְוָנִים וְהִיא עִיר גְּדוֹלָה וּבָהּ כְּמוֹ
שְׁלֹשׁ מֵאוֹת יְהוּדִים וּבָם חֲכָמִים וּבְרֹאשָׁם
רַבִּי מֵאלִי וְרַבִּי נָתָן וְרַבִּי יִשְׂרָאֵל וּמִשָּׁם
מַהֲלַךְ יוֹם לְבְרַנְדִּישִׁי אֲשֶׁר עַל-שְׂפַת

*) C. הרוצים

הַיָּם וְשָׁם כְּמוֹ עֲשָׂרָה יְהוּדִים צַבְּעִים · 1
וּמִשָּׁם שְׁנֵי יָמִים לְאוֹטְרַנְדוֹ אֲשֶׁר עַל־
שְׂפַת הַיָּם אֶרֶץ יָוָן וְשָׁם כְּמוֹ חֲמֵשׁ מֵאוֹת
יְהוּדִים וְהָרֹאשׁ שֶׁלָּהֶם רַבִּי מְנַחֵם וְרַבִּי
כָּלֵב וְרַבִּי מֵאִיר וְרַבִּי מַאלִי וּמִשָּׁם עוֹבֵר
אָדָם בַּיָּם דֶּרֶךְ שְׁנֵי יָמִים לְאִי־קְרוּפוּס*)
וְשָׁם יְהוּדִי אֶחָד וּשְׁמוֹ רַבִּי יוֹסֵף וְעַד הֵנָּה
מַלְכוּת צִיקִילְיָה · וּמִשָּׁם דֶּרֶךְ שְׁנֵי יָמִים
בַּיָּם לְאֶרֶץ לַבְטָה הִיא תְּחִלַּת מַלְכוּת
מַנוּאֵל מֶלֶךְ הַיְּוָנִים וְהִיא כְּפָר וּבָהּ כְּמוֹ
מֵאָה יְהוּדִים וּבְרֹאשָׁם רַבִּי שְׁלַחְיָה וְרַבִּי 2
אֵירְקוּלִים · וּמִשָּׁם שְׁנֵי יָמִים לְאָכִילוֹן
וְשָׁם כְּמוֹ עֲשָׂרָה יְהוּדִים וְרַבִּי שַׁבְּתַי
בְּרֹאשָׁם · וּמִשָּׁם חֲצִי יוֹם לְנָטוֹלִיקוֹן
הַיּוֹשֶׁבֶת עַל זְרוֹעַ הַיָּם · וּמִשָּׁם לְפַטְרָה
יוֹם אֶחָד דֶּרֶךְ יָם הִיא הַמְּדִינָה שֶׁל
אַנְטִפִּיטְרוֹשׁ הַמֶּלֶךְ שֶׁל יָוָן · הוּא הָיָה
אֶחָד מֵאַרְבָּעָה מְלָכִים שֶׁקָּמוּ אַחֲרֵי
אַלֶכְּסַנְדְרוֹס הַמֶּלֶךְ וְשָׁם בִּנְיָנִים
גְּדוֹלִים קַדְמוֹנִים וְשָׁם כְּמוֹ חֲמִשִּׁים

*) C. אוקרופום

יְהוּדִים וּבְרֹאשָׁם רַבִּי יִצְחָק וְרַבִּי יַעֲקֹב [1]
וְרַבִּי שְׁמוּאֵל וּמִשָּׁם חֲצִי יוֹם דֶּרֶךְ יָם
לְלֶפַּנְטוֹ וְשָׁם כְּמוֹ מֵאָה יְהוּדִים עַל־שְׂפַת
הַיָּם וּבְרֹאשָׁם רַבִּי גּוּרִי וְרַבִּי שָׁלוֹם וְרַבִּי
אַבְרָהָם ז״ל · וּמִשָּׁם מַהֲלַךְ יוֹם וְחֵצִי
לְקוֹרְשַׁ וְשָׁם חוֹנִים כְּמוֹ מָאתַיִם יְהוּדִים
לְבַדָּם בְּהַר פַּרְנַשׁ וְהֵם זוֹרְעִים וְקוֹצְרִים
בְּנַחֲלָתָם וְקַרְקְעוֹתֵיהֶם · וּבְרֹאשָׁם רַבִּי
שְׁלֹמֹה וְרַבִּי חַיִּים וְרַבִּי יְדַעְיָה · וּמִשָּׁם
שְׁלשָׁה יָמִים עַד עִיר קוֹרִינְטוֹ הַמְּדִינָה
וְשָׁם כְּמוֹ שְׁלשׁ מֵאוֹת יְהוּדִים וּבְרֹאשָׁם [2]
רַבִּי לֵיאוֹן וְרַבִּי יַעֲקֹב וְרַבִּי חִזְקִיָּה · וּמִשָּׁם
שְׁלשָׁה יָמִים לְטֵיבֵשׁ עִיר גְּדוֹלָה וּבָהּ
כְּמוֹ אַלְפַּיִם יְהוּדִים וְהֵם הָאוּמָנִים
הַטּוֹבִים לַעֲשׂוֹת בִּגְדֵי מֶשִׁי וְאַרְגָּמָן בְּאֶרֶץ
הַיְּוָנִים · וּבָהֶם חֲכָמִים גְּדוֹלִים בַּמִּשְׁנָה
וּבַתַּלְמוּד וְהֵם גְּדוֹלֵי הַדּוֹר וּבְרֹאשָׁם הָרַב
הַגָּדוֹל רַבִּי אַהֲרֹן קוֹטִי וְרַבִּי מֹשֶׁה אָחִיו
וְרַבִּי הִיָּיא וְרַבִּי אֵלִיָּה תַּיְרְתִינוֹ וְרַבִּי יָקְטָן
וְאֵין כְּמוֹתָם בְּכָל אֶרֶץ יָוָן חוּץ מִמְּדִינַת

קוֹשְׁטַנְטִינוּפּוֹלִי וּמִשָּׁם מַהֲלַךְ יוֹם לְאַרְגִּירְפּוֹ [1]
וְהִיא עִיר גְּדוֹלָה עַל-שְׂפַת הַיָּם וּבָאִים
אֵלֶיהָ תַּגָּרִים מִכָּל צַד וּפִנָּה וְשָׁם כְּמוֹ
מָאתַיִם יְהוּדִים וּבְרֹאשָׁם רַבִּי אֵלִיָּה
פְּשַׁלְטִירִי וְרַבִּי עִמָּנוּאֵל וְרַבִּי כָּלֵב · וּמִשָּׁם
דֶּרֶךְ יוֹם עַד יַבּוּשְׁטְרִיסָה וְהִיא מְדִינָה
עַל-שְׂפַת הַיָּם וְשָׁם כְּמוֹ מֵאָה יְהוּדִים
וּבְרֹאשָׁם רַבִּי יוֹסֵף וְרַבִּי שְׁמוּאֵל וְרַבִּי
נְתַנְיָה וּמִשָּׁם לְרוֹבִינְקָה מַהֲלַךְ יוֹם אֶחָד
וְשָׁם כְּמוֹ מֵאָה יְהוּדִים וּבְרֹאשָׁם רַבִּי יוֹסֵף
וְרַבִּי אֶלְעָזָר וְרַבִּי יִצְחָק וּמִשָּׁם מַהֲלַךְ יוֹם [2]
לְשִׁינוֹן פּוֹטַמוֹ וּבָהּ כְּמוֹ חֲמִשִּׁים יְהוּדִים
וּבְרֹאשָׁם רַבִּי שְׁלֹמֹה וְרַבִּי יַעֲקֹב וְהוּא
תְּחִלַּת בַּלַכְיָא שֶׁיּוֹשְׁבִים בֶּהָרִים וְהִיא
הָאוּמָּה הַנִּקְרֵאת בַּלַכִיִּין וְהֵם קַלִּים
כִּצְבָאִים יוֹרְדִים מִן הֶהָרִים לִשְׁלוֹל וְלָבוֹז
אֶל אֶרֶץ יָוָן וְאֵין אָדָם יָכוֹל לַעֲלוֹת אֲלֵיהֶם
לַמִּלְחָמָה וְאֵין מֶלֶךְ יָכוֹל לִשְׁלוֹט עֲלֵיהֶם
וְאֵינָם*) חֲזָקִים בְּדַת הַנּוֹצְרִים וְקוֹרְאִים
שְׁמָם בֵּינֵיהֶם כִּשְׁמוֹת הַיְּהוּדִים וְיֵשׁ

*) ?מחזיקים?

1 אוֹמְרִים שֶׁהֵם יְהוּדִים הָיוּ וְהָיוּ קוֹרְאִים
לַיְּהוּדִים אַחֵינוּ וּכְשֶׁיִּמְצְאוּ אוֹתָם בּוֹזְזִים
אוֹתָם וְאֵינָם הוֹרְגִים אוֹתָם כְּמוֹ שֶׁהוֹרְגִים
לַיְּוָנִים וְאֵין לָהֶם שׁוּם דָּת · וּמִשָּׁם שְׁנֵי
יָמִים לְגַרְדִּיגִי וְהִיא חֲרֵבָה וַאֲנָשִׁים בָּהּ
מְעַט מִיְּוָנִים וּמִיְּהוּדִים וּמִשָּׁם שְׁנֵי יָמִים
לְאַרְמִילוֹ וְהִיא עִיר גְּדוֹלָה עַל־שְׂפַת הַיָּם
וְהִיא עִיר סְחוֹרָה לְבִינִצְיָאנִישׁ וּלְפִּישָׂנִישׁ
וּלְגִינוּבִישׁ וּלְכָל הַסּוֹחֲרִים הַבָּאִים שָׁם
וְהִיא אֶרֶץ רַחֲבַת יָדַיִם וּבָהּ כְּמוֹ אַרְבַּע
2 מֵאוֹת יְהוּדִים וּבְרֹאשָׁם הָרַב רַבִּי שִׁילֹה
וְרַבִּי יוֹסֵף הַפַּרְנָס וְרַבִּי שְׁלֹמֹה הָרֹאשׁ ·
וּמִשָּׁם מַהֲלַךְ יוֹם לְבִישִׁינָה וְשָׁם כְּמוֹ מֵאָה
יְהוּדִים וּבְרֹאשָׁם רַבִּי שַׁבְּתָאי הָרַב וְרַבִּי
שְׁלֹמֹה וְרַבִּי יַעֲקֹב · וּמִשָּׁם דֶּרֶךְ שְׁנֵי
יָמִים בַּיָּם לְעִיר סְלוּסְקִי*) שֶׁבָּנָה סְלִיקוּס
הַמֶּלֶךְ אֶחָד מֵאַרְבָּעָה שָׂרִידֵי**) יָוָן שֶׁקָּמוּ
אַחֲרֵי אֲלֶכְּסַנְדְּרוֹס וְהִיא עִיר גְּדוֹלָה מְאֹד
וּבָהּ כְּמוֹ חָמֵשׁ מֵאוֹת יְהוּדִים וְשָׁם הָרַב
רַבִּי שְׁמוּאֵל וּבָנָיו תַּלְמִידֵי חֲכָמִים וְהוּא

*) ?סלונקי? **) C. שריגי

שָׁם מְמוּנֶּה עַל־הַיְּהוּדִים תַּחַת יַד הַמֶּלֶךְ [1]
וְרַבִּי שַׁבְּתָאִי הָתְנוּ וְרַבִּי אֵלִיָּה וְרַבִּי מִיכָאֵל
וְשָׁם גָּלוּת גָּדוֹל לַיְּהוּדִים וְהֵם מִתְעַסְּקִים
בִּמְלָאכוֹת · וּמִשָּׁם שְׁנֵי יָמִים לְמִיטְרִיסִי
וְשָׁם כְּמוֹ עֶשְׂרִים יְהוּדִים וְשָׁם רַבִּי יְשַׁעְיָה
וְרַבִּי מָכִיר וְרַבִּי אֱלִיאָב · וּמִשָּׁם שְׁנֵי
יָמִים לִדְרַמָּה וּבָהּ כְּמוֹ מֵאָה וְאַרְבָּעִים
יְהוּדִים · וּבְרֹאשָׁם רַבִּי מִיכָאֵל וְרַבִּי יוֹסֵף׃
וּמִשָּׁם מַהֲלַךְ יוֹם לְקַנִישְׁתּוֹלִי וְשָׁם כְּמוֹ
עֶשְׂרִים יְהוּדִים · וּמִשָּׁם דֶּרֶךְ שְׁלֹשָׁה
יָמִים דֶּרֶךְ יָם לְאַבִּירוֹ הַיּוֹשֵׁב עַל־שְׂפַת [2]
הַיָּם מַהֲלַךְ חֲמִשָּׁה יָמִים בֵּין הֶהָרִים עַד
מְדִינַת קוּשְׁטַנְדִינָה הַגְּדוֹלָה · וְהִיא רֹאשׁ
הַמַּלְכוּת בְּכָל־אֶרֶץ יָוָן הַנִּקְרָאִים גְּרִיזַאִינוּשׁ*)
וְשָׁם כִּסֵּא הַמֶּלֶךְ מַנוּאֵל אִינְפֵּרַדוֹר וּשְׁנֵים
עָשָׂר מְלָכִים תַּחַת יָדוֹ וְכָל־אֶחָד וְאֶחָד יֵשׁ
לוֹ אַרְמוֹן בְּקוּשְׁטַנְטִינָה וְלָהֶם מִגְדָּלִים
וּמְדִינוֹת וְשׁוֹלְטִים בְּכָל־הָאָרֶץ וּבְרֹאשָׁם
הַמֶּלֶךְ אַפְרִיפּוֹס הַגָּדוֹל וְהַשֵּׁנִי מִיגָה
דֹמֶשְׁטוּקוּץ וְהַשְּׁלִישִׁי דוֹמִינוֹת וְהָרְבִיעִי

*) F. גריזאנוש

1 מַקְדוּקוֹס הַחֲמִישִׁי אֵיקְנֹמוֹס מֶגַלִי*) וּשְׁאָר
הַשֵּׁמוֹת שֶׁלָּהֶם כְּעִנְיָן הַזֶּה וְעִיר
קוֹשְׁטַאנְטִינָה בְּהַקָּפַת הָעִיר יֵשׁ בָּהּ
שְׁמוֹנָה עָשָׂר מִיל וְחֶצְיָהּ עַל־הַיָּם וְחֶצְיָהּ
עַל־הַיַּבָּשָׁה וְהִיא יוֹשֶׁבֶת עַל־שְׁתֵּי זְרוֹעוֹת
יָם אֶחָד שֶׁיָּבֹא מִיַּם רוּסִיָּה וְאֶחָד מִיַּם
סְפָרָד וְכָל הַסּוֹחֲרִים הַבָּאִים מֵאֶרֶץ בָּבֶל
וּמִכָּל־אֶרֶץ שִׁנְעָר וְאֶרֶץ מָדַי וּפָרָס וְכָל
מַלְכוּת אֶרֶץ מִצְרַיִם וְאֶרֶץ כְּנַעַן וּמַלְכוּת
רוּשִׁיָא וְאוּנְגְרִיאָה וּפִסְיָנְקִי וּכוּדִיָא וְאֶרֶץ
2 לוֹנְבַּרְדִיָּא וּסְפָרָד וְהִיא עִיר הוֹמִיָּה בָּאִים
אֵלֶיהָ בִּסְחוֹרָה מִכָּל הָאֲרָצוֹת בֵּין בַּיָּם
בֵּין בַּיַּבָּשָׁה אֵין כְּמוֹתָהּ בָּאֲרָצוֹת חוּץ
מִבַּגְדִיד הָעִיר הַגְּדוֹלָה אֲשֶׁר לַיִּשְׁמְעֵאלִים
וְשָׁם בָּמָה שֶׁל תּוּסְפִיָּה וְשָׁם הַפַּפָּא שֶׁל
יְוָנִים מִפְּנֵי שֶׁאֵינָם עוֹנִים לְדַת הַפַּפָּא שֶׁל
רוֹמָא וְשָׁם בָּמוֹת כְּמִנְיַן יְמוֹת הַשָּׁנָה וְיֵשׁ שָׁם
מָמוֹן גָּדוֹל לְאֵין מִסְפָּר שֶׁמְּבִיאִין אֵלֶיהָ
בְּכָל־שָׁנָה מִשְּׁנֵי אִיִּים וּמִגְדָּלִים וּכְרַכִּים
שֶׁיֵּשׁ שָׁם וְכָעוֹשֶׁר הַזֶּה לֹא נִמְצָא בְּכָל

*) F. מגני

הַבָּמוֹת שֶׁבָּעוֹלָם וּבְתוֹךְ הַבָּמָה עַמּוּדִים 1
שֶׁל זָהָב וְכֶסֶף וַעֲשָׁשִׁיּוֹת שֶׁל כֶּסֶף וְזָהָב
יוֹתֵר מִמָּה שֶׁיּוּכַל לְסַפֵּר וְשָׁם יֵשׁ מָקוֹם
אֶחָד מְקוֹם שְׂחוֹק הַמֶּלֶךְ סָמוּךְ לְכוֹתֶל
הָאַרְמוֹן הַנִּקְרָא אִיפּוֹדְרוֹמִי וּבְכָל־שָׁנָה
וְשָׁנָה עוֹשֶׂה הַמֶּלֶךְ שָׁם בְּיוֹם תּוֹלֶדֶת יֵשׁוּ
הַנּוֹצְרִי שְׂחוֹק גָּדוֹל וּבְאוֹתוֹ מָקוֹם מְצוּיָּרִים
כָּל מִינֵי בְּנֵי אָדָם שֶׁבָּעוֹלָם לִפְנֵי הַמֶּלֶךְ
וְהַמַּלְכָּה בְּכָל מִינֵי כִשּׁוּף וּמְבִיאִים אֲרָיוֹת
וְדוּבִּים וּנְמֵרִים וַחֲמוֹר הַבָּר וּמְשַׁלְּחִים
אוֹתָם לְהִתְקוֹטֵט זֶה עִם זֶה וְהָעוֹפוֹת כְּמוֹ 2
כֵן וְלֹא נִרְאָה כַּשְּׂחוֹק הַהוּא בְּכָל הָאֲרָצוֹת
וְהוּא הַמֶּלֶךְ עִמָּנוּאֵל בָּנָה אַרְמוֹן גָּדוֹל
לְכִסֵּא מַלְכוּתוֹ עַל־שְׂפַת הַיָּם חוּץ מִן
הָאַרְמוֹן שֶׁבָּנוּ אֲבוֹתָיו וְקָרָא אוֹתוֹ
בֵּילַכִירְנִשׁ וְצִפָּה הָעַמּוּדִים וְהַכּוֹתָרוֹת זָהָב
וְכֶסֶף צָרוּף וְצִיֵּר בָּם כָּל מִלְחֲמוֹת
הַקַּדְמוֹנִים אֲשֶׁר הָיוּ לְפָנָיו וְגַם הַמִּלְחָמוֹת
אֲשֶׁר עָשָׂה הוּא בְּעַצְמוֹ וְעָשָׂה שָׁם כִּסְאוֹ
שֶׁל זָהָב וְאֶבֶן יְקָרָה וַעֲטֶרֶת זָהָב תְּלוּיָה

1 בְּשַׁלְשֶׁלֶת שֶׁל זָהָב עַל הַכִּסֵּא כְּמִדַּת
יְשִׁיבָתוֹ תַּחְתֶּיהָ וּבָהּ מַרְגָּלִיּוֹת שֶׁאֵין שׁוּם
אָדָם יָכוֹל לְשַׁעֵר דְּמֵיהֶם כִּי בַּלַּיְלָה אֵין
צְרִיכִין שָׁם נֵרוֹת כִּי הַכֹּל רוֹאִין מֵאוֹר
הַמַּרְגָּלִיּוֹת אֲשֶׁר מְאִירִים לָהֶם עַד מְאֹד
וְשָׁם עִנְיָנִים שֶׁאֵין אָדָם יָכוֹל לְסַפֵּר
אוֹתָם וּמְבִיאִים מִכֹּל אֶרֶץ יָוָן כֹּל הַמֶּכֶס
בְּכָל־שָׁנָה וְשָׁנָה וּמְמַלֵּא מִמֶּנּוּ מִגְדָּלִים
מִבִּגְדֵי מֶשִׁי וְאַרְגָּמָן וְזָהָב וְלֹא נִרְאָה
הַבִּנְיָן הַהוּא וְהָעוֹשֶׁר הַהוּא בְּכָל־הָאָרֶץ
2 וְאוֹמְרִים כִּי הַמַּס שֶׁל הַמְּדִינָה עַצְמָהּ
עוֹלֶה בְּכָל־יוֹם עֶשְׂרִים אֶלֶף זְהוּבִים בֵּין
שְׂכִירוּת הַחֲנוּיוֹת וְהַשְּׁוָקִים וּמֶכֶס
הַסּוֹחֲרִים הַבָּאִים בַּיָּם וּבַיַּבָּשָׁה וְהַיְּוָנִים
אַנְשֵׁי הָאָרֶץ עֲשִׁירִים גְּדוֹלִים בְּזָהָב וּמַרְגָּלִיּוֹת
וְהֵם הוֹלְכִים מְלֻבָּשִׁים בִּגְדֵי מֶשִׁי וּמִשְׁבְּצוֹת
זָהָב בַּאֲרִיגָה וּבְרִקְמָה עַל לְבוּשֵׁיהֶם
וְרוֹכְבִים עַל סוּסִים וְדוֹמִים לִבְנֵי מְלָכִים
וְהָאָרֶץ רַחֲבַת יָדַיִם מְאֹד בְּכֹל מִינֵי מְגָדִים
וְגַם לֶחֶם וּבָשָׂר וְיַיִן הַרְבֵּה מְאֹד וְלֹא

נִרְאָה בְּכָל הָאָרֶץ כְּעָשְׁרָם וְהֵם בַּעֲלֵי[1] חָכְמָה בְּכָל סִפְרֵי הַיְוָנִים וְאוֹכְלִים וְשׁוֹתִים אִישׁ תַּחַת גַּפְנוֹ וְתַחַת תְּאֵנָתוֹ · וְשׁוֹכְרִים מִכָּל לְשׁוֹנוֹת הַגּוֹיִם הַנִּקְרָאִים לָהֶם לַעֲזִים*) לִלְחוֹם עִם הַשִּׁלְטוֹן מֶלֶךְ תּוֹגַרְמִים וְהֵם הַנִּקְרָאִים טוּרְקוֹשׁ מִפְּנֵי שֶׁאֵין לָהֶם לַהַב לֵב לַמִּלְחָמָה וְהֵם נֶחְשָׁבִים כְּנָשִׁים אֲשֶׁר אֵין בָּם כֹּחַ לַעֲצוֹר וְאֵין הַיְּהוּדִים בְּתוֹךְ הַמְּדִינָה בֵּינָם כִּי הֶעֱבִירוּם אַחַר זְרוֹעַ הַמַּיִם וּזְרוֹעַ יָם שׁוֹפְיָא מַקִּיף עֲלֵיהֶם מִצַּד אֶחָד וְאֵינָם יְכוֹלִים לָצֵאת אֶלָּא דֶּרֶךְ יָם[2] לִסְחוֹרָה עִם בַּעֲלֵי הַמְּדִינָה וְשָׁם כְּמוֹ אַלְפַּיִם יְהוּדִים רַבָּנִים וּמֵהֶם כְּמוֹ חֲמֵשׁ מֵאוֹת קְרָאִין בְּצַד אֶחָד וּבֵינֵיהֶם וּבֵין הָרַבָּנִים שֶׁהֵם תַּלְמִידֵי חֲכָמִים מְחִיצָה וּבְרֹאשָׁם רַבִּי אַבְטַלְיוֹן הָרַב וְרַבִּי עוֹבַדְיָה וְרַבִּי אַהֲרֹן כּוּשְׁפּוֹ וְרַבִּי יוֹסֵף שַׁרְגִינוֹ וְרַבִּי אֶלְיָקִים הַפַּרְנָס וּבֵינֵיהֶם אוּמָנִים שֶׁל בִּגְדֵי מֶשִׁי וְסוֹחֲרִים הַרְבֵּה וַעֲשִׁירִים גְּדוֹלִים אֲבָל אֵין מְנִיחִין שָׁם יְהוּדִי לִרְכּוֹב עַל סוּס

*) F. עזים

1 חוץ מֵרַבִּי שְׁלֹמֹה הַמִּצְרִי שֶׁהוּא רוֹפֵא לַמֶּלֶךְ וְעַל יָדוֹ מוֹצְאִים הַיְּהוּדִים רֶיוַח גָּדוֹל בְּגָלוּתָם כִּי בְּגָלוּת כָּבֵד הֵם יוֹשְׁבִים וְהַשִּׂנְאָה רַבָּה עֲלֵיהֶם עַל יְדֵי הַבַּרְסְקָנִין עוֹבְדֵי הָעוֹרוֹת שֶׁמַּשְׁלִיכִין הַמַּיִם הַמְּטוּנָּפִים שֶׁלָּהֶם בַּחוּצוֹת לִפְנֵי פִּתְחֵי בֵּיתָם וּמְלַכְלְכִין הַיְּהוּדִים וְעַל זֶה שׂוֹנְאִים הַיְּוָנִים כָּל הַיְּהוּדִים בֵּין טוֹב וּבֵין רָע כִּי מַכְבִּידִים עוּלָם עֲלֵיהֶם וּמַכִּים אוֹתָם בַּחוּצוֹת וּמַעֲבִידִים אוֹתָם בְּפֶרֶךְ אֲבָל הַיְּהוּדִים הֵם 2 עֲשִׁירִים וַאֲנָשִׁים טוֹבִים בַּעֲלֵי חֶסֶד וּמִצְוֹת וְסוֹבְלִים הַגָּלוּת בְּעַיִן יָפָה וְשֵׁם הַמָּקוֹם שֶׁדָּרִים בּוֹ הַיְּהוּדִים פִּירָא · וּמִשָּׁם שְׁנֵי יָמִים דֶּרֶךְ יָם לְרוֹדוֹסְטוֹ וְשָׁם קָהָל מִיִּשְׂרָאֵל כְּאַרְבַּע מֵאוֹת וּבְרֹאשָׁם רַבִּי מֹשֶׁה וְרַבִּי אֲבִיָּה וְרַבִּי יַעֲקֹב · וּמִשָּׁם שְׁנֵי יָמִים לְגַאלִיפּוֹלִי וְשָׁם כְּמוֹ מָאתַיִם יְהוּדִים וּבְרֹאשָׁם רַבִּי אֵלִיָּה קָפִּיד וְרַבִּי שַׁבְּתַי זוּטְרָא וְרַבִּי יִצְחָק מֵגַשׁ וּבִלְשׁוֹן יָוָן קוֹרִין לְמִגְדָּל*) מֵגַשׁ · וּמִשָּׁם שְׁנֵי יָמִים לְקַלֶּשׁ

*) ?לגדול?

וְשָׁם כְּמוֹ הַמִשִּׁים יְהוּדִים וּבְרֹאשָׁם רַבִּי [1]
יְהוּדָה וְרַבִּי יַעֲקֹב וְרַבִּי שְׁמַעְיָה · וּמִשָּׁם
שְׁנֵי יָמִים לְמִיטִילִין מֵאִיֵּי הַיָּם וְשָׁם בָּאֵי
קְהִלּוֹת מִיִּשְׂרָאֵל בַּעֲשָׂרָה מְקוֹמוֹת · וּמִשָּׁם
שְׁלֹשָׁה יָמִים דֶּרֶךְ לְאִיכָא*) וּבָהּ כְּמוֹ אַרְבַּע
מֵאוֹת יְהוּדִים וְרַבִּי אֵלִיָּה וְרַבִּי תֵּימָן וְרַבִּי
שַׁבְּתַי בְּרֹאשָׁם וְשָׁם יִמָּצְאוּ הָאִילָנוֹת
שֶׁלּוֹקְטִין מִמֶּנּוּ הַמַּצְטִיקִי · וּמִשָּׁם שְׁנֵי יָמִים
לְאִי סָמוֹ וּבָהּ כְּמוֹ שְׁלֹשׁ מֵאוֹת יְהוּדִים
וּבְרֹאשָׁם רַבִּי שְׁמַרְיָא וְרַבִּי עוֹבַדְיָה וְרַבִּי
יוֹאֵל · וְשָׁם בָּאִיִּים קְהִלּוֹת רַבּוֹת מִיִּשְׂרָאֵל [2]
וּמִשָּׁם שְׁלֹשָׁה יָמִים דֶּרֶךְ יָם לְרוֹדוֹשׁ וּבָהּ
כְּמוֹ אַרְבַּע מֵאוֹת יְהוּדִים וּבְרֹאשָׁם רַבִּי
אַבָּא וְרַבִּי חֲנַנְאֵל וְרַבִּי אֵלִיָּה וּמִשָּׁם
אַרְבָּעָה יָמִים לְכִיפְּרוֹס**) וְשָׁם יְהוּדִים
רַבָּנִים וְקָבוּץ עוֹד יֵשׁ שָׁם יְהוּדִים מִינִים
קַפְּרוֹסִין וְהֵן הָאֶפִּיקוֹרוֹסִין יִשְׂרָאֵל מְנַדִּין
אוֹתָן בְּכָל־מָקוֹם וְהֵם מְחַלְּלִים לֵיל שַׁבָּת
וְשׁוֹמְרִים לֵיל רִאשׁוֹן וּמִשָּׁם שְׁנֵי יָמִים
לְקוֹרְקוֹס הִיא תְּחִלַּת אֶרֶץ אֲרָם הַנִּקְרֵאת

*) C. לחיכא **) C. לדופרוס

1 אַרְמֶנְיָא וְהוּא תְּחִלַּת מֶמְשֶׁלֶת טוֹרוֹשׁ בַּעַל
הֶהָרִים מֶלֶךְ אַרְמֶנְיָא הַמּוֹלֵךְ עַד מְדִינַת
הַדּוּכִּיָא וְעַד אֶרֶץ הַתּוֹגַרְמִים הֵם הַנִּקְרָאִים
טוּרְקוֹשׁ · וּמִשָּׁם שְׁנֵי יָמִים לְמַלְמִישְׁטְרַשׁ
הִיא תַּרְשִׁישׁ הַיּוֹשֶׁבֶת עַל הַיָּם עַד הֵנָּה
מַלְכוּת הַיְּוָנִים הַנִּקְרָאִים גְּרֵיגִישׁ · וּמִשָּׁם
שְׁנֵי יָמִים לְאַנְטוֹכְיָא הַגְּדוֹלָה הַיּוֹשֶׁבֶת עַל
נְהַר פִּיר (נַחַל יַבּוֹק) הַיּוֹרֵד מֵהַר הַלְּבָנוֹן
מֵאֶרֶץ חֲמָת וְהִיא הָעִיר הַגְּדוֹלָה שֶׁבָּנָה
אַנְטוֹכִיוּס הַמֶּלֶךְ · וְיֵשׁ עַל הַמְּדִינָה הַר
2 גָּבוֹהַּ מְאֹד וְהַחוֹמָה מַקֶּפֶת הָהָר וּבְרֹאשׁ
הָהָר מַעְיָן וְשָׁם אָדָם מְמוּנֶּה עַל הַמַּעְיָן
וּמְשַׁלֵּחַ אֶת־הַמַּיִם בִּגְשָׁרִים תַּחַת הַקַּרְקַע
אֶל בָּתֵּי הַגְּדוֹלִים אֲשֶׁר בָּעִיר וּמִצַּד הָעִיר
הָאַחֵר מַקִּיף אוֹתָהּ הַנָּהָר וְהִיא עִיר
בְּצוּרָה מְאֹד מֶמְשֶׁלֶת פְּרִנְצִפֵּי בְּאֵמוּנְט *)
הַפִּיטִיבִין הַכִּבֵּא **) וְיֵשׁ בָּהּ כְּמוֹ מִנְיָן
מִיִּשְׂרָאֵל וְהֵם אוּמְנֵי הַזְּכוֹכִית וּבְרֹאשָׁם
רַבִּי מָרְדְּכַי וְרַבִּי חַיִּים וְרַבִּי יִשְׁמָעֵאל ·
וּמִשָּׁם שְׁנֵי יָמִים לְלִיגָא הִיא לוּדְקִיָּא וּבָהּ

*) .C פריצין אמונת **) .C הפפא

כְּמוֹ מָאתַיִם יְהוּדִים וְשָׁם רַבִּי חִיָּיא וְרַבִּי[1] יוֹסֵף וּמִשָּׁם שְׁנֵי יָמִים לְגֵיבַל הִיא בַּעַל-גָּד תַּחַת הַר הַלְּבָנוֹן הַסְּמוּכָה לְאוּמָּה שֶׁקּוֹרִין לָהּ אַל-חַשִּׁישִׁין וְאֵינָם מַאֲמִינִים בְּדַת הַיִּשְׁמְעֵאלִים אֶלָּא לְאֶחָד שֶׁחוֹשְׁבִין אוֹתוֹ כְּמוֹ נָבִיא כַּרְמַט*) וְכָל מַה שֶּׁיֹּאמַר לָהֶם יַעֲשׂוּ אִם לָמוּת אִם לַחַיִּים וְקוֹרִין לוֹ שֵׁיךְ אַל חַשִּׁישִׁין וְהוּא הַזָּקֵן שֶׁלָּהֶם וְעַל פִּיו יֵצְאוּ וְעַל פִּיו יָבוֹאוּ כָּל אַנְשֵׁי הֶהָרִים וּמְקוֹם יְשִׁיבָתוֹ בְּעִיר קַדְמוּס הִיא קְדֵמוֹת בְּאֶרֶץ סִיחוֹן וְהֵם בַּעֲלֵי אֱמוּנָה בֵּינֵיהֶם עַל[2] מַאֲמַר הַזָּקֵן שֶׁלָּהֶם וּמְפַחֲדִים בְּכָל הַמְּקוֹמוֹת מֵהֶם מִפְּנֵי שֶׁהוֹרְגִין אֶת-הַמְּלָכִים בִּמְסִירָה וּמַהֲלַךְ אַרְצָם שְׁמוֹנָה יָמִים · וְהֵם נִלְחָמִים עִם בְּנֵי אֱדוֹם הַנִּקְרָאִים פְּרַנְקוֹשׁ עִם הַשִּׁלְטוֹן טְרִיפּוֹל הִיא טַרַאבְּלוּס אֶל**) שַׁאם וּבַיָּמִים הָהֵם הִרְעִישָׁה הָאָרֶץ שֶׁל טְרִיפּוֹל וְכִסָּה הַרְבֵּה מִן הַגּוֹיִם וּמִן הַיְּהוּדִים כִּי נָפְלוּ הַבָּתִּים וְהַחוֹמוֹת עֲלֵיהֶם וְהָיְתָה מַפּוֹלֶת בְּאוֹתוֹ זְמַן

*) C. כנכבת **) C. של

[1] וּבְכָל אֶרֶץ יִשְׂרָאֵל מֵתוּ יוֹתֵר מֵעֶשְׂרִים אֲלָפִים בְּנֵי אָדָם בַּיָּמִים הָהֵם ׃ וּמִשָּׁם מַהֲלַךְ יוֹם לְגֵיבַל הָאַחֶרֶת שֶׁהוּא גְּבוּל בְּנֵי עַמּוֹן וְשָׁם כְּמוֹ מֵאָה וַחֲמִשִּׁים יְהוּדִים וְהִיא מֶמְשֶׁלֶת שִׁבְעָה הַגִּינוּיִין*) וְהַשִּׁלְטוֹן שֶׁלָּהֶם יוּלְיָאנוּשׁ אִינְבְּרִיאַקוֹ**) וְשָׁם מָצְאוּ מְקוֹם הַבָּמָה שֶׁהִיא לִבְנֵי עַמּוֹן בַּיָּמִים הָהֵם וְשָׁם שִׁקּוּץ בְּנֵי עַמּוֹן יוֹשֵׁב עַל קַתֶּדְרִיגָה הַנִּקְרָא כִּסֵּא וְהוּא עָשׂוּי מֵאֶבֶן וּמְצוּפֶּה זָהָב וּשְׁתֵּי נָשִׁים יוֹשְׁבוֹת מִימִינוֹ וּמִשְּׂמֹאלוֹ [2] מִזֶּה אַחַת וּמִזֶּה אַחַת וּמִזְבֵּחַ לְפָנָיו שֶׁהָיוּ מְזַבְּחִין וּמְקַטְּרִין לְפָנָיו בִּזְמַן בְּנֵי עַמּוֹן וּבָהּ כְּמוֹ מָאתַיִם יְהוּדִים וּבְרֹאשָׁם רַבִּי מֵאִיר וְרַבִּי יַעֲקֹב וְרַבִּי שִׂמְחָה וְהִיא עַל־שְׂפַת הַיָּם שֶׁל אֶרֶץ יִשְׂרָאֵל ׃ וּמִשָּׁם שְׁנֵי יָמִים לְבִירוּט הִיא בְּאֵרוֹת וְשָׁם כְּמוֹ חֲמִשִּׁים יְהוּדִים וּבְרֹאשָׁם רַבִּי שְׁלֹמֹה וְרַבִּי עוֹבַדְיָה וְרַבִּי יוֹסֵף ׃ וּמִשָּׁם מַהֲלַךְ יוֹם אֶחָד לְצֵיידָא הִיא צִידוֹן וְהִיא עִיר גְּדוֹלָה וּבָהּ

*) הגינוטין **) גיליאנוס אינבירינו

כְּמוֹ עֶשְׂרִים יְהוּדִים וְקָרוֹב מֵהֶם כְּמוֹ [1]
עֲשָׂרָה מִילִין אוּמָּה אַחַת נִלְחָמִים עִם
אַנְשֵׁי צִידוֹן וְהָאוּמָּה נִקְרֵאת דוּרְזִיאִין*) וְהֵם
הַנִּקְרָאִים פַּגַּאנוּשׁ כּוֹפְרִים וְאֵין לָהֶם דָּת
וְיוֹשְׁבִים בֶּהָרִים הַגְּדוֹלִים וּבִנְקִיקֵי הַסְּלָעִים
וְאֵין מֶלֶךְ וְשַׂר שׁוֹלֵט עֲלֵיהֶם כִּי מֵעַצְמָם
הֵם יוֹשְׁבִים בֵּין הֶהָרִים וְהַסְּלָעִים וְעַד הַר
הֶרְמוֹן גְּבוּלָם מַהֲלַךְ שְׁלֹשָׁה יָמִים וְהֵם
שְׁטוּפֵי זִמָּה וְהָאַב**) לוֹקֵחַ אֶת־בִּתּוֹ וְיֵשׁ לָהֶם
חַג אֶחָד בַּשָּׁנָה וּבָאִים כֻּלָּם אֲנָשִׁים וְנָשִׁים
לֶאֱכוֹל וְלִשְׁתּוֹת בְּיַחַד וְהוֹלְפִים נְשׁוֹתֵיהֶן [2]
כָּל־אֶחָד וְאֶחָד עִם חֲבֵירוֹ וְאוֹמְרִים
שֶׁהַנֶּפֶשׁ בְּעֵת יְצִיאָתָהּ מִגּוּף אָדָם טוֹב
תִּכָּנֵס בְּגוּף יֶלֶד קָטָן הַנּוֹלָד בְּאוֹתָהּ שָׁעָה
שֶׁתֵּצֵא הַנֶּפֶשׁ מִגּוּפוֹ ׀ וְאִם אָדָם רַע הוּא
תִּכָּנֵס בְּגוּף הַכֶּלֶב אוֹ בְגוּף הַבְּהֵמָה׃ זֶה
דַּרְכָּם כֶּסֶל לָמוֹ וְאֵין בֵּינֵיהֶם יְהוּדִים כִּי
אִם בָּאִים בֵּינֵיהֶם בַּעֲלֵי אוּמָנוּת וְצַבָּעִים
וְיוֹשְׁבִים בֵּינֵיהֶם בְּאוּמָנוּת וּבִסְחוֹרָה
וְחוֹזְרִים לְבָתֵּיהֶם וְהֵם אוֹהֲבִים לַיְּהוּדִים

*) .C דוגזיאין **) .C והוא

[1] וְהֵם קַלִּים עַל הֶהָרִים וְעַל הַגְּבָעוֹת וְאֵין
אָדָם יָכוֹל לְהִלָּחֵם עִמָּם ׀ וּמִשָּׁם מַהֲלַךְ
יוֹם לְצוֹר הַחֲדָשָׁה וְהִיא עִיר טוֹבָה מְאֹד
וְנָמָל הַפּוֹרֶט שֶׁלָּהּ בְּתוֹךְ הָעִיר וְנִכְנָסוֹת
הַסְּפִינוֹת בְּתוֹךְ שְׁנֵי הַמִּגְדָּלִים וּבַלַּיְלָה
יַשְׁלִיכוּ בַּעֲלֵי הַמֶּכֶס שַׁלְשֶׁלֶת שֶׁל בַּרְזֶל
בֵּין מִגְדָּל וּמִגְדָּל וְלֹא יָכוֹל אָדָם לָצֵאת
לֹא בָּאֳנִיָּה וְלֹא בְּשׁוּם דֶּרֶךְ לִגְנוֹב דָּבָר
מִן הַסְּפִינוֹת וְאֵין גָּרָב אוֹ פּוֹרֶט כְּנָמָל
הַהוּא בְּכָל-הָאָרֶץ כָּמוֹהוּ וְהִיא עִיר יָפָה
[2] וּבָהּ כְּמוֹ אַרְבַּע מֵאוֹת יְהוּדִים וּבֵינֵיהֶם
חַכְמֵי תַּלְמוּד וּבְרֹאשָׁם רַבִּי אֶפְרַיִם מִצְרִי
דַּיָּין וְרַבִּי מֵאִיר מִקַּרְקַשׁוֹנָה וְרַבִּי אַבְרָהָם
רֹאשׁ הַקָּהָל וְיֵשׁ לַיְהוּדִים שָׁם סְפִינוֹת בַּיָּם
וְשָׁם אוּמָנֵי הַזְּכוּכִית הַטּוֹב הַיָּדוּעַ צוֹרִי
הֶחָשׁוּב בְּכָל הָאֲרָצוֹת ׀ וְשָׁם יִמָּצֵא הַסִּיקָר
הַטּוֹב וְעוֹלֶה אָדָם בְּחוֹמַת צוֹר הַחֲדָשָׁה
וְרוֹאֶה צוֹר הַמְּעֻטֶּרֶת אֲשֶׁר כִּסָּה אוֹתָהּ
הַיָּם וְהִיא רְחוֹקָה מִן הַחֲדָשָׁה כִּזְרִיקַת
אֶבֶן וְאִם יִרְצֶה אָדָם לָבֹא בָּאֳנִי בַּיָּם רוֹאֶה

1 הַמִּגְדָּלִים וְהַשְּׁוָקִים וְהַחוּצוֹת וְהָאַרְמוֹנִים
בְּקַרְקַע הַיָּם וְהִיא צוֹר הַחֲדָשָׁה עִיר
סְחוֹרָה בָּאִים אֵלֶיהָ מִכָּל־מָקוֹם ׃ וּמִשָּׁם
יוֹם אֶחָד לְאַקְרֵי הִיא עַכּוֹ אֲשֶׁר הָיְתָה
לִגְבוּל אָשֵׁר וְהִיא תְּחִלַּת אֶרֶץ יִשְׂרָאֵל וְהִיא
יוֹשֶׁבֶת עַל הַיָּם הַגָּדוֹל וְשָׁם נָמָל גָּדוֹל
שֶׁקּוֹרִין פּוֹרְטוֹ לְכָל הַתּוֹעִים*) הַהוֹלְכִים
לִירוּשָׁלַיִם בִּסְפִינוֹת וְיוֹרֵד לְפָנֶיהָ נָהָר
הַנִּקְרָא נַחַל קְדוּמִים וְשָׁם כְּמוֹ מָאתַיִם
יְהוּדִים וּבְרֹאשָׁם רַבִּי צָדוֹק וְרַבִּי יֶפֶת וְרַבִּי
2 יוֹנָה ז״ל ׃ וּמִשָּׁם שְׁלֹשָׁה פַּרְסָאוֹת לְכֵיפַשׁ**)
הִיא גַּת הַחֵפֶר אֲשֶׁר עַל־שְׂפַת הַיָּם וּמִצַּד
אַחֵר הַר הַכַּרְמֶל עָלֶיהָ וּבְתַחְתִּית הָהָר
קִבְרֵי יִשְׂרָאֵל רַבִּים וְשָׁם בָּהָר מְעָרַת
אֵלִיָּהוּ ז״ל וְעָשׂוּ שָׁם שְׁנֵי בְנֵי אֱדוֹם בָּמָה
וּקְרָאוּהָ שַׁנְט אֵלִיַּשׁ וּבְרֹאשׁ הָהָר נִיכָּר
מְקוֹם הַמִּזְבֵּחַ הֶהָרוּס שֶׁרִפֵּא אֵלִיָּהוּ ז״ל
בִּימֵי אַחְאָב וְהוּא מְקוֹם הַמִּזְבֵּחַ הֶעָגוֹל
כְּמוֹ אַרְבַּע אַמּוֹת וּבְתַחְתִּית הָהָר יוֹרֵד
נַחַל קִישׁוֹן בְּצִדּוֹ וּמִשָּׁם אַרְבַּע פַּרְסָאוֹת

*) C. הנודרים **) C. לניפש

לְכְפַר נַחוּם וְהוּא כְּפַר נַחוּם וְהוּא מַעְיָן [1]
מְקוֹמוֹ עַל הַכַּרְמְלִי ׃ וּמִשָּׁם שִׁשָּׁה
פַּרְסָאוֹת לְשִׁיזַרְיָא הִיא גַּת אֲשֶׁר לַפְּלִשְׁתִּים
וְשָׁם כְּמוֹ עֲשָׂרָה יְהוּדִים וּמָאתַיִם כּוּתִיִּים
הֵם הַיְּהוּדִים הַשּׁוֹמְרוֹנִיִּים הַנִּקְרָאִים
שַׁמַּרְטַנֵישׁ וְהִיא עִיר יָפָה וְטוֹבָה מְאֹד
עַל הַיָּם מִבִּנְיַן הוֹרְדוֹס הַמֶּלֶךְ וְקָרָא שְׁמָהּ
קֵיסַרְיָה עַל שֵׁם הָאִינְפַּרְדוֹר הַקֵּיסַר*)׃ וּמִשָּׁם
חֲצִי יוֹם לְקָקוֹן הִיא קְעִילָה וְאֵין בָּהּ יְהוּדִים
וּמִשָּׁם חֲצִי יוֹם לְשַׁרְגּוֹרְג וְהִיא לוּז וְשָׁם יְהוּדִי
אֶחָד צַבָּע ׃ וּמִשָּׁם יוֹם לְשֶׁבַּשְׁתְּ הִיא [2]
שׁוֹמְרוֹן וַעֲדַיִן נִיכָּר שָׁם אַרְמוֹן אַחְאָב
מֶלֶךְ יִשְׂרָאֵל וְהִיא הָיְתָה עִיר בְּצוּרָה בָּהָר
מְאֹד וּבָהּ מַעְיָנוֹת וְאֶרֶץ נַחֲלֵי מַיִם וְגַנּוֹת
וּפַרְדֵּסִים וּכְרָמִים וְזֵתִים וְאֵין שָׁם יְהוּדִים׃
וּמִשָּׁם שְׁנֵי פַּרְסָאוֹת לְנַבֵּילְשׁ הִיא שְׁכֶם
בְּהַר אֶפְרַיִם וְאֵין שָׁם יְהוּדִים וְהִיא יוֹשֶׁבֶת
בְּעֵמֶק בֵּין הַר גְּרִיזִים וְהַר עֵיבָל ׃ וּבָהּ כְּמוֹ
מֵאָה כּוּתִיִּים שׁוֹמְרִים תּוֹרַת מֹשֶׁה לְבַדָּהּ
וְקוֹרִין לָהֶם שַׁמְרִיטַנוּשׁ ׃ וְיֵשׁ לָהֶם כֹּהֲנִים

*) .C מבנין קיסר אינפירדור המלך וקרא שמה קיסיריה.

מִזֶּרַע אַהֲרֹן הַכֹּהֵן עָלָיו הַשָּׁלוֹם וְקוֹרִין [1]
לָהֶם אַהֲרֹנִיִּים וְאֵין מִתְחַתְּנִים עִמָּם אֶלָּא
כֹּהֲנִים עִם כֹּהֲנִים שֶׁלֹּא יִתְעָרְבוּ עִמָּם
אֲבָל הֵם כֹּהֲנֵי תוֹרָתָם וְעוֹשִׂים זֶבַח
וּמַעֲלִים עוֹלָה בַּכְּנֶסֶת שֶׁלָּהֶם בְּהַר גְּרִיזִים
כְּמוֹ שֶׁכָּתוּב בַּתּוֹרָה וְנָתַתָּ אֶת־הַבְּרָכָה
עַל־הַר גְּרִיזִים וְהֵם אוֹמְרִים כִּי הוּא בֵּית
הַמִּקְדָּשׁ ׃ וּמַעֲלִים עוֹלָה בְּיוֹם פֶּסַח
וּבְיָמִים טוֹבִים עַל הַמִּזְבֵּחַ שֶׁבָּנוּ בְּהַר
גְּרִיזִים מֵהָאֲבָנִים שֶׁהֵקִימוּ בְּנֵי יִשְׂרָאֵל
כְּשֶׁעָבְרוּ הַיַּרְדֵּן ׃ וְהֵם אוֹמְרִים כִּי הֵם [2]
מִשֵּׁבֶט אֶפְרָיִם ׃ וּבֵינֵיהֶם קֶבֶר יוֹסֵף
הַצַּדִּיק בֶּן יַעֲקֹב אָבִינוּ עָלָיו הַשָּׁלוֹם
שֶׁנֶּאֱמַר וְאֶת עַצְמוֹת יוֹסֵף אֲשֶׁר הֶעֱלוּ
בְּנֵי יִשְׂרָאֵל מִמִּצְרַיִם קָבְרוּ בִשְׁכֶם ׃ וְאֵין
לָהֶם שָׁלֹשׁ אוֹתִיּוֹת ה׳ וח׳ וע׳ ׃ ה׳ מִן
אַבְרָהָם אָבִינוּ וְאֵין לָהֶם הוֹד ׃ ח׳ מִן
יִצְחָק אָבִינוּ וְאֵין לָהֶם חֶסֶד ׃ ע׳ מִן יַעֲקֹב
אָבִינוּ וְאֵין לָהֶם עֲנָוָה ׃ וּבִמְקוֹם אֵלּוּ
הָאוֹתִיּוֹת מְשִׂימִין א׳ וּבָזֶה הַדָּבָר נִכָּרִים

[1] שֶׁאֵינָם מִזֶּרַע יִשְׂרָאֵל כִּי הֵם יוֹדְעִים תּוֹרַת
מֹשֶׁה חוּץ מֵאֵלּוּ שָׁלֹשׁ אוֹתִיּוֹת וְשׁוֹמְרִים
עַצְמָם מִטּוּמְאַת מֵת וְעֶצֶם וְחָלָל וְקֶבֶר
וְהַבְּגָדִים שֶׁלּוֹבְשִׁים בְּכָל־יוֹם מְסִירִים
מֵעֲלֵיהֶם בִּשְׁעַת לֶכְתָּם לְבֵית הַכְּנֶסֶת
שֶׁלָּהֶם וְרוֹחֲצִים גּוּפָם בְּמַיִם וְלוֹבְשִׁים
בְּגָדִים אֲחֵרִים וְכֵן מִנְהָגָם בְּכָל־יוֹם וּבְהַר
גְּרִיזִים מַעְיָנוֹת וּפַרְדֵּסִים וְהַר עֵיבָל יָבֵשׁ
כַּאֲבָנִים וּסְלָעִים וּבֵינֵיהֶם בָּעֵמֶק עִיר
שְׁכֶם · וּמִשָּׁם אַרְבַּע פַּרְסָאוֹת לְהַר
[2] הַגִּלְבּוֹעַ וְקוֹרְאִים לָהֶם אֶרוֹם מוֹנְטוֹ גֶּלְבּוֹי·
וְהִיא אֶרֶץ יְבֵשָׁה מְאֹד · וּמִשָּׁם חֲמִשָּׁה
פַּרְסָאוֹת לְעֵמֶק אַיָּלוֹן וְקוֹרְאִין אוֹתוֹ אֶרוֹם
וַואל דִּלוּנָא · וּמִשָּׁם פַּרְסָה אַחַת לְגִּרְאַן
דָּוִד הִיא עִיר גִּבְעוֹן הַגְּדוֹלָה וְאֵין שָׁם
יְהוּדִים · וּמִשָּׁם שָׁלֹשׁ פַּרְסָאוֹת (לְהַר
הַמּוֹרִיָּה) לִירוּשָׁלַיִם הִיא עִיר קְטַנָּה וּבְצוּרָה
תַּחַת שְׁלֹשָׁה חוֹמוֹת וּבָהּ אֲנָשִׁים הַרְבֵּה
יַעֲקוּבִין וַאֲרַמִּים וִיוָנִים וְגוֹרְגִּיִּין וּפְרַנְקוֹשׂ
מִכָּל לְשׁוֹנוֹת הַגּוֹיִם וְיֵשׁ שָׁם בֵּית הַצְּבִיעָה

שֶׁקּוֹנִין אוֹתוֹ הַיְהוּדִים בְּכָל-שָׁנָה מֵהַמֶּלֶךְ [1]
שֶׁלֹּא יַעֲשֶׂה שׁוּם אָדָם צְבִיעָה בִּירוּשָׁלַיִם
כִּי אִם הַיְהוּדִים לְבַדָּם וְהֵם מָאתַיִם
יְהוּדִים דָּרִים תַּחַת מִגְדַּל דָּוִד בִּפְאַת
הַמְּדִינָה ׃ וּבְחוֹמוֹת שֶׁבְּמִגְדַּל דָּוִד הַבִּנְיָן
הָרִאשׁוֹן שֶׁל יְסוֹד כְּמוֹ עֶשֶׂר אַמּוֹת מִבִּנְיַן
הַקַּדְמוֹנִים שֶׁבָּנוּ אֲבוֹתֵינוּ וְהַשְּׁאָר בִּנְיַן
יִשְׁמְעֵאלִים וְאֵין בְּכָל-הָעִיר בִּנְיָן חָזָק יוֹתֵר
מִמִּגְדַּל דָּוִד וְשָׁם שְׁתֵּי בָּתִּים אַשְׁפִּיטַלֵי
וְיוֹצְאִים מִמֶּנּוּ אַרְבַּע מֵאוֹת פָּרָשִׁים וְשָׁם
יָנוּחוּ כָּל-הַחוֹלִים הַבָּאִים שָׁם וְנוֹתְנִין לָהֶם [2]
כָּל סִפּוּקָם בְּחַיּוּתָם וּבְמוֹתָם וּבַבַּיִת שֵׁנִי
קוֹרְאִין אוֹתוֹ שְׁפִּתַּלֵי שַׁלְמוֹן וְהוּא אַרְמוֹן
שֶׁעָשָׂה שְׁלֹמֹה הַמֶּלֶךְ וְשָׁם חוֹנִים בִּשְׁפִּיתַּלֵי
וְיוֹצְאִים מִמֶּנּוּ אַרְבַּע מֵאוֹת פָּרָשִׁים בְּכָל-
יוֹם לְמִלְחָמָה חוּץ מִן הַפָּרָשִׁים הַבָּאִים
מֵאֶרֶץ פְּרַנְקוֹשׁ וּמֵאֶרֶץ אֱדוֹם וְנוֹדְרִים עַל
עַצְמָם וְיַעַמְדוּ יָמִים אוֹ שָׁנִים עַד מְלֹאת
נִדְרָם ׃ וְשָׁם הַבָּמָה הַגְּדוֹלָה שֶׁקּוֹרִין שֶׁפּוֹלְקְרֵי
קֶבֶר אוֹתוֹ הָאִישׁ שֶׁהוֹלְכִין כָּל הַתּוֹעִים*)

*) .F הנודרים

[1] אֵלָיו וְיֵשׁ בִּירוּשָׁלַיִם אַרְבָּעָה שְׁעָרִים שַׁעַר הַקּוֹרִים שַׁעַר אַבְרָם וְשַׁעַר דָּוִד וְשַׁעַר צִיּוֹן וְשַׁעַר יְהוֹשָׁפָט לִפְנֵי בֵּית הַמִּקְדָּשׁ שֶׁהָיָה בִּימֵי קֶדֶם · וְשָׁם טֶמְפְּלוֹ דוֹמִינוּ וְהוּא הָיָה מְקוֹם הַמִּקְדָּשׁ וּבָנָה עָלָיו עֹמַר בֶּן אַל כַּטַּאב כִּיפָּה גְּדוֹלָה וְיָפָה עַד מְאֹד וְאֵין מַכְנִיסִין שָׁם גּוֹיִם שׁוּם צֶלֶם וְלֹא שׁוּם תְּמוּנָה אֶלָּא שֶׁבָּאִים לְהִתְפַּלֵּל תְּפִלָּתָם וְלִפְנֵי אוֹתוֹ מָקוֹם כּוֹתֶל מַעֲרָבִי אֶחָד מֵהַכּוֹתָלִים שֶׁהָיוּ בַּמִּקְדָּשׁ בְּקֹדֶשׁ הַקֳּדָשִׁים [2] וְקוֹרְאִין אוֹתוֹ שַׁעַר הָרַחֲמִים וּלְשָׁם בָּאִים כָּל־הַיְּהוּדִים לְהִתְפַּלֵּל לִפְנֵי הַכּוֹתֶל בָּעֲזָרָה · וְשָׁם בִּירוּשָׁלַיִם בַּבַּיִת שֶׁהָיָה לִשְׁלֹמֹה אֻרְווֹת הַסּוּסִים אֲשֶׁר בָּנָה שְׁלֹמֹה בִּנְיָן חָזָק מְאֹד מֵאֲבָנִים גְּדוֹלוֹת וְלֹא נִרְאָה כַּבִּנְיָן הַהוּא בְּכָל הָאָרֶץ וְשָׁם נִרְאָה עַד הַיּוֹם הַזֶּה הַבְּרֵיכָה שֶׁהָיוּ שׁוֹחֲטִין בָּהּ אֶת זִבְחֵיהֶם וְכָל־הַיְּהוּדִים שָׁם כּוֹתְבִים שְׁמָם עַל הַכּוֹתֶל וְיֵצֵא אָדָם מִשַּׁעַר יְהוֹשָׁפָט (וְשָׁם מִדְבַּר הָעַמִּים) וְשָׁם מַצֶּבֶת

יַד אַבְשָׁלוֹם וְקֶבֶר עוּזִיָּה הַמֶּלֶךְ וְשָׁם מַעְיָן 1
גָּדוֹל מֵי הַשִּׁילוֹחַ בְּנַחַל קִדְרוֹן וְעַל הַמַּעְיָן
בִּנְיָן גָּדוֹל מִימֵי אֲבוֹתֵינוּ וְלֹא יִמָּצֵא שָׁם
אֶלָּא מַיִם מְעַטִּים וְאַנְשֵׁי יְרוּשָׁלַםִ רוּבָּם
שׁוֹתִים מִימֵי הַמָּטָר שֶׁיֵּשׁ לָהֶם גַּבִּים
בְּבָתֵּיהֶם וְעוֹלִים מֵעֵמֶק יְהוֹשָׁפָט אֶל הַר
הַזֵּתִים כִּי אֵין בֵּין יְרוּשָׁלַםִ וְהַר הַזֵּיתִים
אֶלָּא הָעֵמֶק בִּלְבָד וּמֵהַר הַזֵּתִים רוֹאִים יַם
סְדוֹם וּמַיִם סְדוֹם לִנְצִיב מֶלַח שֶׁהִיא
הָיְתָה אִשְׁתּוֹ שֶׁל לוֹט שְׁתֵּי פַּרְסָאוֹת וְהַצֹּאן
לוֹחֲכוֹת מִמֶּנָּה וְאַחַר כָּךְ חוֹזֶרֶת וְצוֹמַחַת 2
כְּבָרִאשׁוֹנָה · וְכָל אֶרֶץ הַכִּכָּר וְנַחַל
הַשִּׁטִּים עַל הַר נְבוֹ ׃ וְלִפְנֵי יְרוּשָׁלַםִ הַר
צִיּוֹן וְאֵין בִּנְיָן בְּהַר צִיּוֹן כִּי אִם בָּמָה
אַחַת לְנוֹצְרִים*) · וְלִפְנֵי יְרוּשָׁלַםִ כְּמוֹ
שְׁלֹשָׁה בָּתִּים שֶׁל קִבְרֵי יִשְׂרָאֵל שֶׁהָיוּ
קוֹבְרִין מֵתֵיהֶם בַּיָּמִים הָהֵם · וְקֶבֶר יֵשׁ
בּוֹ תַּאֲרִיךְ אֲבָל בְּנֵי אֱדוֹם הוֹרְסִין מִן
הַקְּבָרִים וּבוֹנִים מֵהֶם בָּתֵּיהֶם מִן הָאֲבָנִים ·
וְסָבִיב יְרוּשָׁלַםִ הָרִים גְּדוֹלִים וּבְהַר צִיּוֹן

*) C. et F. לערלים

[1] קִבְרֵי בֵּית דָּוִד וְקִבְרֵי הַמְּלָכִים אֲשֶׁר קָמוּ
אַחֲרָיו וְאֵינוֹ נִכָּר הַמָּקוֹם כִּי הַיּוֹם חָמֵשׁ
עֶשְׂרֵה שָׁנָה נָפַל כּוֹתֶל אֶחָד מֵהַבָּמָה אֲשֶׁר
בְּהַר צִיּוֹן וְצִוָּה הַפַּטְרִיאַרְקָה אֶל הַכּוֹמֶר
לִבְנוֹת הַבָּמָה הַהִיא וְאָמַר לוֹ קַח אֶת־
הָאֲבָנִים מֵחוֹמַת צִיּוֹן הַקַּדְמוֹנִי וּבְנֵה בָהֶם
הַבָּמָה וְהוּא עָשָׂה כֵן שָׂכַר פּוֹעֲלִים בְּשָׂכָר
יָדוּעַ כְּמוֹ עֶשְׂרִים אֲנָשִׁים וְהָיוּ מוֹצִיאִין
אֶת הָאֲבָנִים מִיְּסוֹד חוֹמַת צִיּוֹן וּבֵין
הָאֲנָשִׁים הָהֵם הָיוּ שְׁנֵי אֲנָשִׁים אוֹהֲבִים
[2] בַּעֲלֵי בְרִית וְיוֹם אֶחָד עָשָׂה לַחֲבֵרוֹ מִשְׁתֶּה
וְאַחַר אֲכִילָתָן בָּאוּ אֶל הַמְּלָאכָה אָמַר
לָהֶם הַמְּמוּנֶּה מַדּוּעַ אִחַרְתֶּם לָבֹא עָנוּ
מַה יֵּשׁ לוֹ בְּשָׁעָה שֶׁיֵּלְכוּ חֲבֵרֵנוּ לִסְעוֹד
נַעֲשֶׂה אֲנַחְנוּ מְלַאכְתֵּנוּ וְהֵם הָיוּ מוֹצִיאִין
אֶת הָאֲבָנִים וְהֵקִימוּ אֶבֶן וּמָצְאוּ פִּי
הַמְּעָרָה וְאָמַר אֶחָד לַחֲבֵרוֹ נִכָּנֵס וְנִרְאֶה
אִם יֵשׁ מָמוֹן הָלְכוּ בִּמְבוֹא הַמְּעָרָה עַד
שֶׁהִגִּיעוּ אֵצֶל אַרְמוֹן אֶחָד גָּדוֹל בָּנוּי עַל
עַמּוּדֵי שַׁיִשׁ מְצוּפֶּה בְּכֶסֶף וְזָהָב וּלְפָנָיו

שׁוּלְחָן וְשַׁרְבִיט הַזָּהָב וַעֲטֶרֶת זָהָב וְהוּא [1]
קֶבֶר דָּוִד מֶלֶךְ יִשְׂרָאֵל וְלִשְׂמֹאלוֹ שְׁלֹמֹה
כְּמוֹ כֵן וְכֵן קִבְרֵי כָּל-הַמְּלָכִים הַקְּבוּרִים
שָׁם מִמַּלְכֵי יְהוּדָה וְשָׁם אַרְגָּזוֹת סְגוּרוֹת
שֶׁאֵין אָדָם יוֹדֵעַ מַה בְּתוֹכָם וְרָצוּ שְׁנֵי
אֵלּוּ הָאֲנָשִׁים לִיכָּנֵס בָּאַרְמוֹן וְהִנֵּה רוּחַ
סְעָרָה מִפִּי הַמְּעָרָה וְהִכָּה אוֹתָם וְנָפְלוּ
לָאָרֶץ כְּמֵתִים וְשָׁכְבוּ שָׁמָּה לָאָרֶץ עַד
הָעֶרֶב וְהִנֵּה רוּחַ אַחֵר בָּא וְצוֹעֵק כְּקוֹל
אָדָם קוּמוּ צְאוּ מִן הַמָּקוֹם הַזֶּה וַיֵּצְאוּ
דְּחוּפִים מִשָּׁם הָאֲנָשִׁים מְבוֹהָלִים וְהָלְכוּ [2]
אֶל הַפַּטְרִיאַרְקָה וְהִגִּידוּ לוֹ כָּל הַדְּבָרִים
וְשָׁלַח הַפַּטְרִיאַרְקָה לְהָבִיא לְפָנָיו רַבִּי
אַבְרָהָם חָסִיד הַפָּרוּשׁ אֶל קוֹשְׁטַנִיטִנִי
שֶׁהָיָה מֵאֲבֵלֵי יְרוּשָׁלַיִם וְסִפֵּר אֵלָיו
הַדְּבָרִים עַל פִּי שְׁנֵי הָאֲנָשִׁים הָאֵלּוּ שֶׁבָּאוּ
מִשָּׁם וְעָנָה לוֹ רַבִּי אַבְרָהָם וְאָמַר לוֹ
כִּי קִבְרֵי בֵית דָּוִד לְמַלְכֵי בֵית יְהוּדָה הֵם
וּלְמָחָר שָׁלְחוּ בִּשְׁבִיל שְׁנֵי הָאֲנָשִׁים וּמָצְאוּ
אוֹתָם כָּל אֶחָד וְאֶחָד מוּשְׁכָּב עַל מִטָּתוֹ

1 וּפָחֲדוּ וְאָמְרוּ לֹא נִכָּנֵס שָׁם כִּי אֵין חֵפֶץ
ה' לְהַרְאוֹת אוֹתוֹ לְשׁוּם אָדָם וְצִוָּה
הַפַּטְרִיאַרְקָה לִסְתּוֹם אוֹתוֹ מָקוֹם
וּלְהַעֲלִימוֹ מִבְּנֵי אָדָם עַד הַיּוֹם הַזֶּה וְרַבִּי
אַבְרָהָם הֶחָסִיד הַזֶּה סִפֵּר לִי כָּל־אֵלּוּ
הַדְּבָרִים • וּמִשָּׁם שְׁתֵּי פַּרְסָאוֹת לְבֵית
לֶחֶם יְהוּדָה הַנִּקְרֵאת בֵּית לֶחֶם וְקָרוֹב
לְבֵית לֶחֶם כַּחֲצִי מִיל מַצֶּבֶת קְבוּרַת רָחֵל
עַל אֵם הַדֶּרֶךְ וְהַמַּצֵּבָה עֲשׂוּיָה מֵאַחַת
עֶשְׂרֵה אֲבָנִים לְמִנְיַן בְּנֵי יַעֲקֹב וְעָלֶיהָ
2 כִּפָּה בְּנוּיָה עַל אַרְבַּע עַמּוּדִים וְכָל
הַיְּהוּדִים הָעוֹבְרִים חוֹתְמִים שְׁמָם עַל
אַבְנֵי הַמַּצֵּבָה • וּבְבֵית לֶחֶם שְׁנַיִם עָשָׂר
צַבָּעִים יְהוּדִים וְהִיא אֶרֶץ נַחֲלֵי מַיִם
בּוֹרוֹת וּמַעְיָנוֹת • וּמִשָּׁם שֵׁשׁ פַּרְסָאוֹת
לְחֶבְרוֹן אֲבָל מְדִינַת חֶבְרוֹן הָיְתָה בָּהָר
וְהִיא חֲרֵבָה הַיּוֹם הַזֶּה וּבְעֵמֶק הַשָּׂדֶה
בִּשְׂדֵה הַמַּכְפֵּלָה שָׁם הָעִיר וְשָׁם הַבָּמָה
הַגְּדוֹלָה שֶׁקּוֹרִין שַׁנְטְ אַבְרָהָם וְהִיא הָיְתָה
כְּנֶסֶת יְהוּדִים בִּימֵי יִשְׁמְעֵאלִים וְעָשׂוּ שָׁם

הַגּוֹיִם שִׁשָּׁה קְבָרִים עַל שֵׁם אַבְרָהָם 1
וְשָׂרָה יִצְחָק וְרִבְקָה יַעֲקֹב וְלֵאָה· וְאוֹמְרִים
לְתוֹעִים*) שֶׁהֵם קִבְרֵי הָאָבוֹת וְנוֹתְנִין שָׁם
מָמוֹן· אֲבָל אִם יָבֹא יְהוּדִי שֶׁיִּתֵּן שָׂכָר
לְשׁוֹעֵר שֶׁל מְעָרָה יִפְתַּח לוֹ פֶּתַח בַּרְזֶל
שֶׁהָיָה עָשׂוּי מִימֵי אֲבוֹתֵינוּ עֲלֵיהֶם הַשָּׁלוֹם
וְיֵרֵד אָדָם לְמַטָּה בְּנֵר דָּלוּק בְּיָדוֹ בִּמְעָרָה
אַחַת וְלֹא יִמְצָא שָׁם כְּלוּם וְגַם בִּשְׁנִיָּה
עַד שֶׁיָּבֹא אֶל הַשְּׁלִישִׁית וְהִנֵּה שָׁם שִׁשָּׁה
קְבָרִים קֶבֶר אַבְרָהָם יִצְחָק וְיַעֲקֹב וְשָׂרָה
וְרִבְקָה וְלֵאָה זֶה כְּנֶגֶד זֶה וְכֻלָּם חֲתוּמִים 2
אוֹתִיּוֹת חֲקוּקוֹת עַל קִבְרֵיהֶם עַל קֶבֶר
אַבְרָהָם חָקוּק זֶה קֶבֶר אַבְרָהָם אָבִינוּ
עָלָיו הַשָּׁלוֹם וְעַל קֶבֶר יִצְחָק כְּמוֹ כֵן וְעַל
כָּל הַקְּבָרִים גַּם כֵּן וְכֵן לְכֻלָּם· וּבַמְּעָרָה
מַדְלִיקִין שָׁם עֲשָׁשִׁית אַחַת דּוֹלֶקֶת בַּיּוֹם
וּבַלַּיְלָה עַל הַקְּבָרִים וְשָׁם חָבִיּוֹת מְלֵאוֹת
עֲצָמוֹת מִיִּשְׂרָאֵל שֶׁהָיוּ מְבִיאִים שָׁם
מֵתֵיהֶם בֵּית יִשְׂרָאֵל כָּל אֶחָד וְאֶחָד
עַצְמוֹת אֲבוֹתָיו וּמַנִּיחָם שָׁם עַד הַיּוֹם

*) F. להולכים

[1] הַזֶּה וּבִקְצֵה שְׂדֵה הַמַּכְפֵּלָה בֵּיתוֹ שֶׁל אַבְרָהָם אָבִינוּ עָלָיו הַשָּׁלוֹם וּמַעְיָן לִפְנֵי הַבַּיִת וְאֵין מְנִיחִין שָׁם לַעֲשׂוֹת בַּיִת מִפְּנֵי כְּבוֹד אַבְרָהָם · וּמִשָּׁם חֲמִשָּׁה פַּרְסָאוֹת לְבֵית גַּבְרִין וְהִיא מָרֵשָׁה וְאֵין שָׁם אֶלָּא שְׁלֹשָׁה יְהוּדִים · וּמִשָּׁם חֲמִשָּׁה פַּרְסָאוֹת לְטוֹרוֹן דוֹ לוֹשׁ גַּבַּלֶּרִישׁ*) הִיא שׁוּנֵם וְיֵשׁ בָּהּ שְׁלֹשׁ מֵאוֹת יְהוּדִים · וּמִשָּׁם שְׁלשָׁה פַּרְסָאוֹת לְשַׁנְט שַׁמּוּאֵל דְּשִׁילֹה הִיא שִׁילֹה הַקְּרוֹבָה לִירוּשָׁלַיִם שְׁנֵי פַּרְסָאוֹת [2] וּכְשֶׁלָּקְחוּ בְּנֵי אֱדוֹם אֶת־רַמְלָה הִיא רָמָה מִיַּד בְּנֵי יִשְׁמָעֵאל מָצְאוּ קִבְרוֹ שֶׁל שְׁמוּאֵל הָרָמָתִי אֵצֶל כְּנֶסֶת הַיְּהוּדִים וְהוֹצִיאוּהוּ בְּנֵי אֱדוֹם מִקִּבְרוֹ וְהוֹלִיכוּהוּ לְשִׁילֹה וּבָנוּ עָלָיו בָּמָה גְּדוֹלָה וְקָרְאוּ אוֹתוֹ שַׁנְט שַׁמּוּאֵל דְּשִׁילֹה עַד הַיּוֹם הַזֶּה · וּמִשָּׁם שְׁלשָׁה פַּרְסָאוֹת (לְהַר מוֹרִיָּה) לְפֶּשִׁיפוּה הִיא גִּבְעַת שָׁאוּל וְאֵין בָּהּ יְהוּדִים וְהִיא גֶּבַע בִּנְיָמִן · וּמִשָּׁם שְׁלשָׁה פַּרְסָאוֹת לְבֵית נוֹבִי הִיא נוֹב עִיר הַכֹּהֲנִים וּבְאֶמְצַע

*) C. גברא לריש

הַדֶּרֶךְ שְׁנֵי הַסְּלָעִים שֶׁל יְהוֹנָתָן שֵׁם הָאֶחָד [1]
בּוֹצֵץ וְשֵׁם הַשֵּׁנִי סֶנֶה וְשָׁם שְׁנֵי יְהוּדִים
צַבָּעִים · וּמִשָּׁם שְׁלֹשָׁה פַּרְסָאוֹת לְרַמַשׁ
הִיא הָרָמָה וְשָׁם מִבִּנְיַן הַחוֹמוֹת מִימֵי
אֲבוֹתֵינוּ כִּי כַּךְ מָצָאנוּ כָּתוּב עַל הָאֲבָנִים
וְשָׁם כְּמוֹ שְׁלֹשָׁה יְהוּדִים וְהִיא הָיְתָה עִיר
גְּדוֹלָה מְאֹד וְשָׁם בֵּית הַקְּבָרוֹת גָּדוֹל
לְיִשְׂרָאֵל מַהֲלַךְ שְׁנֵי מִילִין · וּמִשָּׁם
חֲמִשָּׁה פַּרְסָאוֹת לְגַאפָּה הִיא יָפוֹ אֲשֶׁר
עַל־שְׂפַת הַיָּם וְשָׁם יְהוּדִי אֶחָד צַבָּע · וּמִשָּׁם
שָׁלֹשׁ פַּרְסָאוֹת לְאִיבְּלִין הִיא יַבְנֶה וַעֲדַיִן [2]
נִרְאֶה מְקוֹם הַמִּדְרָשׁ וְאֵין בָּהּ יְהוּדִים עַד
הֵנָּה גְּבוּל אֶפְרַיִם · וּמִשָּׁם שְׁתֵּי פַּרְסָאוֹת
לְפַלְמִיס הִיא אַשְׁדּוֹד אֲשֶׁר לַפְּלִשְׁתִּים
הַחֲרֵבָה וְאֵין בָּהּ יְהוּדִים · וּמִשָּׁם שְׁנֵי
פַּרְסָאוֹת לְאַשְׁקְלוֹנָה הִיא אַשְׁקְלוֹן
הַחֲדָשָׁה שֶׁבָּנָה עֶזְרָא הַכֹּהֵן ז״ל עַל־שְׂפַת
הַיָּם וְהָיוּ קוֹרִין אוֹתָהּ מִתְּחִלָּה בְּנֵיבְרָה
וְהִיא רְחוֹקָה מֵאַשְׁקְלוֹן הַקְּדוּמָה הַחֲרֵבָה
אַרְבַּע פַּרְסָאוֹת וְהִיא עִיר גְּדוֹלָה מְאֹד

1 וְיָפָה וּבָאִים אֵלֶיהָ מִכָּל מָקוֹם לִסְחוֹרָה
כִּי הִיא יוֹשֶׁבֶת בִּקְצֵה גְּבוּל מִצְרַיִם וּבָהּ
כְּמוֹ מָאתַיִם יְהוּדִים רַבָּנִים וּבְרֹאשָׁם רַבִּי
צֶמַח וְרַבִּי אַהֲרֹן וְרַבִּי שְׁלֹמֹה וְשָׁם כְּמוֹ
אַרְבָּעִים קְרָאִין וְשָׁם כּוּתִיִּים כְּמוֹ שְׁלֹשׁ
מֵאוֹת וְשָׁם בְּתוֹךְ הָעִיר בּוֹר שֶׁקּוֹרְאִין לוֹ
בִּיר אַבְרָהָם אֵל כַלִיל אֲשֶׁר חָפַר בִּימֵי
פְלִשְׁתִּים · וּמִשָּׁם לִסְגוּרְשׁ*) הִיא לוּד ·
וּמִשָּׁם יוֹם וָחֵצִי לְזַרְיִין**) הִיא יִזְרְעֶאל וְשָׁם
מַעְיָן אֶחָד גָּדוֹל וּבָהּ יְהוּדִי אֶחָד צַבָּע ·
2 וּמִשָּׁם שְׁלֹשָׁה פַּרְסָאוֹת לְשִׁיפוּרִיָּה הִיא
צִפּוֹרִי וְשָׁם קִבְרוֹ שֶׁל רַבֵּינוּ הַקָּדוֹשׁ וְרַבִּי
חִיָּיא שֶׁעָלָה מִבָּבֶל וְיוֹנָה בֶּן אֲמִתַּי הַנָּבִיא
וְהֵם קְבוּרִים בָּהָר וְיֵשׁ שָׁם קְבָרִים הַרְבֵּה ·
וּמִשָּׁם חָמֵשׁ פַּרְסָאוֹת לְטִיבֵּרְיָה הַיּוֹשֶׁבֶת
עַל הַיַּרְדֵּן הַנִּקְרָא יַם כִּנֶּרֶת וְשָׁם נוֹפֵל
הַיַּרְדֵּן (וְשׁוֹפֵךְ יַם הַמֶּלַח אֶל אֶרֶץ הַכִּכָּר)
וְהוּא הַמָּקוֹם הַנִּקְרָא אַשְׁדּוֹת הַפִּסְגָּה
וְיוֹצֵא וְנוֹפֵל בְּיַם סְדוֹם הוּא יַם הַמֶּלַח ·
וּבִטְבֶרְיָה כְּמוֹ חֲמִשִּׁים יְהוּדִים וּבְרֹאשָׁם רַבִּי

*) לסגורג? **) C. לזרוין

אַבְרָהָם הַחוֹזֶה וְרַבִּי מוּכְתָּר וְרַבִּי יִצְחָק [1]
וְשָׁם מַיִם חַמִּין נוֹבְעִים מִתַּחַת הָאָרֶץ
וְקוֹרְאִין לָהֶם חַמֵּי טְבֶרְיָה וְשָׁם כְּנֶסֶת
כָּלֵב בֶּן יְפוּנֶה בְּקָרוֹב וְשָׁם מָקוֹם קִבְרֵי
יִשְׂרָאֵל וְשָׁם קִבְרוֹ שֶׁל רַבָּן יוֹחָנָן בֶּן זַכַּאי
וְרַבִּי יְהוֹנָתָן בֶּן לֵוִי הַכֹּל בְּגָלִיל הַתַּחְתּוֹן ·
וּמִשָּׁם שְׁנֵי יָמִים*) לְטִימִין הִיא תִמְנָתָה
וְשָׁם קֶבֶר שְׁמוּאֵל הַצַּדִּיק וְהַרְבֵּה
מִיִּשְׂרָאֵל · וּמִשָּׁם יוֹם לְעַשְׂתְּ הִיא גוּשׁ
חָלָב וְשָׁם כְּמוֹ עֶשְׂרִים יְהוּדִים · וּמִשָּׁם
שֵׁשׁ פַּרְסָאוֹת לְמֶרֶן הִיא מָרוֹן וְשָׁם [2]
מְעָרָה אַחַת קָרוֹב מִשָּׁם וְשָׁם קִבְרֵי הִלֵּל
וְשַׁמַּאי וְשָׁם עֶשְׂרִים קְבָרִים מִתַּלְמִידֵיהֶם
וְשָׁם קֶבֶר רַבִּי בִּנְיָמִן בַּר יֶפֶת וְרַבִּי יְהוּדָה
בֶּן בְּתֵירָה · וּמִשָּׁם שֵׁשׁ פַּרְסָאוֹת
לְעַלְמָה וְשָׁם חֲמִשִּׁים יְהוּדִים וּבֵית
הַקְּבָרוֹת גָּדוֹל לְיִשְׂרָאֵל · וּמִשָּׁם חֲצִי יוֹם
לְקָאדִיס הִיא קֶדֶשׁ נַפְתָּלִי עַל־שְׂפַת
הַיַּרְדֵּן וְשָׁם קֶבֶר רַבִּי אֱלְעָזָר בֶּן עֲרָךְ וְרַבִּי
אֶלְעָזָר בֶּן עֲזַרְיָה וְחוֹנִי הַמְּעַגֵּל וְרַבִּי שִׁמְעוֹן

*) פרסאות?

[1] בֶּן גַּמְלִיאֵל וְרַבִּי יוֹסֵי הַגְּלִילִי וְשָׁם קֶבֶר בָּרָק בֶּן
אֲבִינוֹעַם וְאֵין כָּה יְהוּדִים וּמִשָּׁם יוֹם
לְבָלִינוֹס הִיא דָּן וְשָׁם מְעָרָה אַחַת וּמִשָּׁם
יוֹצֵא הַיַּרְדֵּן עַד דֶּרֶךְ שְׁלשָׁה מִילִין מִתְחַבֵּר
אֵלָיו נַחַל אַרְנוֹן הַיּוֹרֵד מִגְּבוּל מוֹאָב
וְלִפְנֵי הַמְּעָרָה נִכָּר מְקוֹם הַמִּזְבֵּחַ שֶׁל
פֶּסֶל מִיכָה שֶׁהָיוּ עוֹבְדִים בְּנֵי דָן בַּיָּמִים
הָהֵם וְשָׁם מְקוֹם הַמִּזְבֵּחַ שֶׁל יָרָבְעָם בֶּן
נְבָט שֶׁהָיָה שָׁם עֵגֶל הַזָּהָב וְעַד הֵנָּה גְּבוּל
יִשְׂרָאֵל מִצַּד הַיָּם הָאַחֲרוֹן · וּמִשָּׁם שְׁנֵי
[2] יָמִים עַד דַּמֶּשֶׂק הָעִיר הַגְּדוֹלָה הִיא
תְּחִלַּת מֶמְשֶׁלֶת נוּר אֵל דִּין מֶלֶךְ
תּוֹגַרְמִים הַנִּקְרָאִים טוּרְקוֹשׁ וְהִיא עִיר
גְּדוֹלָה וְיָפָה עַד מְאֹד וּמוּקֶּפֶת חוֹמָה
וְהִיא אֶרֶץ גַּנּוֹת וּפַרְדֵּסִים מַהֲלַךְ חֲמִשָּׁה
עָשָׂר מִילִין מִכָּל-צַד לֹא נִרְאָה מְדִינַת
פֵּירוֹת בְּכָל-הָאָרֶץ כָּמוֹהָ וְיוֹרְדִים אֵלֶיהָ
מֵהַר חֶרְמוֹן אֲמָנָה וּפַרְפַּר כִּי הִיא יוֹשֶׁבֶת
תַּחַת חֶרְמוֹן אֲמָנָה יוֹרֵד בְּתוֹךְ הָעִיר
וְהוֹלְכִים הַמַּיִם עַל יְדֵי גְּשָׁרִים עַל-כָּל-בָּתֵּי

הַגְּדוֹלִים וּבַחוּצוֹת וּבַשּׁוּקִים וְהִיא אֶרֶץ [1]
סְחוֹרָה לְכָל הָאֲרָצוֹת · וּפַרְפַּר הוֹלֵךְ בֵּין
הַגַּנּוֹת וְהַפַּרְדֵּסִים חוּץ לָעִיר וּמַשְׁקִין מִמֶּנּוּ
כָּל הַגַּנּוֹת וְהַפַּרְדֵּסִים שֶׁלָּהֶם וְשָׁם כְּנִיסָה
אַחַת לְיִשְׁמְעֵאלִים הַנִּקְרֵאת גּוֹמָאע דַּמֶּשֶׂק
אֵין כַּבִּנְיָן הַהוּא בְּכָל־הָאָרֶץ וְאוֹמְרִים כִּי
הִיא הָיְתָה אַרְמוֹנַת בֶּן הֲדַד וְשָׁם עָשׂוּי
בִּמְלֶאכֶת הַחַרְטוּמִים כּוֹתֶל שֶׁל זְכוּכִית
וְעָשׂוּ בּוֹ חוֹרִין כְּמִנְיַן יְמוֹת הַחַמָּה וְיִכָּנֵס
שָׁמָּה הַשֶּׁמֶשׁ בְּכָל־אֶחָד וְאֶחָד מֵהֶן וְיוֹרֵד
בּוֹ עַל מַדְרֵגוֹת שְׁנֵים עָשָׂר כְּנֶגֶד שָׁעוֹת [2]
הַיּוֹם וּבְנֵי אָדָם מַכִּירִים בּוֹ שָׁעוֹת הַיּוֹם
וּבֵין הָאַרְמוֹן בָּתִּים בְּנוּיִם בְּזָהָב וּבְכֶסֶף
(וְהוּא גָדוֹל) כְּמוֹ גִּנַּת (אַחַת) וִיכוֹלִין לִיכָּנֵס
בְּתוֹכָם לִרְחוֹץ כְּמוֹ שְׁלֹשָׁה אֲנָשִׁים וְשָׁם
תָּלוּי בְּתוֹךְ הָאַרְמוֹן צֵלָע אַחַת מֵעֲנָק
אֶחָד אָרְכּוֹ תֵּשַׁע זְרָתוֹת וְרָחְבּוֹ שְׁתֵּי
זְרָתוֹת וְהוּא הָיָה מֶלֶךְ עֲנָק מִן הַקַּדְמוֹנִים
וּשְׁמוֹ הַמֶּלֶךְ אַבְכַּמַז שֶׁכָּךְ מָצְאוּ חָקוּק
עַל אֶבֶן אַחַת עַל קִבְרוֹ וּבָהּ כָּתוּב שֶׁמָּלַךְ

[1] בְּכָל־הָעוֹלָם וְיֵשׁ בָּהּ כְּמוֹ שְׁלשֶׁת אֲלָפִים מִיִּשְׂרָאֵל וּבֵינֵיהֶם תַּלְמִידֵי חֲכָמִים וַעֲשִׁירִים וְשָׁם רָאשֵׁי יְשִׁיבָה שֶׁל אֶרֶץ יִשְׂרָאֵל וּשְׁמוֹ רַבִּי עֶזְרָא וְאָחִיו שַׂר שָׁלוֹם אַב בֵּית דִּין וְרַבִּי יוֹסֵף הַחֲמִשִׁי בַּיְשִׁיבָה וְרַבִּי מַצְלִיחַ רֹאשׁ הַסֵּדֶר הַדַּרְשָׁן וְרַבִּי מֵאִיר פְּאֵר הַחֲכָמִים וְרַבִּי יוֹסֵף אִבְּן פְּלָאַת סוֹד הַיְשִׁיבָה וְרַבִּי הֵימָן הַפַּרְנָס וְרַבִּי צָדוֹק הָרוֹפֵא וְשָׁם מִן הַקָּרָאִין כְּמוֹ מָאתַיִם וּמִן הַכּוּתִיִּים כְּמוֹ אַרְבַּע מֵאוֹת

[2] וּבֵינֵיהֶם שָׁלוֹם וְאֵין מִתְחַתְּנִים אֵלּוּ עִם אֵלּוּ ׃ וּמִשָּׁם מַהֲלַךְ יוֹם לְגִלְעַד הִיא גִּלְעָד וְשָׁם מִיִּשְׂרָאֵל כְּמוֹ שִׁשִּׁים וּבְרֹאשָׁם רַבִּי צָדוֹק וְהִיא רְחָבַת יָדַיִם נַחֲלֵי מַיִם וְגַנּוֹת וּפַרְדֵּסִים ׃ וּמִשָּׁם חֲצִי יוֹם לְסַלְכָּאת הִיא עִיר סַלְכָה ׃ וּמִשָּׁם לְבַעַל בֵּיק חֲצִי יוֹם וְהִיא בַּעֲלַת בְּבִקְעַת הַלְּבָנוֹן אֲשֶׁר בָּנָה שְׁלֹמֹה לְבַת פַּרְעֹה וּבִנְיַן הָאַרְמוֹן מֵאֲבָנִים גְּדוֹלוֹת אוֹרֶךְ הָאֶבֶן עֶשְׂרִים זְרָתוֹת וְרָחְבָּהּ שְׁתַּיִם עֶשְׂרֵה

וְרָתוֹת וְאֵין בֵּין אֶבֶן וְאֶבֶן כְּלוּם וְאוֹמְרִים [1]
בְּנֵי אָדָם שֶׁלֹּא נַעֲשָׂה בִּנְיָן זֶה אֶלָּא עַל
יְדֵי אַשְׁמְדָאִי וּבְרֹאשׁ הַמְּדִינָה מַעְיָן גָּדוֹל
יוֹצֵא וְהוֹלֵךְ בְּאֶמְצַע הַמְּדִינָה כְּמוֹ נָהָר
גָּדוֹל וְעָלָיו רֵיחַיִם וְגַנּוֹת וּפַרְדֵּסִים בְּתוֹךְ
הַמְּדִינָה וְגַם תַּדְמוֹר בַּמִּדְבָּר אֲשֶׁר בָּנָה
שְׁלֹמֹה כְּמוֹ זֶה בִּנְיָן אֲבָנִים גְּדוֹלוֹת וְהָעִיר
תַּדְמוֹר מוּקֶּפֶת חוֹמָה וְהִיא בַּמִּדְבָּר
רְחוֹקָה מִן הַיִּשּׁוּב וּמִבַּעֲלַת הַנִּזְכֶּרֶת
אַרְבַּעַת יָמִים וּכְאַלְפַּיִם יְהוּדִים בְּתַדְמוֹר
גִּבּוֹרֵי מִלְחָמָה וְנִלְחָמִים עִם בְּנֵי אֱדוֹם [2]
וְעִם בְּנֵי עֲרָב שֶׁהֵם תַּחַת מֶמְשֶׁלֶת
נוּר אֶלְדִּין וְעוֹזְרִים לִשְׁכֵנֵיהֶם הַיִּשְׁמְעֵאלִים
וּבְרֹאשָׁם רַבִּי יִצְחָק הַיְּוָנִי וְרַבִּי נָתָן וְרַבִּי
עוּזִּיאֵל ז״ל · וּמִשָּׁם לְקַרְיָתַיִן מַהֲלַךְ חֲצִי
יוֹם וְהִיא קִרְיָתַיִם וְאֵין בָּהּ יְהוּדִים אֶלָּא
אֶחָד צַבָּע · וּמִשָּׁם דֶּרֶךְ יוֹם לְחָמָה וְהִיא
חֲמַת הַיּוֹשֶׁבֶת עַל נְהַר יַבּוֹק תַּחַת הַר
הַלְּבָנוֹן וּבַיָּמִים הָהֵם בָּא רַעַשׁ גָּדוֹל בָּעִיר
וּמֵתוּ (בְּיוֹם אֶחָד) חֲמִשָּׁה עָשָׂר אֶלֶף

אֲנָשִׁים בְּיוֹם אֶחָד וְלֹא נִשְׁאֲרוּ כִּי אִם [1]
שִׁבְעִים אִישׁ וּבְרֹאשָׁם רַבִּי עוֹלָה הַכֹּהֵן
וְשִׁיךְ אַבּוּ אַל גַּאלִב וּמוֹכַתַּר • וּמִשָּׁם חֲצִי
יוֹם לְשִׁיהָא*) הִיא חָצוֹר • וּמִשָּׁם שְׁלֹשָׁה
פַּרְסָאוֹת לְלַמְדִין • וּמִשָּׁם מַהֲלַךְ שְׁנֵי
יָמִים לְחָלֶב הִיא אֲרַם צוֹבָה וְהִיא עִיר
מְלוּכָה לַמֶּלֶךְ נוּר אֶלְדִין וּבְתוֹךְ הָעִיר
אַרְמוֹנוֹ מוּקָף חוֹמָה גְדוֹלָה מְאֹד וְאֵין בָּהּ
מַעְיָן וְלֹא נָהָר אֶלָּא מֵימֵי הַמָּטָר הֵם
שׁוֹתִים וְכָל־אָדָם יֵשׁ לוֹ בּוֹר בְּבֵיתוֹ
שֶׁקּוֹרִין אַלְגּוּב וּבָהּ כְּמוֹ אֶלֶף וַחֲמֵשׁ [2]
מֵאוֹת מִיִּשְׂרָאֵל וּבְרֹאשָׁם רַבִּי מֹשֶׁה
אַלְקוּשְׁטַנְדִינִי וְרַבִּי יִשְׂרָאֵל וְרַבִּי שֵׁת •
וּמִשָּׁם שְׁנֵי יָמִים לְבַאלִיץ הִיא פְּתוֹרָה
עַל נְהַר פְּרָת וְעַד הַיּוֹם הַזֶּה שָׁם מִגְדַּל
בִּלְעָם בֶּן בְּעוֹר שֵׁם רְשָׁעִים יִרְקָב שֶׁבָּנָה
עַל עִנְיַן שָׁעוֹת הַיּוֹם וְשָׁם כְּמוֹ מִנְיָן
יְהוּדִים • וּמִשָּׁם חֲצִי יוֹם לְקַלַע גַּבַּר הִיא
סֶלַע מִדְבָּרָה וְהִיא נִשְׁאֲרָה לִבְנֵי עֲרָב
בְּשָׁעָה שֶׁלָּקְחוּ הַתּוֹגַרְמִים אַרְצָם

*) ריאה ?

וְהִבְרִיחוּם אֶל הַמִּדְבָּרוֹת וְשָׁם כְּמוֹ אַלְפַּיִם [1]
יְהוּדִים וּבְרֹאשָׁם רַבִּי צִדְקִיָּה וְרַבִּי חִיָּיא
וְרַבִּי שְׁלֹמֹה· וּמִשָּׁם יוֹם לְרַקְיָא וְהִיא כַּלְנֵה
בִּתְחִלַּת אֶרֶץ שִׁנְעָר הַחוֹלֶקֶת בֵּין מַלְכוּת
הַתּוֹגַרְמִים וְאֶרֶץ שִׁנְעָר וּבָהּ כְּמוֹ שֶׁבַע
מֵאוֹת יְהוּדִים וּבְרֹאשָׁם רַבִּי זַכַּאי וְרַבִּי
נָדִיב וְהוּא סַגִּיא נְהוֹר וְרַבִּי יוֹסֵף וְשָׁם
כְּנֶסֶת מִבִּנְיַן עֶזְרָא הַסּוֹפֵר בַּעֲלוֹתוֹ מִבָּבֶל
לִירוּשָׁלַיִם· וּמִשָּׁם שְׁנֵי יָמִים לְחָרָן
הַקַּדְמוֹנָה וּבָהּ כְּמוֹ עֶשְׂרִים יְהוּדִים וְשָׁם
כְּנֶסֶת עֶזְרָא כְּמוֹ כֵן וּבְאוֹתוֹ מָקוֹם שֶׁהָיָה [2]
שָׁם בֵּיתוֹ שֶׁל אַבְרָהָם אָבִינוּ אֵין עָלָיו
בִּנְיָן וְיִשְׁמְעֵאלִים מְכַבְּדִים אוֹתוֹ מָקוֹם
וּבָאִים שָׁם לְהִתְפַּלֵּל· וּמִשָּׁם מַהֲלַךְ שְׁנֵי
יָמִים וּמִשָּׁם יוֹצֵא נָהָר אֶל כַּבּוּר וְהוּא
חָבוֹר*) וְהוּא הוֹלֵךְ לְאֶרֶץ מָדַי וְנוֹפֵל בִּנְהַר**)
גּוֹזָן וְשָׁם כְּמוֹ מָאתַיִם יְהוּדִים· וּמִשָּׁם
שְׁנֵי יָמִים לִנְצִיבִין וְהִיא עִיר גְּדוֹלָה וְנַחֲלֵי
מַיִם וּבָהּ כְּמוֹ אֶלֶף יְהוּדִים וּמִשָּׁם שְׁנֵי
יָמִים לְגְזִיר בֶּן עֹמַר וְהוּא בְּתוֹךְ נְהַר

*) ככר? **) C. בהר

[1] חִדֶּקֶל לְרַגְלֵי הָרֵי אֲרָרָט מַהֲלַךְ אַרְבָּעָה
מִילִין לַמָּקוֹם שֶׁנָּחָה שָׁם תֵּיבַת נֹחַ אֲבָל
עֹמַר בֶּן אַל כַּטָּאב לָקַח אֶת־הַתֵּיבָה מֵעַל
רֹאשׁ שְׁנֵי הֶהָרִים וְעָשָׂה אוֹתָהּ כְּנֶסֶת
לַיִּשְׁמְעֵאלִים · וּבְקָרוֹב הַתֵּיבָה כְּנֶסֶת
עֶזְרָא הַסּוֹפֵר עַד הַיּוֹם הַזֶּה וּבְיוֹם תִּשְׁעָה
[בְּאָב] בָּאִים יְהוּדִים מִן הַמְּדִינָה לְהִתְפַּלֵּל שָׁם
וּבְאוֹתָהּ מְדִינָה שֶׁל גְּזִירָה עֹמַר בֶּן אַל
כַּטָּאב כְּמוֹ אַרְבַּעַת אֲלָפִים יְהוּדִים וּבְרֹאשָׁם
רַבִּי מוּבְחָר וְרַבִּי יוֹסֵף וְרַבִּי חַיָּיא וּמִשָּׁם שְׁנֵי
[2] יָמִים לְאַל־מוּצַל הִיא אַשּׁוּר הַגְּדוֹלָה וְשָׁם כְּמוֹ
שִׁבְעַת אֲלָפִים יְהוּדִים וּבְרֹאשָׁם רַבִּי זַכַּאי
הַנָּשִׂיא מִזֶּרַע דָּוִד הַמֶּלֶךְ וְרַבִּי יוֹסֵף
הַמְּכוּנֶּה בִּרְהַן אַל פְלֶךְ וְהוּא חוֹזֶה לַמֶּלֶךְ זַין
אֶל דִּין אָחִיו שֶׁל נוּר אֶל דִּין מֶלֶךְ דַּמֶּשֶׂק
וְהִיא תְּחִלַּת אֶרֶץ פָּרָס הִיא עִיר גְּדוֹלָה
מְאֹד מִימֵי קֶדֶם וְהִיא יוֹשֶׁבֶת עַל נְהַר
חִדֶּקֶל וּבֵינָהּ וּבֵין נִינְוֵה הַגֶּשֶׁר לְבַד וְהִיא
חֲרֵבָה אֲבָל יֵשׁ שָׁם כְּפָרִים וּכְרַכִּים רַבִּים
וּמִנִּינְוֵה מַהֲלַךְ פַּרְסָה עַד עִיר אַרְבְּאֵל

וְהָעִיר נִינְוֵה עַל-שְׂפַת חִדֶּקֶל וּבִמְדִינַת [1] אַשּׁוּר כְּנֶסֶת עוֹבַדְיָה וּכְנֶסֶת יוֹנָה בֶּן אֲמִתַּי וּכְנֶסֶת נַחוּם הָאֶלְקוֹשִׁי · וּמִשָּׁם מַהֲלַךְ שְׁלֹשָׁה יָמִים לְרַחְבָה הִיא רְחוֹבוֹת אֲשֶׁר עַל-שְׂפַת נְהַר פְּרָת וּבָהּ כְּמוֹ אַלְפַּיִם יְהוּדִים וּבְרֹאשָׁם רַבִּי חִזְקִיָּה וְרַבִּי אֵהוּד וְרַבִּי יִצְחָק וְהִיא עִיר מוּקֶפֶת חוֹמָה וְיָפָה עַד מְאֹד וּגְדוֹלָה וּבְצוּרָה וּסְבִיבוֹתֶיהָ גַּנּוֹת וּפַרְדֵּסִים · וּמִשָּׁם מַהֲלַךְ יוֹם לְקַרְקִסְיָא הִיא כַרְכְּמִישׁ עַל-שְׂפַת נְהַר פְּרָת וּבָהּ כְּמוֹ חֲמֵשׁ מֵאוֹת יְהוּדִים וּבְרֹאשָׁם רַבִּי יִצְחָק [2] וְרַבִּי אֶלְחָנָן · וּמִשָּׁם שְׁנֵי יָמִים לְאַל יוֹבַר הִיא פּוּם בְּדִיתָא אֲשֶׁר בִּנְהַרְדְּעָא וְשָׁם כְּמוֹ אַלְפַּיִם יְהוּדִים וּבֵינֵיהֶם תַּלְמִידֵי חֲכָמִים וּבְרֹאשָׁם חֵן הָרַב וְרַבִּי מֹשֶׁה וְרַבִּי אֶלְיָקִים וְשָׁם קֶבֶר רַב יְהוּדָה וְרַבִּי שְׁמוּאֵל וְלִפְנֵי כָל-אֶחָד וְאֶחָד בֵּית כְּנִיסָתוֹ אֲשֶׁר בָּנוּ הֵם לִפְנֵי מוֹתָם וְשָׁם קִבְרוֹ שֶׁל רַבִּי בָּסְתְּנָאִי הַנָּשִׂיא רֹאשׁ הַגּוֹלָה וְרַבִּי נָתָן וְרַבִּי נַחְמָן בַּר פָּפָּא

[1] וּמִשָּׁם חֲמִשָּׁה יָמִים לְחֶרְדָּה וְשָׁם כְּמוֹ
חֲמִשָּׁה עָשָׂר אֶלֶף יְהוּדִים וּבְרֹאשָׁם רַבִּי
זָקֵן וְרַבִּי יוֹסֵף וְרַבִּי נְתַנְאֵל · וּמִשָּׁם שְׁנֵי
יָמִים לְעוּקְבָּרָה הִיא הַמְּדִינָה אֲשֶׁר בָּנָה
יְכָנְיָה מֶלֶךְ יְהוּדָה וּבָהּ כְּמוֹ עֲשֶׂרֶת
אֲלָפִים יְהוּדִים וּבְרֹאשָׁם רַבִּי יְהוֹשֻׁעַ וְרַבִּי
נָתָן וּמִשָּׁם שְׁנֵי יָמִים לְבַגְדַּאד הִיא הָעִיר
הַגְּדוֹלָה רֹאשׁ מֶמְשֶׁלֶת כַּלִּיפַת אֶמִיר אַל
מוּמֶנִין אַל עַבָּאסִי מִמִּשְׁפַּחַת הַנָּבִיא
שֶׁלָּהֶם וְהוּא הַמְּמוּנֶּה עַל דַּת הַיִּשְׁמְעֵאלִים
[2] וְכָל מַלְכֵי יִשְׁמָעֵאל מוֹדִים לוֹ וְהוּא
עֲלֵיהֶם כְּמוֹ הַפַּפָּא עַל הַנּוֹצְרִים וְיֵשׁ לוֹ
אַרְמוֹן בְּתוֹךְ בַּגְדַּאד מַהֲלַךְ שְׁלֹשָׁה מִילִין
וּבְתוֹךְ הָאַרְמוֹן יַעַר גָּדוֹל מִכָּל מִינֵי
אִילָנֵי הָעוֹלָם בֵּין עוֹשֵׂי פְּרִי וּבֵין שֶׁאֵינָן
עוֹשִׂין פְּרִי וְשָׁם כָּל מִינֵי חַיּוֹת וּבְתוֹךְ
הַיַּעַר מִקְוֵה מַיִם בָּאִים מִנְּהַר חִדֶּקֶל
וּבְשָׁעָה שֶׁיִּרְצֶה לְטַיֵּל עַצְמוֹ בּוֹ וְלִשְׂמוֹחַ
וְלִשְׁתּוֹת צָדִים לוֹ עוֹפוֹת וְחַיּוֹת וְדָגִים וּבָא
לְאַרְמוֹנוֹ עִם יוֹעֲצָיו וְשָׂרָיו וְשָׁם הַמֶּלֶךְ

הַגָּדוֹל אַל עַבָּאסִי (אַחְמֶד) וְהוּא אוֹהֵב [1]
יִשְׂרָאֵל מְאֹד וּלְפָנָיו מְשָׁרְתִים רַבִּים
מִיִּשְׂרָאֵל וְהוּא יוֹדֵעַ בְּכָל־הַלְּשׁוֹנוֹת וּבָקִי
בְּתוֹרַת מֹשֶׁה וְקוֹרֵא וְכוֹתֵב בִּלְשׁוֹן הַקֹּדֶשׁ
וְאֵינוֹ רוֹצֶה לֵיהָנוֹת אֶלָּא מִיגִיעַ כַּפָּיו
וְעוֹשֶׂה מַחְצְלָאוֹת וְחוֹתֵם חוֹתָמוֹ בָּהֶן
וּמוֹכְרִין אוֹתָם שָׂרָיו בַּשּׁוּק וְקוֹנִים אוֹתָם
גְּדוֹלֵי הָאָרֶץ וּמִדְּמֵיהֶן הוּא אוֹכֵל וְשׁוֹתֶה
וְהוּא אִישׁ טוֹב וּבַעַל אֱמוּנָה וְדוֹבֵר שָׁלוֹם
לְכָל הַבְּרִיּוֹת וְאֵינָן יְכוֹלִים בְּנֵי יִשְׁמָעֵאל
לִרְאוֹתוֹ וְהַתּוֹעִים הַבָּאִים מֵאֶרֶץ מֶרְחָק [2]
לָלֶכֶת לְמִיקָה בְּאֶרֶץ אַלְיֶמֶן מְבַקְּשִׁים
לָלֶכֶת לְפָנָיו וְאוֹמְרִים לוֹ מֵהָאַרְמוֹן
אֲדוֹנֵינוּ אוֹר הַיִּשְׁמְעֵאלִים וְזוֹהַר תּוֹרָתֵנוּ
הַרְאֵנוּ זִיו פָּנֶיךָ וְאֵינוֹ חוֹשֵׁשׁ לְדִבְרֵיהֶם
וּבָאִים שָׂרָיו וַעֲבָדָיו הַמְשָׁרְתִים אוֹתוֹ
וְאוֹמְרִים אֲדוֹנֵינוּ פְּרוֹשׂ שְׁלוֹמְךָ עַל
הָאֲנָשִׁים הַבָּאִים מֵאֶרֶץ מֶרְחָק הַמִּתְאַוִּים
לַחֲסוֹת בְּצֵל נְעִימוֹתֶיךָ וּבְאוֹתָהּ שָׁעָה
יָרִים וּמַנִּיחַ כְּנַף בִּגְדוֹ מִן הַחַלּוֹן וּבָאִים

1 הַתּוֹעִים וְנוֹשְׁקִים אוֹתוֹ וְאוֹמֵר לָהֶם שַׂר
אֶחָד לְכוּ לְשָׁלוֹם כִּי כְּבָר רָצָה וְנָתַן לָכֶם
שָׁלוֹם אֲדוֹנֵינוּ אוֹר הַיִּשְׁמְעֵאלִים וְהוּא
בְּעֵינֵיהֶם כְּמוֹ הַנָּבִיא שֶׁלָּהֶם וְהוֹלְכִים
לְבָתֵּיהֶם שְׂמֵחִים עַל פִּי הַדִּבּוּר שֶׁדִּבֵּר
לָהֶם הַשַּׂר שֶׁנָּתַן לָהֶם שָׁלוֹם וְנוֹשְׁקִים
בְּבִגְדוֹ כָּל־אֶחָיו וְכָל־מִשְׁפַּחְתּוֹ וְכָל־אֶחָד
וְאֶחָד יֵשׁ לוֹ אַרְמוֹן בְּתוֹךְ אַרְמוֹנוֹ אֲבָל
כֻּלָּם אֲסוּרִים בְּשַׁלְשְׁלָאוֹת שֶׁל בַּרְזֶל וְעַל־
כָּל־בַּיִת וּבַיִת שׁוֹמְרִים שֶׁלֹּא יָקוּמוּ עַל
2 הַמֶּלֶךְ הַגָּדוֹל כִּי פַּעַם אַחַת קָמוּ עָלָיו
אֶחָיו וְהִמְלִיכוּ אֶחָד מֵהֶם וְנִגְזְרָה גְּזֵרָה
עַל־כָּל־בְּנֵי מִשְׁפַּחְתּוֹ שֶׁיִּהְיוּ אֲסוּרִים
בְּשַׁלְשְׁלָאוֹת שֶׁל בַּרְזֶל שֶׁלֹּא יָקוּמוּ עַל
הַמֶּלֶךְ הַגָּדוֹל וְכָל־אֶחָד וְאֶחָד יוֹשֵׁב
בְּאַרְמוֹנוֹ בְּכָבוֹד גָּדוֹל וְלָהֶם כְּפָרִים
וּמְדִינוֹת וּמְבִיאִים לָהֶם הַמַּס פְּקִידֵיהֶם
וְהֵם אוֹכְלִים וְשׁוֹתִים וּשְׂמֵחִים כָּל יְמֵי
חַיֵּיהֶם וּבְאַרְמוֹן הַמֶּלֶךְ הַגָּדוֹל בִּנְיָנִים
גְּדוֹלִים וְעַמּוּדֵי כֶסֶף וְזָהָב וּמַחְבּוֹאוֹת וְכֹל

אֶבֶן יְקָרָה וְאֵינוֹ יוֹצֵא מֵאַרְמוֹנוֹ אֶלָּא[1]
פַּעַם אַחַת בַּשָּׁנָה בְּחַג שֶׁקּוֹרִין אוֹתוֹ
רַמַאדַאן בָּאִים מֵאֶרֶץ רְחוֹקָה בְּאוֹתוֹ
הַיּוֹם לִרְאוֹת פָּנָיו וְהוּא רוֹכֵב עַל־הַפִּרְדָּה
וְלוֹבֵשׁ בִּגְדֵי מַלְכוּת עֲשׂוּיִים מִזָּהָב וּמִכֶּסֶף
וְעַל רֹאשׁוֹ מִצְנֶפֶת וְעָלֶיהָ אֲבָנִים יְקָרוֹת
שֶׁאֵין לָהֶם שִׁעוּר לְשׁוֹוְיָם וְעַל הַמִּצְנֶפֶת
סוּדָר שָׁחוֹר בִּשְׁבִיל צְנִיעוּת הָעוֹלָם
כְּלוֹמַר תִּרְאוּ כָּל־הַכָּבוֹד הַזֶּה חֹשֶׁךְ
יְגַשֵּׁשׁ אוֹתוֹ בְּיוֹם הַמִּיתָה וּבָאִים עִמּוֹ כֹּל
קְצִינֵי יִשְׁמְעֵאלִים מְלוּבָּשִׁים בְּגָדִים נָאִים[2]
וְרוֹכְבִים עַל סוּסִים שָׂרֵי עֲרָב וְשָׂרֵי מָדַי
וּפָרַס וְשָׂרֵי אֶרֶץ טוּבּוּרת מֵעֲרָב מַהֲלַךְ
שְׁלֹשָׁה חֳדָשִׁים וְהוֹלֵךְ מֵאַרְמוֹנוֹ וְעַד בֵּית
הַתְּפִלָּה שֶׁהִיא בְּשַׁעַר בּוֹצְרָה וְהִיא בֵּית
הַתְּפִלָּה הַגְּדוֹלָה הַהוֹלְכִים כֻּלָּם מְלוּבָּשִׁים
בִּגְדֵי מֶשִׁי וְאַרְגָּמָן הָאֲנָשִׁים וְהַנָּשִׁים
וְתִמְצָא בְּכָל הַחוּצוֹת וּבַשְּׁוָקִים כָּל מִינֵי
זִמְרָה מְרַנְּנִים וּמְרַקְּדִים לִפְנֵי הַמֶּלֶךְ
הַגָּדוֹל הַנִּקְרָא כַּלִיפָה וְנוֹתְנִים לוֹ שָׁלוֹם

[1] בְּקוֹל גָּדוֹל וְאוֹמְרִים לוֹ שָׁלוֹם עָלֶיךָ
אֲדוֹנֵינוּ הַמֶּלֶךְ וְהוּא מְנַשֵּׁק בִּבְגָדוֹ וְרוֹמֵז
לָהֶם שָׁלוֹם בִּבְגָדוֹ בִּתְפִישַׂת יָד וְהוֹלֵךְ עַד
הֲצַר הַתְּפִלָּה וְעוֹלֶה בְּמִגְדַּל עֵץ וְדוֹרֵשׁ
לָהֶם תּוֹרָתָם וְיָקוּמוּ חַכְמֵי יִשְׁמְעֵאלִים
וּמִתְפַּלְּלִין עָלָיו וּמְשַׁבְּחִין אוֹתוֹ עַל רוֹב
גְּדוּלָתוֹ וַחֲסִידוּתוֹ וְעוֹנִין הַכֹּל אָמֵן וְאַחַר
כַּךְ הוּא מְבָרֵךְ אוֹתָם וּמְבִיאִין לְפָנָיו גָּמָל
וְשׁוֹחֵט אוֹתוֹ וְזֶהוּ פִּסְחָם · וְנוֹתֵן לַשָּׂרִים
וְהֵם מְשַׁגְּרִים מִמֶּנּוּ לִטְעוֹם מִשְּׁחִיטַת יַד
[2] הַמֶּלֶךְ הַקָּדוֹשׁ שֶׁלָּהֶם וְהֵם שְׂמֵחִים בַּדָּבָר
וְאַחַר כַּךְ יוֹצֵא מִבֵּית הַתְּפִלָּה וְהוֹלֵךְ עַל-
שְׂפַת נְהַר הִדֶּקֶל לְבַדּוֹ עַד אַרְמוֹנוֹ
וּגְדוֹלֵי יִשְׁמְעֵאלִים הוֹלְכִים בָּאֳנִיּוֹת בַּנָּהָר
כְּנֶגְדּוֹ עַד שֶׁיִּכָּנֵס בְּאַרְמוֹנוֹ וְלֹא יָשׁוּב
בַּדֶּרֶךְ אֲשֶׁר בָּא בוֹ וּבְאוֹתוֹ הַדֶּרֶךְ שֶׁעַל
שְׂפַת הַנָּהָר שׁוֹמְרִין אוֹתוֹ כָּל הַשָּׁנָה שֶׁלֹּא
יַעֲבוֹר מִשָּׁם שׁוּם אָדָם בִּמְקוֹם מִדְרַךְ כַּף
רַגְלָיו וְאֵינוֹ יוֹצֵא מֵהָאַרְמוֹן יוֹתֵר בְּכָל
הַשָּׁנָה וְהוּא אִישׁ טָהוֹר וְחָסִיד וְעָשָׂה

אַרְמוֹן מֵעֵבֶר לַנָּהָר עַל־שְׂפַת זְרוֹעַ פְּרָת 1
שֶׁהוּא מִצַּד הָאֶחָד שֶׁל הָעִיר וּבָנָה בוֹ
בָּתִּים גְּדוֹלִים וּשְׁוָקִים וּפוּנְדְקָאוֹת לָעֲנִיִּים
הַחוֹלִים הַבָּאִים לְהִתְרַפְּאוֹת שָׁם וְשָׁם
כְּמוֹ שִׁשִּׁים חֲנוּיוֹת מְרוּפְאִים וְכֻלָּם יֵשׁ
לָהֶם בְּשָׂמִים וְכָל־צָרְכָּם מִבֵּית הַמֶּלֶךְ
וְכָל־חוֹלֶה שֶׁיָּבֹא שָׁם יִתְפַּרְנֵס מִמָּמוֹן
הַמֶּלֶךְ עַד שֶׁיִּתְרַפֵּא וְשָׁם אַרְמוֹן גָּדוֹל
שֶׁקּוֹרִין אוֹתוֹ דַּאר אַל מַרַאפְתַאן*) וְהוּא
אַרְמוֹן שֶׁאוֹסְרִים בּוֹ כָּל הַמְּשׁוּגָּעִים
הַנִּמְצָאִים בְּקַיִץ וְאוֹסְרִין כָּל אֶחָד וְאֶחָד 2
מֵהֶם בְּכַבְלֵי בַרְזֶל עַד שֶׁחוֹזְרִין לְדַעְתָּם
מַנִּיחִין אוֹתָם וְכָל אֶחָד וְאֶחָד הוֹלֵךְ
לְבֵיתוֹ כִּי בְּכָל־חֹדֶשׁ וְחֹדֶשׁ בּוֹדְקִין אוֹתָם
פְּקִידֵי הַמֶּלֶךְ אִם חוֹזְרִין לְדַעְתָּם מַתִּירִין
אוֹתָם וְהוֹלְכִים לְדַרְכָּם וְכָל זֶה עוֹשֶׂה
הַמֶּלֶךְ לִצְדָקָה לְכֹל הַבָּאִים לְעִיר בַּגְדַּאד
בֵּין חוֹלִים בֵּין מְשׁוּגָּעִים וְהַמֶּלֶךְ אִישׁ
חָסִיד וְכַוָּנָתוֹ לְטוֹבָה בְּזֶה הָעִנְיָן ׃ וְיֵשׁ
שָׁם בְּבַגְדַּאד כְּמוֹ אֶלֶף יְהוּדִים וְהֵם

*) אלמרסתן?

1 יוֹשְׁבִים בְּשַׁלְוָה וּבְהַשְׁקֵט וּבְכָבוֹד גָּדוֹל
תַּחַת יַד הַמֶּלֶךְ הַגָּדוֹל וּבֵינֵיהֶם חֲכָמִים
גְּדוֹלִים וְרָאשֵׁי יְשִׁיבוֹת מִתְעַסְּקִים בְּתוֹרַת
מֹשֶׁה וְשָׁם בָּעִיר עֶשֶׂר יְשִׁיבוֹת וְראשׁ
הַיְשִׁיבָה הַגְּדוֹלָה הָרַב רַבִּי שְׁמוּאֵל בֶּן
עֲלִי ראשׁ יְשִׁיבַת גָּאוֹן יַעֲקֹב׃ סְגַן הַלְוִיִּם ראשׁ
הַשְּׁנִיָּה׃ וְרַבִּי דָּנִיֵּאל ראשׁ הַיְשִׁיבָה
הַשְּׁלִישִׁית וְרַבִּי אֶלְעָזָר הֶחָבֵר ראשׁ
הַיְשִׁיבָה הָרְבִיעִית וְרַבִּי אֶלְעָזָר בֶּן צֶמַח ראשׁ
הַסֵּדֶר וְהוּא מְיוּחָס עַד שְׁמוּאֵל הַנָּבִיא
2 עָלָיו הַשָּׁלוֹם וְהוּא וְאֶחָיו יוֹדְעִים לְנַגֵּן
הַזְּמִירוֹת כְּמוֹ שֶׁהָיוּ הַמְשׁוֹרְרִים נוֹגְנִים
בִּזְמַן שֶׁבֵּית הַמִּקְדָּשׁ קַיָּם וְהוּא ראשׁ
הַיְשִׁיבָה הַחֲמִישִׁית׃ וְרַבִּי חֲסַדְיָה פְּאֵר
הַחֲבֵרִים ראשׁ הַיְשִׁיבָה הַשִּׁשִּׁית· וְרַבִּי
חַגַּי הַנָּשִׂיא ראשׁ הַשְּׁבִיעִית וְרַבִּי עֶזְרָא
ראשׁ הַיְשִׁיבָה הַשְּׁמִינִית׃ וְרַבִּי אַבְרָהָם
הַנִּקְרָא אַבּוּ טָאהִר ראשׁ הַיְשִׁיבָה
הַתְּשִׁיעִית וְרַבִּי זַכַּאי בֶּן בָּסְתְּנָאִי בַּעַל
הַסִּיּוּם ראשׁ הַיְשִׁיבָה הָעֲשִׂירִית הֵם הַנִּקְרָאִים

בַּטְלָנִים שֶׁאֵין מִתְעַסְּקִים בְּדָבָר אַחֵר 1
אֶלָּא בְּצָרְכֵי צִבּוּר וּבְכָל יְמֵי הַשָּׁבוּעַ הֵם
דָּנִין לְכָל אַנְשֵׁי הָאָרֶץ הַיְהוּדִים חוּץ מִיּוֹם
שֵׁנִי שֶׁבָּאִים כֻּלָּם לִפְנֵי הָרַב שְׁמוּאֵל רֹאשׁ
יְשִׁיבַת גְּאוֹן יַעֲקֹב וְעוֹמֵד עִם הָעֲשָׂרָה
בַּטְלָנִין רָאשֵׁי הַיְשִׁיבוֹת לָדוּן לְכָל הַבָּאִים
אֲלֵיהֶם וּבְרֹאשָׁם שֶׁל כֻּלָּם רַבִּי דָּנִיֵּאל בֶּן
חִסְדָּאִי הַנִּקְרָא רֹאשׁ גָּלוּת וְגַם*) אֲדוֹנֵינוּ
וְיֵשׁ לוֹ סֵפֶר הַיַּחַס עַד דָּוִד הַמֶּלֶךְ
וְקוֹרְאִים אוֹתוֹ הַיְּהוּדִים אֲדוֹנֵינוּ רֹאשׁ
הַגּוֹלָה וְיִשְׁמְעֵאלִים קוֹרְאִין אוֹתוֹ סַיִּדְנָא 2
בֶּן דָּוִד וְיֵשׁ לוֹ שְׂרָרָה גְּדוֹלָה עַל כָּל-
קְהִלּוֹת יִשְׂרָאֵל תַּחַת יַד אֶמִיר אַל מוּמֶנִין
אֲדוֹן הַיִּשְׁמְעֵאלִים כִּי כֵּן צִוָּה לְזַרְעוֹ**) וְעָשָׂה
לוֹ חוֹתָם עַל כָּל קְהִלּוֹת יִשְׂרָאֵל הַדָּרִים
תַּחַת יַד תּוֹרָתוֹ וְכַךְ צִוָּה לְכָל בַּר אִינַשׁ
יִשְׁמְעֵאלִים וִיהוּדִים אוֹ מִכָּל אוּמָּה שֶׁבְּכָל
מַלְכוּתוֹ שֶׁיָּקוּם לְפָנָיו וְיִתֵּן-לוֹ שָׁלוֹם וְכָל
מִי שֶׁלֹּא יָקוּם מִפָּנָיו מַלְקִין אוֹתוֹ מֵאָה
מַכּוֹת וְהוֹלְכִים עִמּוֹ פָּרָשִׁים מִן הַגּוֹיִם

*) C. ושם　　**) ליראו?

[1] וּמִן הַיְּהוּדִים בְּכָל יוֹם שֶׁהוּא הוֹלֵךְ לִרְאוֹת פְּנֵי הַמֶּלֶךְ הַגָּדוֹל וּמַכְרִיזִין לְפָנָיו עֲשׂוּ דֶּרֶךְ לַאֲדוֹנֵינוּ בֶּן דָּוִד כְּרָאוּי לוֹ אוֹמְרִים בִּלְשׁוֹנָם אַעְמְלוּא טַרִיק לַסַּאִידְנָא בֶּן דָּאוּד וְהוּא רוֹכֵב עַל סוּס וּמְלוּבָּשׁ בִּגְדֵי מֶשִׁי וְרִקְמָה וּמִצְנֶפֶת גָּדוֹל עַל רֹאשׁוֹ וְעַל הַמִּצְנֶפֶת סוּדָר לָבָן גָּדוֹל וְעַל הַסּוּדָר רְבִיד וְכָל קְהִלּוֹת אֶרֶץ שִׁנְעָר וּפָרָס וְכָרַסַּאן וּשְׁבָא הִיא אַלְיֶמֶן וְדִיַּאר בִּיךְ וְכָל אֶרֶץ אֲרַם נַהֲרַיִם וְאֶרֶץ קוּט [2] הַיּוֹשְׁבִים בְּהָרֵי אֲרָרָט וְאֶרֶץ אַלַנִּיָּה הִיא הָאָרֶץ הַמּוּקֶּפֶת הָרִים וְאֵין לָהֶם יְצִיאָה אֶלָּא שַׁעֲרֵי בַרְזֶל שֶׁעָשָׂה אַלֶכְּסַנְדְּרוֹס וְשָׁם הָאוּמָּה הַנִּקְרֵאת אַלָּאן וְאֶרֶץ סִיכְּבִיָּא*) וְכָל אֶרֶץ הַתּוֹגַרְמִים עַד הָרֵי אַסְנָה וְאֶרֶץ גְּרְגִּין**) עַד נְהַר גִּיחוֹן וְהֵם הַגִּרְגָּשִׁים וְהֵם בְּדַת הַנּוֹצְרִים וְעַד שַׁעֲרֵי הַמְּדִינוֹת וַאֲרָצוֹת טוֹבוֹת וְעַד אֶרֶץ הוֹדוּ רֹאשׁ הַגּוֹלָה נוֹתֵן לָהֶם רְשׁוּת בְּכָל הַקְּהִלּוֹת הָאֵלּוּ לָשׂוּם עַל כָּל־קָהָל וְקָהָל

*) C. סיכריא **) C. נרגנין

רַב וְחַזָּן כִּי הֵם בָּאִים אֵלָיו לָקַחַת[1] הַסְּמִיכָה וּרְשׁוּת וּמְבִיאִים לְפָנָיו דּוֹרוֹנוֹת וּמַתָּנוֹת מֵאַפְסֵי אָרֶץ ׃ וְיֵשׁ לוֹ פּוּנְדְּקָאוֹת וְגַנּוֹת וּפַרְדֵּסִים בְּבָבֶל וּנְחָלוֹת רַבּוֹת מְאֹד מִנַּחֲלַת אֲבוֹתָיו וְאֵין אָדָם רַשָּׁאִי לִגְזוֹל מִמֶּנּוּ כְּלוּם וְיֵשׁ לוֹ פּוּנְדְּקָאוֹת שֶׁל יְהוּדִים וּבַשְּׁוָוקִים וּבְסוֹחֲרֵי הָאָרֶץ מַס יָדוּעַ בְּכָל שָׁנָה וְשָׁנָה חוּץ מִמָּה שֶׁמְּבִיאִים מֵאֶרֶץ מֶרְחָק וְהָאִישׁ עָשִׁיר גָּדוֹל וְחָכָם בַּפָּסוּק וּבַתַּלְמוּד וְאוֹכְלִין עַל שׁוּלְחָנוֹ רַבִּים מִיִּשְׂרָאֵל בְּכָל יוֹם ׃ אֲבָל הָעֵת[2] שֶׁמְּקַיְּימִים רֹאשׁ הַגּוֹלָה הוּא מוֹצִיא מָמוֹן גָּדוֹל עַל הַמֶּלֶךְ וְעַל הַשָּׂרִים וְעַל הַסְּגָנִים. בַּיּוֹם שֶׁעוֹשֶׂה לוֹ הַמֶּלֶךְ הַסְּמִיכָה עַל הַשְּׂרָרָה וּמַרְכִּיבִים אוֹתוֹ בְּמִרְכֶּבֶת הַמִּשְׁנֶה אֲשֶׁר לַמֶּלֶךְ וּמְבִיאִים אוֹתוֹ מִבֵּית הַמֶּלֶךְ הַגָּדוֹל לְבֵיתוֹ בְּתוּפִּים וּבִמְחוֹלוֹת וְהוּא עוֹשֶׂה הַסְּמִיכָה לְאַנְשֵׁי הַיְשִׁיבָה ׃ וְהַיְּהוּדִים שֶׁבַּמְּדִינָה בָּהּ תַּלְמִידֵי חֲכָמִים וַעֲשִׁירִים גְּדוֹלִים וּבְעִיר בַּגְדַּאד שְׁמוֹנָה

[1] וְעֶשְׂרִים בָּתֵּי כְנֵסִיּוֹת לַיְּהוּדִים בֵּין בַּגְדַּאד וּבֵין אֵל כֹּרְךְ אֲשֶׁר מֵעֵבֶר חִדֶּקֶל כִּי הַנָּהָר חוֹלֵק אֶת הַמְּדִינָה וּכְנֵסִיָּה גְּדוֹלָה שֶׁל רֹאשׁ הַגּוֹלָה מִבִּנְיַן עַמּוּדֵי שַׁיִשׁ מִכָּל מִינֵי צְבָעִים מְצוּפִּים בְּזָהָב וּבְכֶסֶף וּבָעַמּוּדִים אוֹתִיּוֹת שֶׁל זָהָב בִּפְסוּקֵי תְּהִלִּים וְשָׁם לִפְנֵי הָאָרוֹן מַדְרֵגוֹת מֵאַבְנֵי שַׁיִשׁ כְּמוֹ עֲשָׂרָה וּבַמַּדְרֵגָה הָעֶלְיוֹנָה רֹאשׁ הַגּוֹלָה עִם נְשִׂיאֵי בֵּית דָּוִד ׃ וּמְדִינַת בַּגְדַּאד עִיר שְׁלשָׁה מִילִין גְּדוֹלָה בְּהַקָּפַת [2] הָעִיר וְהִיא אֶרֶץ תְּמָרִים וְגַנּוֹת וּפַרְדֵּסִים שֶׁאֵין כְּמוֹתָם בְּכָל אֶרֶץ שִׁנְעָר וּבָאִים אֵלֶיהָ בִּסְחוֹרָה מִכָּל הָאֲרָצוֹת וּבָהּ אֲנָשִׁים חֲכָמִים פִילוֹסוֹפִין בְּכָל חָכְמָה הַרְטוּמִים יוֹדְעִים בְּכָל מִינֵי כִשּׁוּף ׃ וּמִשָּׁם לְגַהְיַאגַן שְׁנֵי יָמִים וְהִיא רֶסֶן הָעִיר הַגְּדוֹלָה וּבָהּ כְּמוֹ חֲמִשָּׁה אֲלָפִים מִיִּשְׂרָאֵל וּבְתוֹכָהּ כְּנֶסֶת גְּדוֹלָה וְשָׁם קָבוּר* בְּבַיִת סָמוּךְ לַכְּנֶסֶת וְתַחַת קִבְרוֹ מְעָרָה קְבוּרִים בָּהּ שְׁנֵים עָשָׂר מִתַּלְמִידָיו ׃ וּמִשָּׁם יוֹם

לְבָבֶל הִיא בָּבֶל הַקַּדְמוֹנָה הַחֲרֵבָה וְהִיא [1]
מַהֲלַךְ שְׁלשִׁים מִילִין בִּרְחוֹבוֹתֶיהָ וַעֲדַיִן
אַרְמוֹן נְבוּכַדְנֶצַּר שָׁם חָרֵב וִירֵאִים בְּנֵי
אָדָם לִיכָּנֵס בּוֹ מִפְּנֵי הַנְּחָשִׁים וְהָעַקְרַבִּים
שֶׁיֵּשׁ בְּתוֹכוֹ ׃ וְקָרוֹב מִשָּׁם עֶשְׂרִים מִיל
יוֹשְׁבִים עֶשְׂרִים אֲלָפִים מִיִּשְׂרָאֵל מִתְפַּלְּלִין
בִּכְנֵסִיּוֹת וַעֲלִיַּית דָּנִיֵּאל עָלָיו הַשָּׁלוֹם הִיא
הַקְּדוּמָה שֶׁבָּנָה דָנִיֵּאל וְהִיא בְּנוּיָה אַבְנֵי
גָזִית וּלְבֵנִים וּבֵית הַכְּנֶסֶת וְאַרְמוֹן
נְבוּכַדְנֶצַּר אַתּוּן נוּרָא יָקִידְתָּא אֲשֶׁר
הוּשְׁלְכוּ שָׁם חֲנַנְיָה מִישָׁאֵל וַעֲזַרְיָה וְהוּא [2]
עֵמֶק יָדוּעַ לַכֹּל ׃ וּמִשָּׁם לְחִילָּה חֲמִשָּׁה
מִילִין וְשָׁם כְּמוֹ עֲשָׂרָה אֲלָפִים מִיִּשְׂרָאֵל
וּבָהּ אַרְבַּע בָּתֵּי כְנֵסִיּוֹת אַחַת שֶׁל רַבִּי
מֵאִיר וְהוּא קָבוּר לְפָנֶיהָ וְרַב זְעִירִי בַּר
חָמָא וְרַב מְאִירִי וּמִתְפַּלְּלִין שָׁם בְּכָל־יוֹם
יְהוּדִים ׃ וּמִשָּׁם אַרְבַּע מִילִין לַמִּגְדָּל
שֶׁבָּנוּ דוֹר הַפְּלָגָה וְהוּא בָּנוּי מִלְּבֵנִים
הַנִּקְרָאִים אַלְאַגוּר *) אוֹרֶךְ יְסוֹדוֹ כִּשְׁנֵי מִילִין
וּבְרָחְבּוֹ מָאתַיִם וְאַרְבָּעִים אַמָּה וְאָרְכּוֹ

*) .C לאגור .F לאגזר

[1] כְּמוֹ מֵאָה קָנִים וּבֵין עֶשְׂרָה וַעֲשָׂרָה אַמּוֹת דְּרָכִים שָׁם וּבָהֶם עוֹלִים בְּעִגּוּל וּמְסַבְּבִין עַד לְמַעְלָה וְרוֹאִים מִמֶּנָּה מַהֲלַךְ עֶשְׂרִים מִיל כִּי הָאָרֶץ רַחֲבַת יָדַיִם וּמִישׁוֹר וּבְתוֹכוֹ נָפְלָה אֵשׁ מִן הַשָּׁמַיִם וּבִקְעָה אוֹתוֹ עַד הַתְּהוֹם וּמִשָּׁם חֲצִי יוֹם לְנַפְּחָה וְשָׁם כְּמוֹ מָאתַיִם יְהוּדִים וְשָׁם כְּנֶסֶת רַבִּי יִצְחָק נַפְּחָא וְהוּא קָבוּר לְפָנֶיהָ׃ וּמִשָּׁם שְׁלֹשָׁה פַּרְסָאוֹת לִכְנֶסֶת יְחֶזְקֵאל הַנָּבִיא עָלָיו הַשָּׁלוֹם שֶׁעַל נְהַר פְּרָת וּבִמְקוֹם. [2] הַכְּנֶסֶת כְּנֶגְדּוֹ שִׁשִּׁים מִגְדָּלִים וּבֵין כָּל מִגְדָּל וּמִגְדָּל כְּנֶסֶת וּבַחֲצַר הַכְּנֶסֶת הַתֵּיבָה וְאַחֲרֵי הַכְּנֶסֶת קִבְרוֹ שֶׁל יְחֶזְקֵאל בֶּן בּוּזִי הַכֹּהֵן וְעָלָיו כִּיפָּה גְדוֹלָה וּבִנְיָן יָפֶה עַד מְאֹד מִבִּנְיַן יְכָנְיָה מֶלֶךְ יְהוּדָה וַחֲמִשָּׁה וּשְׁלֹשִׁים אֶלֶף יְהוּדִים שֶׁבָּאוּ עִמּוֹ כְּשֶׁהוֹצִיא אוֹתוֹ אֱוִיל מְרוֹדָךְ מִבֵּית הַכֶּלֶא וְזֶה הַמָּקוֹם עַל נְהַר כְּבָר מִצַּד וּמִצַּד אֶחָד נָהָר׃ וִיכָנְיָה וְכָל־הַבָּאִים עִמּוֹ חֲקוּקִים בַּכּוֹתֶל יְכָנְיָה בְּרֹאשׁ יְחֶזְקֵאל

בְּסוֹף וְאוֹתוֹ הַמָּקוֹם עַד הַיּוֹם הַזֶּה מִקְדָּשׁ [1]
מְעַט בָּאִים מֵאֶרֶץ מֶרְחָק שָׁם לְהִתְפַּלֵּל
מֵרֹאשׁ הַשָּׁנָה עַד יוֹם הַכִּפּוּרִים וְעוֹשִׂים
שָׁם שִׂמְחָה גְּדוֹלָה וְגַם רֹאשׁ הַגּוֹלָה
וְרָאשֵׁי יְשִׁיבוֹת בָּאִים שָׁם מִבַּגְדַּאד וְחוֹנִים
עַל פְּנֵי הַשָּׂדֶה שְׁנַיִם וְעֶשְׂרִים מִילִין
וּבָאִים שָׁם סוֹחֲרִים בְּנֵי עֲרָב וְשָׁם יְרִיד
גָּדוֹל הַנִּקְרָא פֵּירָא וּמוֹצִיאִין סֵפֶר גָּדוֹל
מִכְּתִיבַת יְחֶזְקֵאל הַנָּבִיא וְקוֹרִין בּוֹ בְּיוֹם
הַכִּפּוּרִים · וְעַל קִבְרוֹ שֶׁל יְחֶזְקֵאל
עֲשָׁשִׁית דּוֹלֶקֶת כָּל הַיּוֹם וְכָל הַלַּיְלָה מִיּוֹם [2]
שֶׁהֵאִיר אוֹתָהּ הוּא בְּעַצְמוֹ וְהוֹלְפִין
הַפְּתִילוֹת וּמוֹסִיפִין שֶׁמֶן עַד הַיּוֹם הַזֶּה
וְשָׁם בַּיִת גָּדוֹל שֶׁל הֶקְדֵּשׁ וְהוּא מָלֵא
סְפָרִים וּמִבַּיִת רִאשׁוֹן וּמִבַּיִת שֵׁנִי יֵשׁ שָׁם
סְפָרִים וְכָל שֶׁאֵין לוֹ בֵּן יַקְדִּישׁ סִפְרוֹ
לְשָׁם וּמְבִיאִין הַיְּהוּדִים הַבָּאִים לְהִתְפַּלֵּל
שָׁם מֵאֶרֶץ פָּרַס וּמָדַי נֶדֶר עַל עַצְמָם
אַנְשֵׁי הָאָרֶץ לִכְנֶסֶת יְחֶזְקֵאל הַנָּבִיא ·
וְגַם בְּנֵי גְּדוֹלֵי יִשְׁמָעֵאל בָּאִים לְהִתְפַּלֵּל

[1] שָׁם מֵרוֹב חִבָּתָם מִיְחֶזְקֵאל הַנָּבִיא עָלָיו הַשָּׁלוֹם וְקוֹרִין שְׁמוֹ דַּר מְלִיחָא וְכָל בְּנֵי עֵרֶב בָּאִים שָׁם לְהִתְפַּלֵּל וְשָׁם סָמוּךְ לַכְּנֶסֶת כַּחֲצִי מִיל קִבְרֵי חֲנַנְיָה מִישָׁאֵל וַעֲזַרְיָה · וְעַל כָּל־קֶבֶר וְקֶבֶר כִּפָּה גְדוֹלָה וְשַׁעַר הַחִירוּם אֵין אָדָם בָּעוֹלָם נוֹגֵעַ בְּקִבְרוֹ*) שֶׁל יְחֶזְקֵאל עָלָיו הַשָּׁלוֹם לְרָעָה לֹא בְּיִשְׁמְעֵאלִים וְלֹא בִּיהוּדִים וּמִשָּׁם שְׁלֹשָׁה מִילִין לְעִיר אַל קוֹצוֹנָאַת וּבָהּ כְּמוֹ שְׁלֹשׁ מֵאוֹת יְהוּדִים וְשָׁם קֶבֶר רַב פָּפָּא [2] וְרַב הוּנָא וְרַבִּי יוֹסֵף סִינַי וְרַב יוֹסֵף בַּר חָמָא וְלִפְנֵי כָּל אֶחָד וְאֶחָד כְּנֶסֶת וּמִתְפַּלְּלִין שָׁם יִשְׂרָאֵל בְּכָל־יוֹם וּמִשָּׁם לְעֵין שַׁפַּתָה שָׁלֹשׁ פַּרְסָאוֹת וְשָׁם קֶבֶר נַחוּם הָאֶלְקוֹשִׁי הַנָּבִיא עָלָיו הַשָּׁלוֹם · וּמִשָּׁם לִכְפַר לְפַרְס יוֹם וְשָׁם קֶבֶר רַבִּי חִסְדָּאִי וְרַבִּי עֲקִיבָה וְרַבִּי דוֹסָא ׃ וּמִשָּׁם חֲצִי יוֹם לִכְפַר מֵהַמִּדְבָּר וְשָׁם [קֶבֶר] רַבִּי דָּוִד וְרַבִּי יְהוּדָה וְרַבִּי קוּבְרֵידָה וְרַבִּי סְחוֹרָא וְרַבִּי אַבָּא ׃ וּמִשָּׁם יוֹם לִנְהַר לֵיגָא וְשָׁם

*) C. בעבורו

קִבְרוֹ שֶׁל צִדְקִיָּהוּ הַמֶּלֶךְ עָלָיו הַשָּׁלוֹם[1]
וְעָלָיו כִּיפָּה גְדוֹלָה וּמִשָּׁם לְעִיר קוּפָה
מַהֲלַךְ יוֹם וְשָׁם קִבְרוֹ שֶׁל יְכָנְיָה הַמֶּלֶךְ
בִּנְיָן גָּדוֹל וּכְנֶסֶת לְפָנָיו וְשָׁם כְּמוֹ שִׁבְעַת
אֲלָפִים יְהוּדִים ׃ וּמִשָּׁם יוֹם וְחֵצִי לְסוּרְיָא
הִיא מָתָא מְחַסְיָא שֶׁהָיוּ בָּהּ רָאשֵׁי גָלֻיּוֹת
וְרָאשֵׁי יְשִׁיבוֹת בַּתְּחִלָּה וְשָׁם [קֶבֶר] רַב שְׁרִירָא
וְרַבֵּינוּ הַאִיי בְּנוֹ וְרַבֵּינוּ סַעֲדְיָה אַל פַּיּוּמִי
וְרַב שְׁמוּאֵל בֶּן חָפְנִי הַכֹּהֵן וּצְפַנְיָהוּ בֶּן
כּוּשִׁי בֶּן גְּדַלְיָה הַנָּבִיא וְרַבִּים מֵרָאשֵׁי
הַגּוֹלָה נְשִׂיאֵי בֵּית דָּוִד וְרָאשֵׁי יְשִׁיבוֹת[2]
שֶׁהָיוּ שָׁם בַּתְּחִלָּה קוֹדֶם הָרְבָּנָה ׃ וּמִשָּׁם
שְׁנֵי יָמִים לְשַׁפִּיְתִיב וְשָׁם כְּנֶסֶת שֶׁבָּנוּ
יִשְׂרָאֵל מֵעֲפַר יְרוּשָׁלַיִם וּמֵאֲבָנֶיהָ וְקוֹרִין
אוֹתָהּ שַׁפִּיְתִיב אֲשֶׁר בִּנְהַרְדְּעָא ׃ וּמִשָּׁם
יוֹם וְחֵצִי לְאֶלְגְבַּר הִיא פּוּם בְּדִיתָא
אֲשֶׁר עַל-שְׂפַת פְּרָת וְשָׁם כְּמוֹ שְׁלֹשֶׁת
אֲלָפִים מִיִּשְׂרָאֵל וְשָׁם כְּנֶסֶת רַב וּשְׁמוּאֵל
וּבֵית מִדְרָשָׁם וְלִפְנֵיהֶם קִבְרֵיהֶם ׃ וּמִשָּׁם
דֶּרֶךְ מִדְבַּר אֶרֶץ שְׁבָא הַנִּקְרֵאת אֶרֶץ

[1] אַלְיֶמֶן לְצַד שֶׁנִּגְעַר כְּנֶגֶד הַצָּפוֹן מַהֲלַךְ
אֶחָד וְעֶשְׂרִים יוֹם בַּמִּדְבָּרוֹת וְשָׁם חוֹנִים
הַיְּהוּדִים הַנִּקְרָאִים בְּנֵי רֵיכָב אַנוּשׁ*) תֵּימָא
וּבְתֵימָא רֹאשׁ הַמֶּמְשָׁלָה שֶׁלָּהֶם וְשָׁם
רַבִּי חָנָן הַנָּשִׂיא מוֹשֵׁל עֲלֵיהֶם וְהִיא עִיר
גְּדוֹלָה וּמַהֲלַךְ אַרְצָם שִׁשָּׁה עָשָׂר יוֹם
בֵּין הֶהָרִים הָרֵי צָפוֹן וְיֵשׁ לָהֶם עָרִים
גְּדוֹלוֹת וּבְצוּרוֹת וְאֵין לָהֶם עוֹל גּוֹיִם
עֲלֵיהֶם וְהוֹלְכִים לִשְׁלוֹל שָׁלָל וְלָבוֹז בַּז
לְאֶרֶץ מֶרְחָק עִם**) בְּנֵי עֲרָב שְׁכֵנֵיהֶם בַּעֲלֵי
[2] בְרִיתָם וְהֵם בְּנֵי עֲרָב הַחוֹנִים-בְּאָהֳלֵיהֶם
דֶּרֶךְ מִדְבַּר אַרְצָם וְאֵין לָהֶם בָּתִּים
וְהוֹלְכִים לִשְׁלוֹל שָׁלָל וְלָבוֹז בַּז בְּאֶרֶץ
אַלְיֶמֶן וְכָל שְׁכֵנֵי הַיְּהוּדִים מְפַחֲדִים מֵהֶם
וּבָהֶם עוֹבְדֵי אֲדָמָה וּבַעֲלֵי מִקְנֶה וְאַרְצָם
רַחֲבַת יָדַיִם · וְנוֹתְנִים עִשּׂוּר מִכָּל אֲשֶׁר
לָהֶם לְתַלְמִידֵי חֲכָמִים הַיּוֹשְׁבִים תָּמִיד
בְּבֵית הַמִּדְרָשׁ וְלַעֲנִיֵּי יִשְׂרָאֵל וְלִפְרוּשֵׁיהֶם
אֲבֵלֵי צִיּוֹן וַאֲבֵלֵי יְרוּשָׁלַיִם אֵין אוֹכְלִים
בָּשָׂר וְאֵין שׁוֹתִים יַיִן וְהֵם לוֹבְשִׁים בְּגָדִים

*) אנשי? **) C. עד

שְׁחוֹרִים וְהֵם יוֹשְׁבִים בִּמְעָרוֹת אוֹ בְּבָתִּים 1
גְּרוּעִים וּמִתְעַנִּין כָּל יְמֵי הַיֵּיהֶם חוּץ מִן
הַשַּׁבָּתוֹת וְיָמִים טוֹבִים וּמְבַקְּשִׁים תָּמִיד
רַחֲמִים לִפְנֵי הַשֵּׁם עַל גָּלוּת יִשְׂרָאֵל
שֶׁיְּרַחֵם עֲלֵיהֶם בַּעֲבוּר שְׁמוֹ הַגָּדוֹל וְגַם [עַל]
כָּל הַיְּהוּדִים אַנְשֵׁי אֶרֶץ תֵּימָא וְטִילְמַאס
שֶׁיֵּשׁ בָּהּ כְּמוֹ מֵאָה אֶלֶף יְהוּדִים וְשָׁם
שַׁלְמוֹן הַנָּשִׂיא וְאָחִיו חָנָן הַנָּשִׂיא וְהֵם
מִזֶּרַע דָּוִד הַמֶּלֶךְ עָלָיו הַשָּׁלוֹם כִּי כְּתָב
הַיַּחַס יֵשׁ לָהֶם וּמְשַׁגְּרִים*) שְׁאֵלוֹת לְרֹאשׁ
הַגּוֹלָה קְרוּעֵי בְגָדִים וּמִתְעַנִּים אַרְבָּעִים 2
יוֹם בַּשָּׁנָה עַל כָּל הַיְּהוּדִים הַיּוֹשְׁבִים
בַּגָּלוּת וְיֵשׁ שָׁם כְּמוֹ אַרְבָּעִים מְדִינוֹת
וּמָאתַיִם כְּפָרִים וּמֵאָה כְּרַכִּים וְרֹאשׁ
הַמְּדִינָה תֵּנָאִים וְשָׁם בְּכָל הַמְּדִינוֹת הָאֵלּוּ
כְּמוֹ שְׁלֹשׁ מֵאוֹת אֶלֶף יְהוּדִים וְהִיא עִיר
בְּצוּרָה מְאֹד כִּי בְּתוֹכָהּ זוֹרְעִים וְקוֹצְרִים
וְהִיא מַהֲלַךְ חֲמִשָּׁה עָשָׂר מִילִין בְּאוֹרֶךְ
וַחֲמִשָּׁה עָשָׂר בְּרוֹחַב וְשָׁם אַרְמוֹן הַנָּשִׂיא
סַלְמוֹן וְהִיא עִיר יָפָה עַד מְאֹד וּבָהּ גַּנּוֹת

*) .C ומשגרות

[1] וּפַרְדֵּסִים ׃ וְטִילְמַאס כְּמוֹ בֶּן הִיא עִיר גְּדוֹלָה וּבָהּ כְּמוֹ מֵאָה אֶלֶף יְהוּדִים וְהִיא בְּצוּרָה מְאֹד יוֹשֶׁבֶת בֵּין שְׁנֵי הֶהָרִים גְּבוֹהִים וְשָׁם אֲנָשִׁים חֲכָמִים וּנְבוֹנִים וּבֵינֵיהֶם עֲשִׁירִים וּמִטִּילְמַאס לְכַיְבַּר שְׁלֹשָׁה יָמִים וְאוֹמְרִים בְּנֵי אָדָם שֶׁהֵם שֵׁבֶט רְאוּבֵן וְגָד וַחֲצִי שֵׁבֶט מְנַשֶּׁה שֶׁשָּׁבָם שַׁלְמַנְאֶסֶר מֶלֶךְ אַשּׁוּר וְהָלְכוּ שָׁם וּבָנוּ הֶעָרִים הָאֵלֶּה גְּדוֹלוֹת וּבְצוּרוֹת וְנִלְחָמִים בְּכָל הַמַּמְלָכוֹת וְאֵין אָדָם יָכוֹל [2] לִיכָּנֵס אֲלֵיהֶם שְׁמֹנָה עָשָׂר יוֹם הוֹלְכִים בַּמִּדְבָּרוֹת בְּלֹא יִשּׁוּב (וְאֵין לִיכָּנֵס עֲלֵיהֶם) וְכַיְבַּר עִיר גְּדוֹלָה מְאֹד וְשָׁם כְּמוֹ חֲמִשִּׁים אֶלֶף מִיִּשְׂרָאֵל וּבָהּ תַּלְמִידֵי חֲכָמִים וַאֲנָשִׁים גִּבּוֹרִים עוֹרְכֵי מִלְחָמָה עִם בְּנֵי שִׁנְעָר וְאֶרֶץ צָפוֹן וְאֶרֶץ אַלְיֶמֶן הַקְּרוֹבִים אֲלֵיהֶם שֶׁהִיא תְּחִלַּת אֶרֶץ הוֹדוּ וּמֵאַרְצָם דֶּרֶךְ חֲמִשָּׁה וְעֶשְׂרִים יוֹם לַנָּהָר וִירָאָה אֲשֶׁר בְּאֶרֶץ אַלְיֶמֶן ׃ וְשָׁם כְּמוֹ שְׁלֹשֶׁת אֲלָפִים מִיִּשְׂרָאֵל ׃ וּמִשָּׁם שִׁבְעָה יָמִים

לְנַאסֶט*) וְשָׁם כְּמוֹ עֲשָׂרָה אֲלָפִים מִיִּשְׂרָאֵל [1]
וּבֵינֵיהֶם רַב נְדַיין · וּמִשָּׁם מַהֲלַךְ חֲמִשָּׁה
יָמִים לְבוֹצְרָה הַיּוֹשֶׁבֶת עַל נְהַר חִדֶּקֶל
וּבָהּ כְּמוֹ אַלְפַּיִם מִיִּשְׂרָאֵל וּבֵינֵיהֶם
תַּלְמִידֵי חֲכָמִים וַעֲשִׁירִים הַרְבֵּה ׀ וּמִשָּׁם
שְׁנֵי יָמִים לִנְהַר סַמּוֹרָה הִיא תְּחִלַּת
אֶרֶץ פָּרַס וּבָהּ כְּמוֹ אֶלֶף וַחֲמֵשׁ מֵאוֹת
יְהוּדִים וְשָׁם קִבְרוֹ שֶׁל עֶזְרָא הַסּוֹפֵר
הַכֹּהֵן שֶׁהָלַךְ מִירוּשָׁלַיִם אֶל אַרְתַּחְשַׁשְׁתָּא
הַמֶּלֶךְ וּמֵת שָׁם וְעָשׂוּ לִפְנֵי קִבְרוֹ כְּנֶסֶת
גְּדוֹלָה וּמִצַּד אַחֵר הַיִּשְׁמְעֵאלִים עָשׂוּ בֵּית [2]
הַתְּפִלָּה מֵרוֹב חִבָּתָם בּוֹ וְאוֹהֲבִים אֶת
הַיְּהוּדִים מִפְּנֵי זֶה בָּאִים הַיִּשְׁמְעֵאלִים
לְהִתְפַּלֵּל ׀ וּמִשָּׁם אַרְבַּע מִילִין לְכוּזִסְתַּאן
וְהִיא עֵילָם הַמְּדִינָה הַגְּדוֹלָה אֲבָל אֵינָהּ
מְיוּשֶׁבֶת כֻּלָּהּ כִּי הִיא חֲרֵבָה מִקְּצָתָהּ
וּבְתוֹךְ חָרְבוֹתֶיהָ שׁוּשַׁן הַבִּירָה וְהוּא
אַרְמוֹן הַמֶּלֶךְ אֲחַשְׁוֵרוֹשׁ וְיֵשׁ בּוֹ בִּנְיָן גָּדוֹל
וְיָפֶה מִיָּמִים קַדְמוֹנִים וּבָהּ שִׁבְעַת אֲלָפִים
יְהוּדִים וּבָהּ אַרְבַּע עָשָׂר בָּתֵּי כְנֵסִיּוֹת

*) לוואסט?

[1] וְלִפְנֵי הַכְּנֶסֶת הָאַחַת קִבְרוֹ שֶׁל דָּנִיֵּאל עָלָיו הַשָּׁלוֹם וּנְהַר חִדֶּקֶל *) חוֹלֵק אֶת הַמְּדִינָה וְהַגֶּשֶׁר בֵּינֵיהֶם וּבַצַּד הָאֶחָד שֶׁדָּרִים שָׁם הַיְּהוּדִים שָׁם הֵם הַשְּׁוָקִים וְשָׁם הַסְּחוֹרוֹת כֻּלָּם וְשָׁם יוֹשְׁבִים כָּל הָעֲשִׁירִים ׃ וְהַצַּד הָאַחֵר הֵם עֲנִיִּים מִפְּנֵי שֶׁאֵין בֵּינֵיהֶם שְׁוָקִים וְלֹא סְחוֹרָה וְלֹא גַנּוֹת וּפַרְדֵּסִים עַד שֶׁלָּבְשׁוּ קִנְאָה וְאָמְרוּ אֵין כָּל הָעוֹשֶׁר וְהַכָּבוֹד הַזֶּה אֲלֵיהֶם אֶלָּא בִּשְׁבִיל דָּנִיֵּאל הַנָּבִיא עָלָיו [2] הַשָּׁלוֹם שֶׁהוּא קָבוּר אֶצְלָם וְשָׁאֲלוּ לָהֶם לִקְבּוֹר דָּנִיֵּאל בְּתוֹכָם וְלֹא נְתָנוּהוּ אֲלֵיהֶם וְלֹא רָצוּ וְעָשׂוּ עִמָּהֶם מִלְחָמָה יָמִים רַבִּים (בֵּינֵיהֶם) עַד אֲשֶׁר קָצְרָה נַפְשָׁם וְעָשׂוּ פְּשָׁרָה בֵּינֵיהֶם שֶׁיִּהְיֶה אֲרוֹן דָּנִיאֵל שָׁנָה אַחַת מִצַּד זֶה וְשָׁנָה אַחֶרֶת מִצַּד זֶה וְעָשׂוּ כֵן וְנִתְעַשְּׁרוּ כֻּלָּם אֵלּוּ וְאֵלּוּ מִשְּׁנֵי הַצְּדָדִין עַד שֶׁבָּא לְשָׁם יוֹם אֶחָד סַנְגַר שָׁאה בֶּן שָׁאה הַמּוֹלֵךְ עַל כָּל מַלְכֵי פָרַס עַל חֲמִשָּׁה וְאַרְבָּעִים שֶׁהֵם תַּחַת יָדוֹ וְהוּא

*) אולי?

סוּלְטַאן אַל פּוֹרַס אַל כַּבִּיר בִּלְשׁוֹן עֲרָב [1]
וְהוּא הַמּוֹלֵךְ מִשַּׁעַר נְהַר סַמוֹרָה עַד עִיר
סַמַרְכַּנְת וְעַד נְהַר גּוֹזָן וְעַד מְדִינַת
נִיסַבּוּר וְכָל נְהַר גּוֹזָן וְעָרֵי מָדַי וְהָרֵי
חַפְתּוֹן וְעַד מְדִינוֹת טוּבוּת שֶׁיִּמָּצְאוּ שָׁם
בַּיְּעָרִים שֶׁלָּהּ חַיּוֹת שֶׁיֵּצֵא מֵהֶן הַמּוֹר
וּמֶמְשַׁלְתּוֹ מַהֲלַךְ אַרְבָּעָה חֳדָשִׁים וְאַרְבַּע
יָמִים וּבְבוֹאוֹ שָׁם הָאֵינְפֵּירַדוֹר הַגָּדוֹל הַזֶּה
סַנְגַּאר מֶלֶךְ פָּרַס וְרָאָה שֶׁמְּטַלְטְלִים
אֲרוֹנוֹ שֶׁל דָּנִיֵּאל מִצַּד אֶל צַד וְעוֹבְרִים
בַּגֶּשֶׁר יְהוּדִים וְיִשְׁמְעֵאלִים וְעַם רַב עִמּוֹ [2]
וְשָׁאַל מַה זֶּה וְהִגִּידוּ לוֹ כָּל-אֵלּוּ הַדְּבָרִים
אָמַר אֵין נָכוֹן לַעֲשׂוֹת זֶה הַבִּזָּיוֹן לְדָנִיֵּאל
אֶלָּא תְּמַדְּדוּ מִזֶּה וּמִזֶּה בְּשָׁוֶה וְתָשִׂימוּ
אֲרוֹנוֹ שֶׁל דָּנִיֵּאל בְּתוֹךְ אָרוֹן שֶׁל זְכוּכִית
וְתִתְלוּהוּ מִן הַגֶּשֶׁר בְּשַׁלְשְׁלָאוֹת שֶׁל בַּרְזֶל
בַּתָּוֶךְ וּבְאוֹתוֹ מָקוֹם תִּבְנוּ בֵּית הַכְּנֶסֶת
לְכָל בָּאֵי עוֹלָם מִי שֶׁיִּרְצֶה יָבֹא בָהּ
וְיִתְפַּלֵּל בֵּין יְהוּדִי בֵּין אֲרַמִּי וְעַד הַיּוֹם
הַזֶּה אֲרוֹנוֹ שֶׁל דָּנִיֵּאל תָּלוּי מִן הַגֶּשֶׁר

1 וְצִוָּה הַמֶּלֶךְ שֶׁלֹּא יָצוּד דַּיָּג בְּכָל הַנָּהָר
שִׁעוּר מִיל לְמַעְלָה וְשִׁעוּר מִיל לְמַטָּה
בִּשְׁבִיל כְּבוֹדוֹ שֶׁל דָּנִיֵּאל ׃ וּמִשָּׁם שְׁלֹשָׁה
יָמִים לְרוּבַדְבַּר*) וְשָׁם כְּמוֹ עֶשְׂרִים אֶלֶף
מִיִּשְׂרָאֵל וּבֵינֵיהֶם תַּלְמִידֵי חֲכָמִים
וַעֲשִׁירִים אֲבָל בְּגָלוּת הֵם יוֹשְׁבִים שָׁם ·
וּמִשָּׁם שְׁנֵי יָמִים לְנְהַר וַאנְת**) וְשָׁם כְּמוֹ
אַרְבָּעָה אֲלָפִים יְהוּדִים ׃ וּמִשָּׁם אַרְבַּע
יָמִים לְאֶרֶץ מוּלְחֵאת הֵם אוּמוֹת אֲשֶׁר
אֵינָן מַאֲמִינִים בְּדַת יִשְׁמָעֵאל וְיוֹשְׁבִים
2 בֶּהָרִים גְּדוֹלִים וְהֵם עוֹנִים לְזָקֵן שֶׁבְּאֶרֶץ
אַל כַּשִּׁישִׁין וּבֵינֵיהֶם אַרְבַּע קְהִלּוֹת
מִיִּשְׂרָאֵל וְיוֹשְׁבִין וְיוֹצְאִין עִמָּהֶם לַמִּלְחָמָה
וְאֵין עֲלֵיהֶם עוֹל מֶלֶךְ פָּרַס כִּי בֶּהָרִים
הַגְּבוֹהִים הֵם דָּרִים וְיוֹרְדִים מִן הֶהָרִים
לִשְׁלוֹל שָׁלָל וְלָבוֹז בַּז וְעוֹלִים לֶהָרִים וְאֵין
אָדָם יָכוֹל לְהִלָּחֵם עִמָּם וְהַיְּהוּדִים
שֶׁבָּאָרֶץ בֵּינֵיהֶם תַּלְמִידֵי חֲכָמִים וְהֵם
תַּחַת רְשׁוּת רֹאשׁ הַגּוֹלָה שֶׁבְּבָבֶל ׃ וּמִשָּׁם
חֲמִשָּׁה יָמִים לְעַמַרְיָה וְשָׁם כְּמוֹ חֲמִשָּׁה

*) רודבר?	**) לנ׳הלוואן?

וְעֶשְׂרִים אֶלֶף מִיִּשְׂרָאֵל וְהִיא תְּחִלַּת [1]
הַקְּהִלּוֹת הַדָּרִים בְּהָרֵי חַפְתּוֹן כִּי שָׁם
יוֹתֵר מִמֵּאָה קְהִלּוֹת מִיִּשְׂרָאֵל וְהִיא תְחִלַּת
אֶרֶץ מָדַי וְהֵם מִן הַגָּלוּת הָרִאשׁוֹן שֶׁהֶגְלָה
שַׁלְמַנְאֶסֶר הַמֶּלֶךְ וְהֵם מְדַבְּרִים בִּלְשׁוֹן
תַּרְגּוּם וּבֵינֵיהֶם תַּלְמִידֵי חֲכָמִים וְהֵם
שְׁכֵנִים לִמְדִינַת עַמַארִיָה יוֹם עַד מַלְכוּת
פָּרַס וּרְשׁוּת מֶלֶךְ פָּרַס עֲלֵיהֶם וְלוֹקֵחַ
מֵהֶם מַס עַל יַד פְּקִידוֹ וְהַמַּס שֶׁפּוֹרְעִין
בְּכָל מַלְכוּת יִשְׁמָעֵאל עַל כָּל אֶחָד וְאֶחָד
מִן הַזְּכָרִים מִבֶּן חָמֵשׁ עֶשְׂרֵה שָׁנָה [2]
וָמָעְלָה פּוֹרְעִין בְּכָל-שָׁנָה זָהוּב אֲמִירִי
שֶׁהוּא זָהוּב וּשְׁלִישׁ מוֹרַבֵּאטִין וְהַיּוֹם עֶשֶׂר
שָׁנִים קָם שָׁם אִישׁ אֶחָד וּשְׁמוֹ דָּוִד אֶל
רוֹאִי מֵעִיר עַמַארִיָה וְלָמַד לִפְנֵי רֹאשׁ
הַגּוֹלָה חִסְדָּאִי וְלִפְנֵי רֹאשׁ הַיְשִׁיבָה עֲלִי
גְּאוֹן יַעֲקֹב בִּמְדִינַת בַּגְדַּאד וְהָיָה גָּדוֹל
בְּתוֹרַת מֹשֶׁה וּבַהֲלָכָה וּבְתַלְמוּד וּבְכָל
חָכְמָה חִיצוֹנִית וּבִלְשׁוֹן יִשְׁמָעֵאל
וּבִכְתִיבָתָם וּבְסִפְרֵי הַחַרְטוּמִים וְהַמְכַשְּׁפִים

[1] וְעָלָה בְדַעְתּוֹ לְהָרִים יָד בְּמֶלֶךְ פָּרַס וּלְקַבֵּץ הַיְהוּדִים הַיּוֹשְׁבִים בְּהָרֵי חַפְתּוֹן וְלָצֵאת וּלְהִלָּחֵם בְּכָל הַגּוֹיִם וְלָלֶכֶת לִתְפּוֹשׂ יְרוּשָׁלַיִם וְהָיָה נוֹתֵן לַיְהוּדִים סִימָנִים בְּאוֹתוֹת שֶׁקֶר וְאוֹמֵר לָהֶם כִּי הַשֵּׁם שְׁלָחַנִי לִכְבּוֹשׁ יְרוּשָׁלַיִם וּלְהוֹצִיא אֶתְכֶם מִתַּחַת עוֹל הַגּוֹיִם וְהֶאֱמִינוּ בוֹ מִקְצָת יְהוּדִים וְקָרְאוּ אוֹתוֹ מְשִׁיחֵנוּ שָׁמַע מֶלֶךְ פָּרַס הַדָּבָר הַזֶּה שָׁלַח לָבֹא לְדַבֵּר עִמּוֹ וְהוּא הָלַךְ אֵלָיו בְּלֹא פַּחַד וּבְהִתְחַבְּרוֹ [2] עִמּוֹ אָמַר לוֹ הַאַתָּה הוּא מֶלֶךְ הַיְהוּדִים עָנָה וְאָמַר אָנִי מִיַּד נִכְנַס הַמֶּלֶךְ וְצִוָּה לְתָפְשׂוֹ וּלְהַשִּׂימוֹ בְּבֵית הַסּוֹהַר מְקוֹם אֲשֶׁר אֲסִירֵי הַמֶּלֶךְ אֲסוּרִים עַד יוֹם מוֹתָם בְּעִיר דַּבַּרְסְתָּאן אֲשֶׁר עַל נְהַר גּוֹזָן הוּא הַנָּהָר הַגָּדוֹל וּלְסוֹף שְׁלֹשָׁה יָמִים יָשַׁב הַמֶּלֶךְ לְדַבֵּר עִם שָׂרָיו וַעֲבָדָיו עַל דְּבַר הַיְהוּדִים אֲשֶׁר הֵרִימוּ יָד בַּמֶּלֶךְ וְהִנֵּה דָּוִד בָּא שֶׁהִתִּיר עַצְמוֹ מִבֵּית הַסּוֹהַר בְּלֹא רְשׁוּת בְּנֵי אָדָם וּבְעֵת שֶׁרָאָה אוֹתוֹ

הַמֶּלֶךְ אָמַר לוֹ מִי הֱבִיאֲךָ פֹּה אוֹ מִי [1]
הִתִּירְךָ אָמַר לוֹ חָכְמָתִי וְתַחְבּוּלוֹתַי כִּי
אֲנִי אֵינִי יָרֵא מִמְּךָ וְלֹא מִכָּל עֲבָדֶיךָ מִיַּד
צָעַק הַמֶּלֶךְ לֵאמֹר תִּפְשׂוּהוּ עָנוּ לוֹ עֲבָדָיו
וְאָמְרוּ לוֹ אֵין אָנוּ רוֹאִים אוֹתוֹ אֶלָּא
בִּשְׁמִיעַת קוֹל בִּלְבָד מִיַּד תָּמַה הַמֶּלֶךְ עַל
חָכְמָתוֹ וְעָנָה וְאָמַר לַמֶּלֶךְ הִנְנִי הוֹלֵךְ
לְדַרְכִּי וְהוּא הוֹלֵךְ וְהַמֶּלֶךְ הוֹלֵךְ אַחֲרָיו
וְכָל שָׂרֵי הַמֶּלֶךְ וַעֲבָדָיו הוֹלְכִים אַחֲרֵי
מַלְכָּם עַד בּוֹאָם אֶל שְׂפַת הַנָּהָר וְהוּא
לָקַח סוּדְרוֹ וּפָרַשׂ עַל־פְּנֵי הַמַּיִם וְעָבַר [2]
עָלָיו בְּאוֹתָהּ שָׁעָה רָאוּ אוֹתוֹ כָּל עַבְדֵי
הַמֶּלֶךְ שֶׁהָיָה עוֹבֵר בַּמַּיִם עַל סוּדְרוֹ וְרָדְפוּ
אַחֲרָיו בְּדוּגִיּוֹת וְאָמְרוּ כִּי אֵין מְכַשֵּׁף
בָּעוֹלָם כְּמוֹ זֶה וּבְאוֹתוֹ הַיּוֹם הָלַךְ מַהֲלַךְ
עֲשָׂרָה יָמִים עַד אַל עַמַּארִיָּה בְּשֵׁם
הַמְּפוֹרָשׁ וְהִגִּיד לַיְּהוּדִים כָּל אֲשֶׁר קָרָהוּ
וְתָמְהוּ כֻּלָּם עַל־חָכְמָתוֹ וְאַחַר כַּךְ שָׁלַח
מֶלֶךְ פָּרַס זֶה אֶל אֱמִיר אַלְמוּמֶנִין
כַּלִיפָה אֲשֶׁר בְּבַגְדַּאד אֲדוֹן הַיִּשְׁמְעֵאלִים

1 לְדַבֵּר עִם רֹאשׁ הַגּוֹלָה וְעִם רָאשֵׁי הַיְשִׁיבוֹת וְלִמְנוֹעַ אֶת־דָּוִד אֶל רוֹאִי מִלַּעֲשׂוֹת כַּדְּבָרִים הָאֵלֶּה וְאִם לַאו אֶהֱרוֹג אֶת כָּל הַיְּהוּדִים הַנִּמְצָאִים בְּכָל מַלְכוּתִי וּבָעֵת הַהִיא הָיְתָה צָרָה לְכָל הַקְּהִלּוֹת אֶרֶץ פָּרַס וְשָׁלְחוּ כְּתָבִים אֶל רֹאשׁ הַגּוֹלָה וְאֶל רָאשֵׁי הַיְשִׁיבוֹת שֶׁבְּבַגְדַּאד לָמָּה נָמוּת לְעֵינֵיכֶם גַּם אֲנַחְנוּ גַּם כָּל הַקְּהִלּוֹת אֲשֶׁר בַּמַּלְכוּת מִנְעוּ אֶת הָאִישׁ הַזֶּה וְלֹא יִשְׁפּוֹךְ דָּם נָקִי ׃ אָז כָּתְבוּ אֵלָיו רֹאשׁ הַגּוֹלָה
2 וְרָאשֵׁי הַיְשִׁיבוֹת דַּע לְךָ כִּי־ לֹא הִגִּיעַ זְמַן הַגְּאוּלָּה עֲדַיִן וְאוֹתוֹתֵינוּ לֹא רָאִינוּ כִּי לֹא בְכוֹחַ יִגְבַּר אִישׁ וְאָנוּ אוֹמְרִים לְךָ שֶׁתִּמְנַע עַצְמְךָ מֵעֲשׂוֹת עוֹד כַּדְּבָרִים הָאֵלּוּ וְאִם לַאו תִּהְיֶה מְנוּדֶּה מִכָּל יִשְׂרָאֵל מִיַּד שָׁלְחוּ (לוֹ) כְּמוֹ כֵן אֶל זַכַּאי הַנָּשִׂיא אֲשֶׁר בְּאֶרֶץ אַשּׁוּר וּלְרַבִּי יוֹסֵף הַחוֹזֶה הַמְכוּנֶּה בּוּרְהַן אַלְפֶלֶךְ אֲשֶׁר שָׁם לְשַׁגֵּר כְּתָבִים אֶל דָּוִד אֶל רוֹאִי וְעוֹד כָּתְבוּ הַנָּשִׂיא וְהַחוֹזֶה הַנִּזְכָּרִים כְּתָבִים אֵלָיו

לְזָרְזוֹ וּלְהַזְהִירוֹ וְלֹא קִבֵּל וְלֹא שָׁב מִדַּרְכּוֹ [1]
הָרָעָה עַד שֶׁקָּם מֶלֶךְ אֶחָד וּשְׁמוֹ זִין אַל
דִּין מֶלֶךְ תּוֹגַרְמִים עֶבֶד מֶלֶךְ פָּרַס וְשָׁלַח
בִּשְׁבִיל חָמִיו שֶׁל דָּוִד אֶל רוֹאִי וְנָתַן לוֹ
שׁוֹחַד עֲשֶׂרֶת אֲלָפִים זְהוּבִים לַהֲרוֹג אֶת
דָּוִד אֶל רוֹאִי בַּסֵּתֶר וְכֵן עָשָׂה בָּא אֶל
בֵּיתוֹ וְהוּא יָשֵׁן וַהֲרָגוֹ עַל מִטָּתוֹ וְנִתְבַּטְּלָה
עֲצָתוֹ וְתַחְבּוּלוֹתָיו וְלֹא שָׁב חֲמַת מֶלֶךְ
פָּרַס מֵעַל הַיְּהוּדִים אֲשֶׁר בָּהָר וַאֲשֶׁר
בְּאַרְצוֹ וּכְשֶׁרָאוּ כֵּן שָׁלְחוּ אֶל רֹאשׁ הַגּוֹלָה
לָבֹא בְּעֶזְרָתָם אֵצֶל מֶלֶךְ פָּרַס וַיָּבוֹא [2]
בִּדְבָרִים טוֹבִים וְדִבְרֵי פִּיּוּס וּפִיְּסוֹ
וְנִתְפַּיֵּס וְנָתַן לוֹ כְּמֵאָה כִּכָּרִים זָהָב
וַתִּשְׁקוֹט הָאָרֶץ אַחֲרֵי כֵן וְהֵמָּתוֹ שָׁכָכָה׃
וּמֵאוֹתוֹ הָהָר עַד חַמַּדַן מַהֲלַךְ עֲשָׂרָה
יָמִים הִיא מָדַי הָעִיר הַגְּדוֹלָה וְשָׁם כְּמוֹ
חֲמִשִּׁים אֶלֶף מִיִּשְׂרָאֵל וְשָׁם לִפְנֵי כְּנֶסֶת
אַחַת קְבוּרִים מָרְדְּכַי וְאֶסְתֵּר׃ וּמִשָּׁם
אַרְבָּעָה יָמִים עַד דַּבַּרְוְתַּאן וְיֵשׁ בָּהּ כְּמוֹ
אַרְבָּעָה אֲלָפִים יְהוּדִים עַל נְהַר גּוֹזָן ·

[1] וּמִשָּׁם שִׁבְעָה יָמִים לִמְדִינַת אִסְבַּהָאן הִיא הָעִיר הַגְּדוֹלָה וְהִיא עִיר הַמְּלוּכָה וְהִיא מַהֲלַךְ שְׁתֵּים עֶשְׂרֵה מִיל וּבָהּ כְּמוֹ חֲמִשָּׁה עָשָׂר אֶלֶף מִיִּשְׂרָאֵל וְשָׁם שַׂר שָׁלוֹם הָרַב שֶׁהָיָה מְמוּנֶּה עַל יַד רֹאשׁ הַגּוֹלָה וְעַל כָּל הַכְּרַכִּים אֲשֶׁר בְּכָל מַלְכוּת פָּרַס ׀ וּמִשָּׁם אַרְבָּעָה יָמִים לְשִׁירַאז הִיא פָּרַס הַמְּדִינָה וּבָהּ כְּמוֹ עֲשֶׂרֶת אֲלָפִים יְהוּדִים · וּמִשָּׁם שִׁבְעָה יָמִים לְגִיבַה הָעִיר הַגְּדוֹלָה שֶׁעַל שְׂפַת [2] נְהַר גּוֹזָן*) וּבָהּ כְּמוֹ שְׁמוֹנַת אֲלָפִים מִיִּשְׂרָאֵל וְאוֹתָהּ הָעִיר אֶרֶץ סְחוֹרָה בָּאִים אֵלֶיהָ בִּסְחוֹרָה מִכָּל לְשׁוֹנוֹת הַגּוֹיִם וְהִיא אֶרֶץ רַחֲבַת יָדַיִם · וּמִשָּׁם חֲמִשָּׁה יָמִים לְסַמַרְכַּנְתְּ הָעִיר הַגְּדוֹלָה אֲשֶׁר בִּקְצֵה הַמַּלְכוּת וְשָׁם כְּמוֹ חֲמִשִּׁים אֶלֶף מִיִּשְׂרָאֵל וְרַבִּי עוֹבַדְיָה הַנָּשִׂיא מְמוּנֶּה עֲלֵיהֶם וּבֵינֵיהֶם חֲכָמִים וַעֲשִׁירִים גְּדוֹלִים · וּמִשָּׁם אַרְבָּעָה יָמִים לְטוּבּוּת הִיא הַמְּדִינָה שֶׁנִּמְצָא הַמּוֹר בִּיעָרִים שֶׁלָּהּ · וּמִשָּׁם

*) גיחון?

מַהֲלַךְ שְׁמוֹנָה וְעֶשְׂרִים יוֹם לְהָרֵי כַּסְבִּין*) [1]
אֲשֶׁר עַל נְהַר גּוֹזָן וְיֵשׁ שָׁם אֲנָשִׁים
מִיִּשְׂרָאֵל בְּאֶרֶץ פָּרַס שֶׁהֵם מִשָּׁם
וְאוֹמְרִים כִּי בְּעָרֵי נִיסַבּוּר אַרְבָּעָה שְׁבָטִים
מִיִּשְׂרָאֵל שֵׁבֶט דָּן וְשֵׁבֶט זְבוּלֻן וְשֵׁבֶט
נַפְתָּלִי הַגּוֹלָה הָרִאשׁוֹנָה שֶׁהֶגְלָה
שַׁלְמַנְאֶסֶר מֶלֶךְ אַשּׁוּר כְּמוֹ שֶׁכָּתוּב**)
וַיַּגְלֵם בַּחְלַח וְחָבוֹר הָרֵי גוֹזָן הָרֵי מָדַי ·
וּמַהֲלַךְ אַרְצָם עֶשְׂרִים יוֹם וְיֵשׁ לָהֶם
מְדִינוֹת וּכְרַכִּים בֶּהָרִים מִצַּד אֶחָד מַקִּיף
אוֹתָם נְהַר גּוֹזָן וְאֵין עֲלֵיהֶם עוֹל גּוֹיִם כִּי [2]
אִם נָשִׂיא אֶחָד עֲלֵיהֶם וּשְׁמוֹ רַבִּי יוֹסֵף
אַמַרְכְּלָא הַלֵּוִי וּבֵינֵיהֶם תַּלְמִידֵי חֲכָמִים
וְזוֹרְעִים וְקוֹצְרִים וְהוֹלְכִים לַמִּלְחָמָה לְאֶרֶץ
כּוּת***) דֶּרֶךְ הַמִּדְבָּרוֹת וְיֵשׁ לָהֶם בְּרִית עִם
כּוֹפַּר אַל תּוּרַךְ שֶׁהֵם עוֹבְדֵי הָרוּחַ
וְחוֹנִים בַּמִּדְבָּרוֹת וְהִיא אוּמָּה שֶׁאֵינָם
אוֹכְלִים לֶחֶם וְלֹא שׁוֹתִים יַיִן כִּי אִם בָּשָׂר
חַי כְּמוֹת שֶׁהוּא בִּלְתִּי מְבוּשָּׁל וְהֵם בְּלִי****)

*) C. ניסבון **) ויגל את ישראל אשורה וישב אותם בחלח ובחבור נהר גוזן וערי מדי (מלכים ב׳ יז, ו. ושם יח, יא). ***) C. כוש ****) C. בעלי

1 אַפַּיִם וּבְמְקוֹם הָאַף יֵשׁ לָהֶם שְׁנֵי חוֹרִין קְטַנִּים שֶׁיּוֹצֵא מֵהֶם הָרוּחַ וְאוֹכְלִין כָּל בְּהֵמוֹת טְהוֹרוֹת וּטְמֵאוֹת וְהֵם אוֹהֲבֵי יִשְׂרָאֵל · וְהַיּוֹם שְׁמוֹנֶה עֶשְׂרֵה שָׁנָה כְּשֶׁבָּאוּ לְאֶרֶץ פָּרַס בְּחַיִל גָּדוֹל וְלָקְחוּ אֶת מְדִינַת רַאי וְהִכּוּ אוֹתָהּ לְפִי חֶרֶב וְלָקְחוּ אֶת כָּל שְׁלָלָהּ וְהָלְכוּ לָהֶם דֶּרֶךְ הַמִּדְבָּר וּמֵהַיּוֹם לְכַמָּה יָמִים לֹא נִרְאָה כַּדָּבָר הַזֶּה בְּכָל מַלְכוּת פָּרַס וּכְשֶׁשָּׁמַע מֶלֶךְ פָּרַס חָרָה אַפּוֹ עֲלֵיהֶם וְאָמַר לֹא
2 בִּימֵי אֲבוֹתַי יָצָא עָלַי חַיִל מֵהַמִּדְבָּר הַזֶּה וְעַתָּה אֵלֵךְ וְאַכְרוֹת אֶת־שְׁמָם מִן הָאָרֶץ וְהֶעֱבִיר קוֹל בְּכָל מַלְכוּתוֹ וְקִבֵּץ כָּל חַיָּלוֹתָיו וּבִקֵּשׁ תַּיָּר אֶחָד לְהַרְאוֹתוֹ מְקוֹם חֲנוֹתָם וְנִמְצָא לְשָׁם אִישׁ אֶחָד וְאָמַר לַמֶּלֶךְ אֲנִי אַרְאֶה לְךָ מְקוֹמָם כִּי אֲנִי מֵהֶם וְנָדַר לוֹ הַמֶּלֶךְ לְהַעֲשִׁירוֹ אִם יַרְאֶה לוֹ וְאִם יַעֲשֶׂה הַדָּבָר הַזֶּה אָמַר לוֹ הַמֶּלֶךְ כַּמָּה אָנוּ צְרִיכִין הוֹצָאָה לַדֶּרֶךְ הַזֶּה וְלַמִּדְבָּר הַגָּדוֹל הַזֶּה אָמַר לָהֶם

קְחוּ לֶחֶם וּמַיִם לַחֲמִשָּׁה עָשָׂר יוֹם כִּי לֹא [1]
תִמְצְאוּ שׁוּם מִחְיָה עַד אַרְצָם וְכֵן עָשׂוּ
וְהָלְכוּ בַּמִּדְבָּר דֶרֶךְ חֲמִשָּׁה עָשָׂר יָמִים
וְלֹא מָצְאוּ כְלוּם וְלֹא נִשְׁאַר בְּיָדָם מִחְיָה
אֶלָּא דָבָר מוּעָט עַד שֶׁהִתְחִילוּ לָמוּת
הָאָדָם וְהַבְּהֵמָה אֲשֶׁר עִמָּם וַיִּקְרָא הַמֶּלֶךְ
לַתַּיָּר וַיֹּאמֶר לוֹ אַיֵּה דְבָרֶיךָ שֶׁהִבְטַחְתָּנוּ
לִמְצוֹא אֶת אוֹיְבֵינוּ וַיַּעַן וַיֹּאמֶר לוֹ תָּעִיתִי
בַּדֶּרֶךְ וַיִּחַר אַפּוֹ וַיְצַו לְהַתִּיז אֶת רֹאשׁוֹ
וְצִוָּה הַמֶּלֶךְ בְּכָל מַחֲנֵהוּ כָּל אָדָם שֶׁיֵּשׁ
לוֹ שׁוּם מִחְיָה לַחֲלוֹק יַחֲלוֹק עִם חֲבֵרוֹ [2]
וְאָכְלוּ מַה שֶּׁבְּיָדָם וְגַם הַבְּהֵמוֹת וְהָלְכוּ
בַּמִּדְבָּר עֲדַיִן שְׁלֹשָׁה עָשָׂר יָמִים עַד
שֶׁבָּאוּ אֶל הָרֵי נִיסַבּוּר*) וְהַיְּהוּדִים יוֹשְׁבִים שָׁם
וְהֵם בָּאוּ שָׁם (בַּיּוֹם) וְחָנוּ בְּגַנּוֹת וּפַרְדֵּסִים
וְעַל מַעְיְנוֹת הַמַּיִם אֲשֶׁר מִצַּד לִנְהַר גּוֹזָן
וְהַיָּמִים יְמֵי הַפֵּירוֹת וְאָכְלוּ וְהִשְׁחִיתוּ וְאֵין
אָדָם יוֹצֵא אֲלֵיהֶם אֲבָל הָיוּ רוֹאִים עַל
הֶהָרִים מְדִינוֹת וּמִגְדָּלִים הַרְבֵּה וְצִוָּה
הַמֶּלֶךְ לִשְׁנֵי אֲנָשִׁים מֵעֲבָדָיו לָלֶכֶת

*) כסבין?

[1] לִשְׁאוֹל מָה אוּמָּה יוֹשֶׁבֶת בֶּהָרִים וְלַעֲבוֹר אֲלֵיהֶם עַל כָּל פָּנִים בִּסְפִינוֹת אוֹ לָשׁוּט עַל פְּנֵי הַמַּיִם וְשָׁם מָצְאוּ (לְשָׁם) גֶּשֶׁר גָּדוֹל וְעָלָיו מִגְדָּלִים וּפֶתַח סָגוּר וְלִפְנֵי הַגֶּשֶׁר מֵאוֹתוֹ הַצַּד עִיר גְּדוֹלָה וְצָעֲקוּ לִפְנֵי הַגֶּשֶׁר עַד שֶׁבָּא לָהֶם אָדָם אֶחָד וְשָׁאַל לָהֶם מַה תִּרְצוּ אוֹ לְמִי אַתֶּם וְלֹא הֵבִינוּ עַד שֶׁבָּא הַתּוּרְגְּמָן שֶׁהָיָה יוֹדֵעַ לְשׁוֹנָם וְשָׁאַל אוֹתָם וְאָמְרוּ עַבְדֵי מֶלֶךְ פָּרַס אֲנַחְנוּ וּבָאנוּ לִשְׁאוֹל מִי אַתֶּם לְמִי אַתֶּם [2] עוֹבְדִים אָמְרוּ לָהֶם יְהוּדִים אֲנַחְנוּ אֵין עָלֵינוּ לֹא מֶלֶךְ וְלֹא שַׂר מִן הַגּוֹיִם אֶלָּא שַׂר אֶחָד יְהוּדִי · וְשָׁאֲלוּ אוֹתָם עַל דְּבַר הַכּוּמְרִים בְּנֵי גוּץ מִן כּוּפַר אַל תּוּרַךְ וְהֵם אָמְרוּ לָהֶם כִּי הֵם בַּעֲלֵי בְרִיתֵנוּ וְכָל הַמְבַקֵּשׁ רָעָתָם מְבַקֵּשׁ רָעָתֵינוּ וַיָּשׁוּבוּ שְׁנֵי הָאֲנָשִׁים הָאֵלֶּה וַיַּגִּידוּ לְמֶלֶךְ פָּרַס וַיִּפְחַד מֶלֶךְ פָּרַס פַּחַד גָּדוֹל וְיוֹם שֵׁנִי שָׁלְחוּ אֵלָיו לַעֲרוֹךְ עִמּוֹ מִלְחָמָה וְהוּא הֵשִׁיב לֹא בָאתִי לְהִלָּחֵם בָּכֶם כִּי בְכוּפַר

אַל תּוּרךְ אוֹיְבַי בָּאתִי לְהִלָּחֵם · וְאִם [1]
נִלְחָמִים אַתֶּם כִּי אֲנִי אֶקַּח נִקְמָתִי
וְאֶהֱרוֹג אֶת כָּל הַיְּהוּדִים אֲשֶׁר בְּכָל
מַלְכוּתִי כִּי אֲנִי יוֹדֵעַ כִּי אַתֶּם חֲזָקִים
מִמֶּנִּי בַּמָּקוֹם הַזֶּה אֲבָל אַתֶּם עֲשׂוּ עִמִּי
חֶסֶד שֶׁלֹּא לְהִלָּחֵם כִּי וְהַנִּיחוּ אוֹתִי עִם
כּוּפַר אַל תּוּרךְ אוֹיְבַי וְתִמְכְּרוּ לִי מָזוֹן
מַה שֶּׁאֲנִי צָרִיךְ לִי וּלְחַיָּלוֹתַי וְהַיְּהוּדִים
לָקְחוּ עֵצָה בֵּינֵיהֶם לְהִתְרַצּוֹת לְמֶלֶךְ פָּרַס
בִּשְׁבִיל הַיְּהוּדִים אֲשֶׁר בְּמַלְכוּתוֹ וְנִכְנַס
בְּאַרְצָם הוּא וְכָל חַיָּלוֹתָיו וַיֵּשֶׁב שָׁם חֲמִשָּׁה [2]
עָשָׂר יוֹם וְכִבְּדוּ אוֹתוֹ כָּבוֹד גָּדוֹל וְשָׁלְחוּ
כְּתָב לְכוּפַר אַל תּוּרךְ בַּעֲלֵי בְרִיתָם
וְהוֹדִיעוּם הַדָּבָר הַזֶּה וְהֵם עָמְדוּ כֻּלָּם עַל
מַעְבְּרוֹת הֶהָרִים בְּחַיִל כָּבֵד כָּל הַחוֹנִים
בַּמִּדְבָּר הַהוּא וּכְשֶׁיָּצָא מֶלֶךְ פָּרַס לְהִלָּחֵם
עִמָּהֶם עָרְכוּ אִתָּם מִלְחָמָה בַּדֶּרֶךְ וְנָסְעוּ*)
אַנְשֵׁי כּוּפַר אַל תּוּרךְ וְהָרְגוּ בְּחֵיל פָּרַס
חֲלָלִים רַבִּים וַיָּנָס מֶלֶךְ פָּרַס בִּמְתֵי מְעַט
אֶל אַרְצוֹ וּפָרָשׁ אֶחָד מֵעֲבָדָיו רִמָּה אֶת

*) וגברו?

[1] יְהוּדִי אֶחָד מֵהָאָרֶץ הַהִיא וּשְׁמוֹ רַבִּי משֶׁה וְהוֹצִיאוֹ מֵאוֹתָהּ הָאָרֶץ וּכְשֶׁהָיָה בְּאֶרֶץ פָּרַס כָּבַשׁ אוֹתוֹ לְעֶבֶד וְיוֹם אֶחָד מִיָּמִים בָּאוּ דּוֹרְכֵי קֶשֶׁת לִשְׂחוֹק לִפְנֵי הַמֶּלֶךְ וְלֹא נִמְצָא בְּכֻלָּם רוֹבֶה קַשָּׁת כְּרַבִּי משֶׁה שָׁאַל הַמֶּלֶךְ עַל יְדֵי תּוּרְגְּמָן וְהִגִּיד לוֹ אֵת אֲשֶׁר קָרָהוּ וְאֵיךְ רִמָּה אוֹתוֹ הַפָּרָשׁ הַהוּא מִיַּד עָשָׂה אוֹתוֹ הַמֶּלֶךְ בֶּן חוֹרִין וְהִלְבִּישׁ אוֹתוֹ בִּגְדֵי שֵׁשׁ וּמֶשִׁי וְנָתַן לוֹ מַתָּנוֹת וְאָמַר לוֹ אִם תִּרְצֶה לָשׁוּב [2] לְדָתֵנוּ וַאֲנִי אֶעֱשֶׂה עִמְּךָ חֶסֶד וְתִהְיֶה עָשִׁיר גָּדוֹל וּמְמוּנֶּה עַל כָּל בֵּיתִי עָנָה וְאָמַר לוֹ אֲדוֹנִי הַמֶּלֶךְ לֹא אוּכַל לַעֲשׂוֹת הַדָּבָר הַזֶּה אָז לְקָחוֹ הַמֶּלֶךְ וַיְשִׂימֵהוּ בְּבֵית הָרַב שַׂר שָׁלוֹם מִן קְהַל אִסְפַּהַאן וְנָתַן לוֹ הָרַב בִּתּוֹ לְאִשָּׁה וְהוּא רַבִּי משֶׁה זֶה סִפֵּר לִי אֶת כָּל הַדְּבָרִים הָאֵלֶּה ׀ וּמִשָּׁם חָזַרְתִּי לְאֶרֶץ כּוּזִסְתַּאן אֲשֶׁר עַל־שְׂפַת חִדֶּקֶל וּמִשָּׁם יוֹרֵד הַנָּהָר וְיוֹרֵד בְּיַם הוֹדוּ אֶל אִי אֶחָד נִקְרָא קִישׁ*) מַהֲלַךְ הָאִי

*) C. et F. נקרוקיש

שִׁשָּׁה יָמִים*) וְאֵין זוֹרְעִין שָׁם וְאֵין לָהֶם [1]
אֶלָּא מַעְיָן אֶחָד וְאֵין שָׁם בְּכָל הָאִי נָהָר
כִּי מֵימֵי גְשָׁמִים הֵם שׁוֹתִים וְתַגָּרִים בָּאִים
מֵאֶרֶץ הוֹדוּ וּמִן הָאִיִּים וְחוֹנִים שָׁם
בִּסְחוֹרָה וְאַנְשֵׁי אֶרֶץ שִׁנְעָר וְאַלְיֶמֶן וְאֶרֶץ
פָּרַס מְבִיאִים שָׁם כָּל בִּגְדֵי מֶשִׁי וְאַרְגָּמָן
וּפִשְׁתָּן פְּרוּקְטוֹן קַנָּבוּס מוֹךְ חִטִּים
וּשְׂעוֹרִים וְדוֹחַן וְשִׁפּוֹן וְכָל מִינֵי מַאֲכָל
וְכָל מִינֵי קִטְנִית וְעוֹשִׂין סְחוֹרָה אֵלּוּ עִם
אֵלּוּ כִּי אַנְשֵׁי הוֹדוּ מְבִיאִים שָׁם בְּשָׂמִים
לָרוֹב מְאֹד וְאַנְשֵׁי הָאִי סַרְסוּרִים בֵּינֵיהֶם [2]
וּמִזֶּה הַדָּבָר בִּלְבָד הוּא חַיֵּיהֶם וְיֵשׁ שָׁם
כְּמוֹ חָמֵשׁ מֵאוֹת יְהוּדִים · וּמִשָּׁם עֲשָׂרָה
יָמִים בַּיָּם עַד קַתִיפָה וְשָׁם חֲמֵשׁ אֲלָפִים
מִיִּשְׂרָאֵל וְשָׁם יִמָּצֵא הַבְּדוֹלַח וּבְאַרְבַּע
וְעֶשְׂרִים בְּנִיסָן יֵרֵד שָׁם מָטָר עַל פְּנֵי הַמַּיִם
וּמְקַבְּלִים הַשְּׁרָצִים הַמָּטָר הַהוּא וְנִסְגָּרִים
וְנוֹפְלִין לְתוֹךְ קַרְקַע הַיָּם וּבַחֲצִי תִּשְׁרִי
בָּאִין שָׁם (שְׁנֵי) בְּנֵי אָדָם לְקַרְקַע הַיָּם
בַּחֲבָלִים וּמְלַקְּטִים אֶת הַשְּׁרָצִים הָהֵם

*) מילין?

[1] וּמוֹצִיאִין אוֹתָם וּמְבַקְעִים אוֹתָם וּמוֹצִיאִין מִתּוֹכָם אַבְנֵי הַלָּלוּ ׃ וּמִשָּׁם מַהֲלַךְ שֶׁבַע יָמִים לְהָאוּלָם הוּא תְּחִלַּת מַלְכוּת עוֹבְדֵי הַשֶּׁמֶשׁ וְהֵם בְּנֵי כוּשׁ וְהֵם חוֹזִים בַּכּוֹכָבִים וְכוּלָם שְׁחוֹרִים וּבַעֲלֵי אֱמוּנָה בְּמַשָּׂא וּבְמַתָּן וּכְשֶׁיָּבוֹאוּ אֲלֵיהֶם הַתַּגָּרִים מֵאֶרֶץ מֶרְחָק וְנִכְנָסִין אֲלֵיהֶם בְּנָמָל נִכְנָסִין אֲלֵיהֶם שְׁלֹשָׁה סוֹפְרֵי הַמֶּלֶךְ וְכוֹתְבִים שְׁמָם וּמְבִיאִין אוֹתָם בְּפָנָיו וְהַמֶּלֶךְ מְקַבֵּל עַל עַצְמוֹ מָמוֹנָם שֶׁהִנִּיחוּ [2] אוֹתוֹ עַל פְּנֵי הַשָּׂדֶה בְּלֹא שׁוֹמֵר וְשָׁם פָּקִיד אֶחָד יוֹשֵׁב בַּחֲנוּת וְכָל אֲבֵדָה שֶׁיִּמְצָא אָדָם בְּכָל מָקוֹם יָבִיא אוֹתָהּ אֵלָיו וּבַעַל הָאֲבֵדָה יֹאמַר סִימָנֶיהָ וְיִתְּנֶנָּה לוֹ וְכֵן מִנְהָגוֹ בְּכָל מַלְכוּתוֹ מֵהַמֶּלֶךְ הַהוּא וּמִפֶּסַח עַד רֹאשׁ הַשָּׁנָה כָּל יְמֵי הַקַּיִץ חוֹם גָּדוֹל וּמִשָּׁלֹשׁ שָׁעוֹת מִן הַיּוֹם וּמַעְלָה מִתְחַבְּאִים בְּנֵי אָדָם כֻּלָּם בְּבָתֵּיהֶם עַד הָעֶרֶב וְאַחַר כָּךְ יוֹצְאִין וּמַדְלִיקִין נֵרוֹת בְּכָל הַשּׁוּקִים וְהַחוּצוֹת וְעוֹשִׂין מְלָאכָה

בְּלֵילוֹת כָּל הַלַּיְלָה כִּי בְּיוֹם לֹא יוּכְלוּ[1]
מֵרוֹב הַחוֹם הַגָּדוֹל וּבָאָרֶץ הַהִיא הוּא
הַפִּלְפֵּל שֶׁהֵם נוֹטְעִים הָאִילָנוֹת שֶׁלָּהֶם
עַל פְּנֵי הַשָּׂדֶה כָּל הָעִיר וְכָל אֶחָד וְאֶחָד
מֵהֶם יוֹדֵעַ פַּרְדֵּסוֹ וְאִילָנוֹת קְטַנּוֹת הֵן
וְהַפִּלְפֵּל לָבָן הוּא אֲבָל כְּשֶׁלּוֹקְטִין אוֹתוֹ
מְשִׂימִין אוֹתוֹ בְּאַגָּנוֹת וְנוֹתְנִין עָלָיו מַיִם
חַמִּים וּמְיַבְּשִׁין אוֹתוֹ לַשֶּׁמֶשׁ כְּדֵי שֶׁיִּתְחַזֵּק
וְיִתְקַיֵּם וְהוּא חוֹזֵר שָׁחוֹר וְשָׁם יִמָּצֵא
הַקָּנֶה וְהַזַּנְגְּבִיל וּמִינֵי בְשָׂמִים הַרְבֵּה
וְאַנְשֵׁי הָאָרֶץ הַהִיא אֵינָם קוֹבְרִים אֶת-[2]
מֵתֵיהֶם אֶלָּא חוֹנְטִים אוֹתָם בְּמִינֵי
בְשָׂמִים וּמְשִׂימִין אוֹתָם בְּסַפְסָלִים וּמְכַסִּין
אוֹתָם בִּסְדִינִים כָּל מִשְׁפָּחָה וּמִשְׁפָּחָה
לְבָד וּמִתְיַבֵּשׁ הַבָּשָׂר עִם הָעֲצָמוֹת וְהֵם
דּוֹמִים כִּבְנֵי אָדָם חַיִּים וּמַכִּירִין כָּל-אֶחָד
וְאֶחָד מֵהֶם אֲבוֹתָיו וְכָל מִשְׁפַּחְתּוֹ מֵהַיּוֹם
לְכַמָּה שָׁנִים וְהֵם עוֹבְדִים לַשֶּׁמֶשׁ וְיֵשׁ
לָהֶם בָּמוֹת גְּדוֹלוֹת בְּכָל-מָקוֹם חוּץ לָעִיר
כְּמַהֲלַךְ חֲצִי מִיל וּבַבֹּקֶר הֵם רָצִים

1 לִקְרַאת הַחַמָּה כִּי יֵשׁ בְּכָל בָּמָה כְּמוֹ
גַּלְגַּל חַמָּה עָשׂוּי בְּמִינֵי כְשׁוּף וּכְצֵאת
הַשֶּׁמֶשׁ חוֹזֶרֶת הַגַּלְגַּל בְּקוֹלוֹת גְּדוֹלוֹת
וְכָל אֶחָד וְאֶחָד מַחְתָּתוֹ בְּיָדוֹ מְקַטְּרִין
לַשֶּׁמֶשׁ אֲנָשִׁים וְנָשִׁים זֶה דַּרְכָּם כֶּסֶל לָמוֹ
וּבֵינֵיהֶם בְּכָל אֵלֶּה הַמְּקוֹמוֹת כְּמוֹ מֵאָה
יְהוּדִים בִּכְלַל הַמְּדִינוֹת וְכָל אַנְשֵׁי הָאָרֶץ
שְׁחוֹרִים וְהַיְּהוּדִים כְּמוֹ כֵן וְהֵן יְהוּדִים
טוֹבִים בַּעֲלֵי מִצְוֹת וּבֵינֵיהֶם תּוֹרַת מֹשֶׁה
וּנְבִיאִים וְדָבָר מוּעָט מִתַּלְמוּד וַהֲלָכָה ׃
2 וּמִשָּׁם שְׁנַיִם וְעֶשְׂרִים יוֹם לְאִיֵּי כַּנְדִּיג*) וְהֵם
שׁוֹכְנֵיהָ עוֹבְדֵי הָאֵשׁ הַנִּקְרָאִין דּוּרְזִיִּין**)
וּבֵינֵיהֶם שְׁלֹשָׁה וְעֶשְׂרִים אֲלָפִים יְהוּדִים
וְיֵשׁ לָהֶם לְדוּרְזִיִּין**) כּוּמָרִים בְּכָל מָקוֹם בְּבֵית
עֲבוֹדָה זָרָה שֶׁלָּהֶם וְאוֹתָם הַכּוּמָרִים
כַּשְּׁפָנִים גְּדוֹלִים אֵין כְּמוֹתָם בְּכָל הָאָרֶץ
בְּכָל מִינֵי כְשׁוּף וְלִפְנֵי הַבָּמָה שֶׁל בֵּית
תְּפִלָּתָם עֵמֶק גָּדוֹל וּמַדְלִיקִין כָּל יְמֵי עוֹלָם
שָׁם אֵשׁ גְּדוֹלָה וְקוֹרְאִין אוֹתָהּ אֱלָהוּתָא***)
וּמַעֲבִירִין בָּהּ בְּנֵיהֶם וְגַם מֵיתֵיהֶן

*) כנדי? **) C. et F. דוגביין ***) F. אלהיתא

1 מַשְׁלִיכִים בְּתוֹךְ הָאֵשׁ וְיֵשׁ שָׁם מֵהֶם
גְּדוֹלֵי הָאָרֶץ שֶׁנּוֹדְרִים עַצְמָן בְּחַיֵּיהֶן
לִישָּׂרֵף בָּאֵשׁ וּכְשֶׁהַנּוֹדֵר אוֹמֵר לִבְנֵי בֵיתוֹ
וְלִקְרוֹבָיו הִנֵּה נָדַרְתִּי עַל עַצְמִי לְהַשְׁלִיךְ
עַצְמִי בָּאֵשׁ בְּחַיַּי עוֹנִין לוֹ כֻּלָּם וְאוֹמְרִים
לוֹ אַשְׁרֶיךָ וְטוֹב לָךְ ׀ וּכְשֶׁיַּגִּיעַ יוֹם הַנֶּדֶר
עוֹשִׂים לוֹ מִשְׁתֶּה גָּדוֹל וְרוֹכֵב עַל סוּסוֹ
אִם הוּא עָשִׁיר וְאִם הוּא עָנִי הוֹלֵךְ בְּרַגְלָיו
עַד שְׂפַת הָעֵמֶק וּמַשְׁלִיךְ עַצְמוֹ בְּתוֹךְ
הָאֵשׁ וְכָל מִשְׁפַּחְתּוֹ מְרַנְּנִין בְּתוּפִּים
וּבִמְחוֹלוֹת עַד שֶׁיִּשָּׂרֵף כֻּלּוֹ וּלְקֵץ שְׁלֹשָׁה 2
יָמִים יָבוֹאוּ שְׁנַיִם מֵהַכּוֹמְרִים הָהֵם
מֵהַגְּדוֹלִים שֶׁבָּהֶם אֶל בֵּיתוֹ וְאֶל בָּנָיו
וְאוֹמְרִים לָהֶם תְּתַקְּנוּ הַבַּיִת כִּי הַיּוֹם יָבוֹא
אֲלֵיכֶם אֲבִיכֶם לְצַוּוֹת לָכֶם מַה תַּעֲשׂוּ
וְהֵם לוֹקְחִים עֵדִים מִן הָעִיר וְהִנֵּה הַשָּׂטָן
בָּא כִדְמוּתוֹ וּבָאִים אִשְׁתּוֹ וּבָנָיו וְשׁוֹאֲלִים
לוֹ הֵיאַךְ הוּא בְּאוֹתוֹ הָעוֹלָם וְהוּא אוֹמֵר
בָּאתִי עַד חֲבֵרַי וְלֹא קִבְּלוּנִי עַד שֶׁאֲשַׁלֵּם
הוֹבוֹתַי לִבְנֵי בֵיתִי וְלִשְׁכֵנַי וְהוּא עוֹשֶׂה

[1] צַוָּאָה וּמְחַלֵּק נְכָסָיו לְבָנָיו וּמְצַוֶּה לִפְרוֹעַ כָּל מַה שֶּׁהוּא חַיָּב לְכָל אָדָם וּלְקַבֵּל מִן בְּנֵי אָדָם מַה שֶּׁהֵם חַיָּבִים וְיִכְתְּבוּ הָעֵדִים צַוָּאָתוֹ · לֵילֵךְ לְדַרְכּוֹ וְאֵינָם רוֹאִים אוֹתוֹ כְּלוּם וְעַל פִּי הַשֶּׁקֶר וְהַמִּרְמָה הַזֹּאת וְהַכִּשּׁוּף הַזֶּה שֶׁעוֹשִׂין לָהֶם הַכּוֹמְרִים הָאֵלּוּ הֵם מִתְחַזְּקִים וְאוֹמְרִים כִּי אֵין כְּמוֹתָם בְּכָל הָאָרֶץ · וּמִשָּׁם לַעֲבוֹר לְאֶרֶץ אֶל צִין מַהֲלַךְ אַרְבָּעִים יוֹם וְהוּא קְצֵה הַמִּזְרָח וְיֵשׁ אוֹמְרִים כִּי שָׁם דֶּרֶךְ יָם [2] הוּא יָם הַנִּקְפָּא וּבְאוֹתוֹ יָם שׁוֹלֵט כּוֹכָב כְּסִיל שֶׁיּוֹצֵא שָׁם רוּחַ סְעָרָה לִפְעָמִים וְאֵין אָדָם סַפָּן יָכוֹל לֵילֵךְ עַל הַסְּפִינָה מִכּוֹבֶד הָרוּחַ עַד שֶׁמַּשְׁלִיךְ הָרוּחַ אֶת הַסְּפִינָה בְּאוֹתוֹ יָם הַנִּקְפָּא וְאֵינָהּ יְכוֹלָה לָזוּז מִמְּקוֹמָהּ וַאֲנָשִׁים יוֹשְׁבִים שָׁם עַד כְּלוֹת מִחְיָתָם אַחַר כַּךְ יָמוּתוּ וְכַמָּה סְפִינוֹת אוֹבְדוֹת בְּזֶה הָעִנְיָן אֲבָל בְּנֵי אָדָם לָמְדוּ חָכְמָה לְהִמָּלֵט מִן הַמָּקוֹם הָרַע הַזֶּה לוֹקְחִין עוֹרוֹת בְּנֵי בָקָר עִמָּהֶם וְאִם

יָבוֹא אוֹתוֹ הָרוּחַ וּמַשְׁלִיכָם בְּיָם הַנִּקְפָּא 1
יִקַּח הָעוֹר וְיִכָּנֵס בְּתוֹכוֹ וְסַכִּין אֶחָד בְּיָדוֹ
וְתוֹפֵר אֶת הָעוֹר מִבִּפְנִים כְּדֵי שֶׁלֹּא יִכָּנֵס
בּוֹ הַמַּיִם וּמַפִּיל עַצְמוֹ בְּתוֹךְ הַמַּיִם וְרוֹאֶה
אוֹתוֹ הַנֶּשֶׁר הַגָּדוֹל הַנִּקְרָא גְּרִיפַּו וְהוּא
סָבוּר שֶׁהִיא בְּהֵמָה יוֹרֵד וְלוֹקֵחַ אוֹתוֹ
וּמוֹצִיאוֹ לַיַּבָּשָׁה וְחוֹנֶה עָלָיו בְּהַר [אוֹ] עֵמֶק
לֶאֱכוֹל אוֹתוֹ וּמְמַהֵר הָאָדָם וּמַכֶּה אוֹתוֹ
בְּסַכִּין וְהוֹרְגוֹ וְיוֹצֵא מִן הָעוֹר וְהוֹלֵךְ עַד
שֶׁמַּגִּיעַ לְיִשּׁוּב וְהַרְבֵּה בְּנֵי אָדָם נִיצָּלִין
בְּעִנְיָן זֶה׃ וּמִשָּׁם שְׁלֹשָׁה יָמִים אֶל גִּינְגַלֶּה 2
מַהֲלַךְ חֲמִשָּׁה עָשָׂר יָמִים דֶּרֶךְ יָם וְשָׁם
כְּמוֹ אֶלֶף מִיִּשְׂרָאֵל · וּמִשָּׁם לְכוּלָן שִׁבְעָה *)
יָמִים דֶּרֶךְ יָם וְאֵין שָׁם יִשְׂרָאֵל · וּמִשָּׁם
שְׁנֵים עָשָׂר יָמִים לְזַבִּיד וְשָׁם יְהוּדִים
מְעַטִּים · וּמִשָּׁם שְׁמוֹנָה יָמִים לְהוֹדוּ
אֲשֶׁר בַּיַּבָּשָׁה הַנִּקְרָא בַּעֲדֶן וְהִיא עֵדֶן
אֲשֶׁר בִּתְלַשָּׂר וּבָהּ הָרִים גְּדוֹלִים וְשָׁם
מִיִּשְׂרָאֵל הַרְבֵּה וְאֵין עֲלֵיהֶם עוֹל גּוֹיִם
וְלָהֶם עָרִים וּמִגְדָּלִים בְּרָאשֵׁי הֶהָרִים

*) שבעה עשר — שבעים?

[1] וְיוֹרְדִים לְאֶרֶץ הַמַּעֲטוֹם הַנִּקְרָאת נוּבְיָא*) הִיא מֶמְשֶׁלֶת אֱדוֹם וְהֵם הַנּוּבִים**) אֲשֶׁר בְּאֶרֶץ נוּבִיָּא*) וְנִלְחָמִים עִמָּהֶם הַיְּהוּדִים וְלוֹקְחִין שָׁלָל וּבִזָּה וְעוֹלִין אֶל הֶהָרִים וְאֵין אָדָם יָכוֹל לְהִלָּחֵם עִמָּהֶם וּבָאִים שָׁם מֵאוֹתָם הַיְּהוּדִים אֲשֶׁר בְּאֶרֶץ עַדְאַן רַבִּים לְאֶרֶץ פָּרַס וְאֶרֶץ מִצְרַיִם · וּמִשָּׁם לְאֶרֶץ אַסְוּאַן מַהֲלַךְ עֶשְׂרִים יוֹם בְּמִדְבָּר שְׁבָא עַל נְהַר פִּישׁוֹן הַיּוֹרֵד מֵאֶרֶץ כּוּשׁ שֶׁיֵּשׁ לָהֶם מֶלֶךְ וְקוֹרְאִין אוֹתוֹ סוּלְטַאן אַל חֲבַשׁ
[2] וְיֵשׁ מֵהֶם קְצָת שֶׁהֵם כַּבְּהֵמוֹת לְכָל עִנְיְנֵיהֶם אוֹכְלִים הָעֲשָׂבִים עַל־שְׂפַת פִּישׁוֹן וְהוֹלְכִין בְּשָׂדוֹת עֲרוּמִּים וְאֵין לָהֶם דַּעַת כִּשְׁאָר בְּנֵי אָדָם שׁוֹכְבִין עִם אַחְיוֹתֵיהֶן וְעִם מִי שֶׁיִּמְצְאוּ וְהִיא אֶרֶץ חַמָּה מְאֹד וּכְשֶׁהוֹלְכִין אַנְשֵׁי אַסְוּאַן לִשְׁלוֹל שָׁלָל בְּאַרְצָם מוֹלִיכִין עִמָּהֶם לֶחֶם וְחִטִּים וְצִמּוּקִים וּתְאֵנִים וּמַשְׁלִיכִים אֲלֵיהֶם וְהֵם בָּאִים אַחֲרֵי הַמַּאֲכָל וּמְבִיאִין אוֹתָם שְׁבוּיִים וּמוֹכְרִין אוֹתָם בְּאֶרֶץ

*) .C לוביא **) .C הלובים

מִצְרַיִם וּבְכָל הַמַּמְלָכוֹת אֲשֶׁר סְבִיבוֹתֵיהֶם[1]
וְהֵם הָעֲבָדִים הַשְּׁחוֹרִים בְּנֵי חָם ׃
וּמֵאַסְוּאַן עַד חַלוּאַן שְׁנֵים עָשָׂר יוֹם וּבָהּ
כְּמוֹ שְׁלשׁ מֵאוֹת יְהוּדִים וּמִשָּׁם הוֹלְכִין
בְּשַׁיָּרוֹת מַהֲלַךְ חֲמִשִּׁים יוֹם דֶּרֶךְ מִדְבָּר
הַנִּקְרָא אַל צַחְרָא לִמְדִינַת זְוִילָא הִיא
חֲוִילָה בְּאֶרֶץ גַּאנַה וּבְאוֹתוֹ הַמִּדְבָּר יֵשׁ
הָרֵי חוֹל וּבְעֵת שֶׁיָּקוּם הָרוּחַ מְכַסֶּה
הַשַּׁיָּרוֹת בְּחוֹל וּמֵתִים כּוּלָּם בְּתוֹךְ הַחוֹל
וְהַנִּצָּלִים מֵהֶם מוֹלִיכִין עִמָּהֶם בַּרְזֶל
וּנְחשֶׁת וּמִינֵי פֵּרוֹת וּמִינֵי קִטְנִית וּמֶלַח[2]
וּמְבִיאִים מִשָּׁם הַזָּהָב וְהַמַּרְגָּלִיּוֹת הַיְקָרוֹת
וְהִיא מֵאֶרֶץ כּוּשׁ הַנִּקְרֵאת אַלְחַבֶשׁ
מִיַּרְכְּתֵי מַעֲרָב ׃ וּמֵחַלוּאַן דֶּרֶךְ שְׁלשָׁה
עָשָׂר יָמִים לְקוּץ הַמְּדִינָה הִיא (רֹאשׁ)
תְּחִלַּת מִצְרַיִם וּבָהּ כְּמוֹ שְׁלשִׁים אֶלֶף
יְהוּדִים ׃ וּמִשָּׁם עַד פַּיּוּם חֲמִשָּׁה יָמִים
וְהִיא פִּיתוֹם וּבָהּ כְּמוֹ עֶשְׂרִים יְהוּדִים וְעַד
הַיּוֹם הַזֶּה נִרְאֶה שָׁם מִן הַבִּנְיָן שֶׁבָּנוּ
אֲבוֹתֵינוּ ׃ וּמִשָּׁם לְמִצְרַיִם אַרְבַּע יָמִים

[1] וְהִיא עִיר גְּדוֹלָה הַיּוֹשֶׁבֶת עַל־שְׂפַת נִילוּס
וְהוּא אַל נִיל וּבָהּ כְּמוֹ אַלְפַּיִם יְהוּדִים
וְשָׁם שְׁנֵי בָּתֵּי כְנֵיסִיּוֹת אַחַת לְאַנְשֵׁי אֶרֶץ
יִשְׂרָאֵל כְּנֵיסִיָּה אַל שַׁאמִיִּין וְאַחַת כְּנֶסֶת
אַנְשֵׁי בָּבֶל כְּנֵיסִיָּה אַל עִרַאקִיִּין*) וְאֵינָם
נוֹהֲגִים מִנְהָג אֶחָד בְּפָרָשִׁיּוֹת וּבִסְדָרִים
שֶׁל תּוֹרָה כִּי אַנְשֵׁי בָבֶל נוֹהֲגִים לִקְרוֹת
בְּכָל־שָׁבוּעַ פָּרָשָׁה כְּמוֹ שֶׁעוֹשִׂין בְּכָל
סְפָרָד וּבְכָל שָׁנָה מְסַיְּמִים אֶת הַתּוֹרָה
וְאַנְשֵׁי אֶרֶץ יִשְׂרָאֵל אֵינָם נוֹהֲגִים כַּךְ אֲבָל
[2] עוֹשִׂים מִכָּל פָּרָשָׁה שְׁלֹשָׁה סְדָרִים
וּמְסַיְּמִין אֶת הַתּוֹרָה לְסוֹף שָׁלֹשׁ שָׁנִים
וְיֵשׁ בֵּינֵיהֶם מִנְהָג וְתַקָּנָה לְהִתְחַבֵּר כֻּלָּם
וּלְהִתְפַּלֵּל בְּיַחַד בְּיוֹם שִׂמְחַת תּוֹרָה וְכֵן
בְּיוֹם מַתַּן תּוֹרָה וּבֵינֵיהֶם רַבִּי נְתַנְאֵל שַׂר
הַשָּׂרִים רֹאשׁ הַיְשִׁיבָה וְהוּא רֹאשׁ לְכָל
קְהִלּוֹת מִצְרַיִם לְהָקִים רַבָּנִים וְחַזָּנִין וְהוּא
מְשָׁרֵת פְּנֵי הַמֶּלֶךְ הַגָּדוֹל הַיּוֹשֵׁב בְּאַרְמוֹן
צוֹעַן מִצְרַיִם הַמְּדִינָה וְהִיא עִיר מְלוּכָה
לְכָל בְּנֵי עֲרָב וְשָׁם אֱמִיר אַל מוּמְנִין עָלָיו

*) C. עירחקיין

בֶּן אַבִּיטָאלֶב וְכָל בְּנֵי אַרְצוֹ נִקְרָאִים [1]
מוֹרְדִים אֲשֶׁר מָרְדוּ בְּאֶמִיר אַל מוּמֶנִין
אַל עַבָּאסִי הַיּוֹשֵׁב בְּבַגְדַּאד וּבֵינֵיהֶם
קִנְאָה עַד לְעוֹלָם וְהוּא הוֹשִׁיב כִּסְאוֹ
בְּצוֹעַן כִּי הוּא הַדּוֹמֶה לוֹ וְהוּא יוֹצֵא שְׁנֵי
פְּעָמִים בַּשָּׁנָה אַחַת בְּעֵת חַגָּם וְהַשֵּׁנִית
כְּשֶׁיּוֹצֵא נִילוּס הַנָּהָר וְצוֹעַן מוּקֶפֶת חוֹמָה
וּמִצְרַיִם אֵין לָהּ חוֹמָה כִּי הַיְאוֹר מְסַבֵּב
אוֹתָהּ מִצַּד אֶחָד וְהִיא עִיר גְּדוֹלָה וּבָהּ
שְׁוָקִים וּפוּנְדְּקָאוֹת וִיהוּדִים עֲשִׁירִים
הַרְבֵּה בָּהּ וְלֹא יֵרֵד שָׁם מָטָר וְלֹא קֶרַח [2]
וְלֹא שֶׁלֶג לֹא רָאוּ מֵעוֹלָם וְהָאָרֶץ חַמָּה
בְּיוֹתֵר וְהַיְאוֹר יוֹצֵא פַּעַם אַחַת בַּשָּׁנָה
בְּחֹדֶשׁ אֱלוּל וּמְכַסֶּה כָּל הָאָרֶץ וּמַשְׁקֶה אוֹתָהּ
מַהֲלַךְ חֲמִשָּׁה עָשָׂר יָמִים וְהַמַּיִם נִשְׁאָרִים
אֱלוּל וְתִשְׁרֵי עַל פְּנֵי הָאָרֶץ לְהַשְׁקוֹתָהּ
וּלְהַרְווֹתָהּ וְיֵשׁ לָהֶם עַמּוּד שֶׁל שַׁיִשׁ שֶׁבָּנוּ
שָׁם בְּחָכְמָה וְהוּא לִפְנֵי אִי אֶחָד בְּתוֹךְ
הַמַּיִם וְהוּא שְׁתֵּים עֶשְׂרֵה אַמּוֹת אָרְכּוֹ עַל
פְּנֵי הַמַּיִם וּבַשָּׁעָה שֶׁעוֹלֶה הַיְאוֹר וּמְכַסֶּה

[1] אוֹתוֹ יוֹדְעִים כִּי כְּבָר עָלָה וְכִסָּה אֶרֶץ
מִצְרַיִם מַהֲלַךְ חֲמִשָּׁה עָשָׂר יוֹם וְאִם כִּסָּה
חֲצִי הָעַמּוּד לֹא יְכַסֶּה כִּי אִם חֲצִי הָאָרֶץ
וּבְכָל יוֹם וְיוֹם מוֹדֵד אוֹתָם אָדָם אֶחָד
וּמַכְרִיז בְּצוֹעַן וּבְמִצְרַיִם וְאוֹמֵר תְּנוּ שֶׁבַח
לָאֵל כִּי עָלָה הַיְאוֹר כַּךְ וְכַךְ וּבְכָל־יוֹם
הוּא מוֹדֵד וּמַכְרִיז אִם מְכַסֶּה הַיְאוֹר
הָעַמּוּד כֻּלּוֹ יֵשׁ שׂוֹבַע גָּדוֹל בְּכָל אֶרֶץ
מִצְרַיִם וְהַיְאוֹר עוֹלֶה מְעַט מְעַט עַד
שֶׁמְּכַסֶּה הָאָרֶץ לִקְצֵה חֲמִשָּׁה עָשָׂר יוֹם ·
[2] וּמִי שֶׁיֵּשׁ לוֹ שָׂדֶה שׂוֹכֵר פּוֹעֲלִים וְחוֹפְרִין
לוֹ חֲפִירָה גְּדוֹלָה בְּשָׂדֵהוּ וּבָאִים הַדָּגִים
כַּעֲלוֹת הַמַּיִם נִכְנָסִים בַּחֲפִירוֹת וּבַשָּׁעָה
שֶׁיַּחְסְרוּ הַמַּיִם נִשְׁאָרִים הַדָּגִים בַּחֲפִירוֹת
וְלוֹקְחִין אוֹתָם בַּעֲלֵי הַשָּׂדוֹת וְאוֹכְלִים
וּמוֹכְרִים לַסּוֹחֲרִים שֶׁמּוֹלִיכִין אוֹתָם
מְמוּלָּחִין בְּכָל מָקוֹם וְהַדָּגִים שְׁמֵנִים מְאֹד
בְּיוֹתֵר וּגְדוֹלֵי הָאָרֶץ לוֹקְחִין מִן הַשּׁוּמַן שֶׁל
הַדָּגִים וּמַדְלִיקִין [בּוֹ] נֵרוֹתֵיהֶם (בָּאָרֶץ*) וְאִם
אָכַל אָדָם מֵאוֹתָם הַדָּגִים וְיִשְׁתֶּה אַחֲרֵיהֶם

*) בערב?

מִמֵּי הַיְאוֹר לֹא יַזִּיק לוֹ כִּי אוֹתָם הַמַּיִם 1
רְפוּאָה לָהֶם וְשׁוֹאֲלִין בְּנֵי אָדָם וְאוֹמְרִים
לָהֶם מִפְּנֵי מָה הִיא עֲלוֹת הַיְאוֹר וְאוֹמְרִים
אַנְשֵׁי מִצְרַיִם כִּי לְמַעְלָה בְּאֶרֶץ אַל חֲבֶשׁ
וְהִיא אֶרֶץ חֲוִילָה יוֹרֵד בָּהּ מָטָר הַרְבֵּה
בִּזְמַן עֲלוֹת הַיְאוֹר וּמְכַסֶּה פְּנֵי הָאָרֶץ
וּבְשָׁעָה שֶׁאֵין הַיְאוֹר עוֹלֶה אֵינָם זוֹרְעִים
וְהָרָעָב כָּבֵד בָּאָרֶץ וְהֵם זוֹרְעִין בְּמַרְחֶשְׁוָן
לְאַחַר שׁוּב הַיְאוֹר לִמְקוֹמוֹ וּבַאֲדָר
קוֹצְרִים הַשְּׂעוֹרִים וּבְנִיסָן הַחִטִּים · וּבְנִיסָן
יֵשׁ לָהֶם גּוּדְגְּדָנִיּוֹת וֶאֱגוֹזִים וְקִשּׁוּאִים 2
וּדְלוּעִים וַחֲרוּבִין וּפוּלִים וְגַלְבּוֹנִים וַאֲפוּנִים
וּמִינֵי יְרָקוֹת כְּגוֹן פַּרְפְּחָנִים וַרְבּוּזִנִים
וּקְטָפִים וַחֲזֶרֶת וְכוּסְבָּרֶת וְעוּלְשִׁין וּפְרוּחִים*)
וַעֲנָבִים וְהָאָרֶץ מְלֵאָה כָּל־טוּב וְהַגַּנּוֹת
וְהַפַּרְדֵּסִים מַשְׁקִין אוֹתָם מִמִּקְוֵה הַמַּיִם
וּמִמֵּי הַיְאוֹר כִּי הַיְאוֹר כְּשֶׁיָּבוֹא לְמִצְרַיִם
מִשָּׁם יִפָּרֵד לְאַרְבָּעָה רָאשִׁים שְׁבִיל
אֶחָד הוֹלֵךְ דַּמְיָאט הִיא כַּפְתּוֹר וְנוֹפֵל
שָׁם בַּיָּם · וּשְׁבִיל אַחֵר הוֹלֵךְ לְעִיר רַשִׁיד

*) C. וכרובים

[1] הַקְּרוֹבָה לַאֲלֶכְּסַנְדְּרִיָּאה וְנוֹפֵל שָׁם בַּיָּם ·
וּשְׁבִיל הַשְּׁלִישִׁי הוֹלֵךְ דֶּרֶךְ אַשְׁמוּן הָעִיר
הַגְּדוֹלָה בִּגְבוּל מִצְרַיִם ׀ וְעַל אַרְבַּע
רָאשִׁים הָאֵלּוּ מְדִינוֹת וּכְרַכִּים וּכְפָרִים
מִזֶּה וּמִזֶּה וְכָל בְּנֵי אָדָם הוֹלְכִים בִּסְפִינָה
וּבַיַּבָּשָׁה וְאֵין בָּאָרֶץ אֶרֶץ נוֹשֶׁבֶת כָּמוֹהָ
וְהִיא רְחָבַת יָדַיִם מְלֵאָה כָּל־טוּב ·
וּמִמִּצְרַיִם הַחֲדָשָׁה לְמִצְרַיִם הַקַּדְמוֹנָה
שְׁנֵי פַּרְסָאוֹת וְהִיא חֲרֵבָה וּמְקוֹם בִּנְיַן
הַחוֹמוֹת וְהַבָּתִּים נִרְאִין עַד הַיּוֹם הַזֶּה וְגַם
[2] אוֹצְרוֹת יוֹסֵף שָׁם הַרְבֵּה מְאֹד וְיֵשׁ שָׁם
עַמּוּדִים*) עֲשׂוּיִים בְּכִשּׁוּף וְלֹא נִרְאָה כְּמוֹהֶם
בְּכָל הָאָרֶץ וּבְכָל הַמְּקוֹמוֹת וְהֵם בְּנוּיִים
בְּסִיד וַאֲבָנִים בִּנְיָן חָזָק עַד מְאֹד וְשָׁם
חוּץ לָעִיר כְּנֶסֶת מֹשֶׁה רַבֵּינוּ עָלָיו הַשָּׁלוֹם
מִימֵי קֶדֶם וְשָׁם זָקֵן אֶחָד פַּרְנֵס שַׁמָּשׁ
שֶׁל הַכְּנֶסֶת וְהוּא תַּלְמִיד חָכָם וְקוֹרִין
אוֹתוֹ אַל שֵׁיךְ אַבוּנַאצַר וּבְמִצְרַיִם
הַחֲרֵבָה כְּמַהֲלַךְ שְׁלֹשָׁה מִילִין · וּמִשָּׁם
לְאֶרֶץ גּוֹשֶׁן שְׁמֹנָה פַּרְסָאוֹת הִיא (בּוּלְסִיר**)

*) C. עמוד אחד   **) סדיר?

בְּלְבִּישׁ*) וְשָׁם כְּמוֹ שְׁלֹשֶׁת אֲלָפִים יְהוּדִים 1
וְהִיא עִיר גְּדוֹלָה · וּמִשָּׁם חֲצִי יוֹם
לְעֵיזְקִאֵל לְעֵין אֵל שֶׁמְּם הִיא רַעַמְסֵס
וְהִיא חֲרֵבָה וְשָׁם מֵהַבִּנְיָן שֶׁבָּנוּ אֲבוֹתֵינוּ
עֲלֵיהֶם הַשָּׁלוֹם וְשָׁם כְּמוֹ מִגְדָּלִים בְּנוּיִים
מִלְּבֵנִים וּמִשָּׁם יוֹם לְאַל בּוּדְאִיג**) וְשָׁם
כְּמוֹ מָאתַיִם יְהוּדִים · וּמִשָּׁם לְזֵיפְתָּא***)
חֲצִי יוֹם וְשָׁם כְּמוֹ מָאתַיִם יְהוּדִים׃ וּמִשָּׁם
לְדַמִּירָה אַרְבַּע פַּרְסָאוֹת וְשָׁם כְּשֶׁבַע
מֵאוֹת יְהוּדִים · וּמִשָּׁם חֲמִשָּׁה יָמִים
לְמַהֲלֶה וְשָׁם כְּמוֹ חֲמֵשׁ מֵאוֹת מִיִּשְׂרָאֵל׃ 2
וּמִשָּׁם שְׁנֵי יָמִים לְאַלֶכְּסַנְדְּרִיָּאָה
וְאַלֶכְּסַנְדְּרוֹס מוּקְדוֹן קְרָאָהּ עַל שְׁמוֹ
וּבָנָה אוֹתָהּ בִּנְיָן חָזָק וְיָפֶה עַד מְאֹד
וְחוּץ לַמְּדִינָה מִדְרַשׁ אַרִסְטוֹ רַבּוֹ שֶׁל
אַלֶכְּסַנְדְּרוֹס וְשָׁם בִּנְיָן יָפֶה וְגָדוֹל וְעַמּוּדֵי
שַׁיִשׁ בֵּין מִדְרָשׁ לְמִדְרָשׁ ׃ וְשָׁם כְּמוֹ
עֶשְׂרִים מִדְרָשׁוֹת שֶׁהָיוּ בָּאִים שָׁם מִכָּל
הָעוֹלָם לִלְמוֹד שָׁם חָכְמַת אַרִיסְטוֹ
הַפִּילוֹסוֹף וְהָעִיר בְּנוּיָה לְמַעְלָה וְחֲלוּלָה

*) .C סַלבים **) .C בוביאיג ***) .C למנויפתא

[1] לְמַטָּה עַל יְדֵי גְשָׁרִים וְחוּצוֹתֶיהָ יְשָׁרוֹת וּבְתוֹכָהּ שְׁוָקִים שֶׁאֵינָם רוֹאִים אָדָם מֵהֶם מַהֲלַךְ מִיל מִשַּׁעַר רַשִׁיד וְעַד שַׁעַר הַיָּם וְשָׁם בָּנָה מְסִלָּה עַל הַנָּמָל שֶׁל אַלֶכְּסַנְדְרִיָּאה דֶּרֶךְ מִיל בְּתוֹךְ יָם וְשָׁם עָשָׂה מִגְדָּל גָּדוֹל הוּא הַנִּקְרָא הַמְנַרַאה וּבִלְשׁוֹן עֲרָב מְנַאר אַלֶכְּסַנְדְרִיָּאה וְעָשָׂה עַל רֹאשׁ הַמִּגְדָּל מַרְאָה שֶׁל זְכוּכִית וְכָל הַסְּפִינוֹת שֶׁהוֹלְכוֹת לְהִלָּחֵם בָּהּ לְהַזִּיק לָהּ מֵאֶרֶץ יָוָן וּמֵאֶרֶץ הַמַּעֲרָב מִמַּהֲלַךְ [2] חֲמִשִּׁים יוֹם הָיוּ רוֹאִין אוֹתָן מִן הַמַּרְאָה שֶׁל זְכוּכִית וְהָיוּ שׁוֹמְרִין עַצְמָם מֵהֶם עַד שֶׁיּוֹם מִיָּמִים בָּאָה סְפִינָה מֵאֶרֶץ יָוָן לְיָמִים רַבִּים אַחֲרֵי מוֹת אַלֶכְּסַנְדְרוֹס וְשֵׁם הַסַּפָּן טוֹדְרוֹס אִישׁ יְוָנִי חָכָם בְּכָל חָכְמָה וְהָיוּ הַיְּוָנִים מְשׁוּעְבָּדִים תַּחַת עוֹל מִצְרַיִם בַּיָּמִים הָהֵם וְהֵבִיא הָאִישׁ הַהוּא הַסַּפָּן דּוֹרוֹן גָּדוֹל לְמֶלֶךְ מִצְרַיִם כֶּסֶף וְזָהָב וּבִגְדֵי מֶשִׁי וְהָנָה לִפְנֵי הַמַּרְאָה כִּי כַּךְ הָיָה מִנְהַג כָּל סוֹחֵר שֶׁיָּבוֹא לַחֲנוֹת

שָׁם וּבְכָל יוֹם וָיוֹם הָיָה אוֹכֵל עִמּוֹ שׁוֹמֵר [1]
מִגְדַּל הַמְּנוֹרָה הוּא וַעֲבָדָיו עַד שֶׁמָּצָא חֵן
בְּעֵינָיו וְהָיָה יוֹצֵא וּבָא כָּל הַיָּמִים שָׁם וְיוֹם
אֶחָד עָשָׂה לוֹ מִשְׁתֶּה וְהִשְׁקָהוּ יַיִן הַרְבֵּה
לוֹ וּלְכָל עֲבָדָיו עַד שֶׁהָיוּ יְשֵׁנִים כּוּלָּם
וְקָם הַסַּפָּן וַעֲבָדָיו וְשָׁבְרוּ הַמַּרְאָה וְהָלְכוּ
לְדַרְכָּם בַּלַּיְלָה הַהוּא וּמֵאוֹתוֹ הַיּוֹם
וְהָלְאָה הִתְחִילוּ בְּנֵי אֱדוֹם לָבֹא שָׁם
בְּדוּגִיּוֹת וּבִסְפִינוֹת גְּדוֹלוֹת וְלָקְחוּ מִיָּדָם
אֶת הָאִי הַגְּדוֹלָה קְרִיטַּס וְגַם כִּיפְּרוֹס
שֶׁהֵם תַּחַת עוֹל יְוָנִים עַד הַיּוֹם הַזֶּה וְלֹא [2]
יָכְלוּ אַנְשֵׁי אֶרֶץ מִצְרַיִם עוֹד לַעֲצוֹר כֹּחַ
לִפְנֵי הַיְוָנִים וְעַד הַיּוֹם הַזֶּה מִגְדַּל הַמְּנוֹרָה
סִימָן לְהוֹלְכֵי הַיָּם כִּי כָּל הַבָּאִים אֶל
אַלֶכְּסַנְדְּרִיָּאה מִכָּל הַמְּקוֹמוֹת רוֹאִים
אוֹתָהּ מֵרָחוֹק מַהֲלַךְ מֵאָה מִילִין בְּיוֹם
וּבַלַּיְלָה מְאִירָה מֵאוֹר אֲבוּקָה וְרוֹאִים
הַסְּפָנִים הָאֵשׁ מֵרָחוֹק וְהוֹלְכִין כְּנֶגְדּוֹ וְהִיא
אֶרֶץ סְחוֹרָה רוֹכֶלֶת לְכָל הָעַמִּים וּמִכָּל
מַלְכוּת אֱדוֹם בָּאִים שָׁם אֶל אַלֶכְּסַנְדְּרִיָּאה

1 מֵאֶרֶץ בַּלִינְסִיָּא וְטוֹסְכַּנָה וְלוֹמְבַּרְדִיאָה
וּפוּלִיָה וּמַלְפִי וְסִקִילִיָּה וְרִקוּפִּיָה וְקַרְטוּיָה*)
וְאִסְפַּנְיָא וְרוּסִיָּא וְאַלַמַאנְיָה וְשׁוּשַׁנְאָה
וְדַנַאמַרְקָא וְגַלַאץ וּפְלַנְדְרִישׁ וְהִיטַר**)
וְלִרְמַנְדִיָה***) וּפְרַאנְצִיָה°) וּפִייטוּ וְאַנְגוּ
וּבְרְגוּנְיָה וּמְדִיאַנָה וּפְרוֹבֶינְצָא וְגִינוּאָה
וּפִישָׁא וְגַשְׁקוּנְיָא°°) וְאַרַגוֹן וְנַבַארָה ׀ וּמִצַּד
הַמַּעֲרָב לְיִשְׁמְעֵאלִים אַל אַנְדַלוּס וְאַל
עַרְוָה וְאַפְרִיקִיָה וְאֶרֶץ אַלְעָרָב ׀ וּמִצַּד
הוֹדוּ וּמְחֲוִילָה וְאַל חֲבַשׁ וְנוּבִיָה°°°) וְאַלְיֶמֶן
2 וְשִׁנְעָר וְאַל שַׁאם וְיָוָן הַנִּקְרָאִים גְּרִיגִישׁ
וְאַל תּוּרְךְ וְשָׁם מְבִיאִים סְחוֹרָה מֵהוֹדוּ
כָּל מִינֵי בְשָׂמִים סוֹחֲרֵי אֱדוֹם קוֹנִים
מֵהֶם וְהָעִיר הוֹמִיָּה לִסְחוֹרָה וּלְכָל אוּמָה
וְאוּמָה פוּנְדַק בִּפְנֵי עַצְמָהּ ׀ וְיֵשׁ שָׁם עַל
שְׂפַת הַיָּם קֶבֶר אֶחָד שֶׁל שַׁיִשׁ וּבוֹ מְצוּיָיר
כָּל מִינֵי עוֹפוֹת וְחַיּוֹת וְהַכֹּל בִּכְתִיבַת
הַקַּדְמוֹנִים וְאֵין אָדָם מַכִּיר הַכְּתִיבָה
וְאוֹמְרִים מִסְבָרָא שֶׁהָיָה מֶלֶךְ בִּימֵי קֶדֶם

*) וקטלוניה? **) F. ותיטר ***) ונרמנדיה?
°) C. ופרנייה °°) C. ונשקונת °°°) C. et F. ולוביא

קוֹדֶם הַמַּבּוּל וּבְאוֹרֶךְ הַקֶּבֶר חָמֵשׁ עֶשְׂרֵה [1]
זְרָתוֹת וְשִׁשָּׁה רָחְבּוֹ וְשָׁם בְּאַלֶכְּסַנְדְרִיָּאה
כְּמוֹ שְׁלֹשֶׁת אֲלָפִים מִיִּשְׂרָאֵל ׀ וּמִשָּׁם
שְׁנֵי יָמִים לְדַמִּיאַט הִיא כַּפְתּוֹר וְשָׁם כְּמוֹ
מָאתַיִם מִיִּשְׂרָאֵל ׀ וּמִשָּׁם לְסוּנְבַּאט חֲצִי
יוֹם וְהֵם זוֹרְעִין פִּשְׁתָּן וְאוֹרְגִים חוּר
וּמוֹלִיכִין לְכָל הָעוֹלָם ׀ וּמִשָּׁם אַרְבַּע
יָמִים לְאֵילַאה הִיא אֵילִים וְהִיא לִבְנֵי עֲרָב
הַחוֹנִים בַּמִּדְבָּר · וּמִשָּׁם שְׁנֵי יָמִים
לִרְפִידִים וְיוֹשְׁבִים שָׁם בְּנֵי עֲרָב וְאֵין בָּהּ
מִיִּשְׂרָאֵל · וּמִשָּׁם יוֹם לְהַר סִינַי וּבְרֹאשׁ [2]
הָהָר בָּמָה לְכוּמְרִים הַנִּקְרָאִים סוּרְיָינִים
וּבְתַחְתִּית הָהָר כְּרַךְ גָּדוֹל וְקוֹרְאִים אוֹתוֹ
טוּר סִינַי וְיוֹשְׁבָיו מְדַבְּרִים בִּלְשׁוֹן תַּרְגּוּם
וְהוּא הַר קָטָן רָחוֹק מִמִּצְרַיִם חֲמִשָּׁה
יָמִים וְהֵם תַּחַת עוֹל מִצְרַיִם ׀ וְיַם סוּף
רָחוֹק מֵהַר סִינַי דֶּרֶךְ יוֹם וְהוּא זְרוֹעַ מִיַּם
הוֹדוּ ׀ וַיַּחֲזוֹר לְדַמִּיאַט וּמִשָּׁם דֶּרֶךְ יָם
יוֹם לְטֶנִּיס הִיא חָנֵס וְשָׁם כְּמוֹ אַרְבָּעִים
מִיִּשְׂרָאֵל וְהוּא אִי בְּתוֹךְ הַיָּם וְעַד הֵנָּה

[1] מַלְכוּת מִצְרַיִם ׀ וּמִשָּׁם דֶּרֶךְ יָם עֶשְׂרִים
יוֹם לְמֶיסִנִי הִיא תְּחִלַּת אִי סִקִלְיָּיה
הַיּוֹשֶׁבֶת עַל הַזְּרוֹעַ הַנִּקְרָא לוּנִיד הוּא
חוֹלֵק בֵּין קַלַבְּרִיָּיה וּבֵין סִקִלְיָּיה וְשָׁם כְּמוֹ
מָאתַיִם יְהוּדִים וְהִיא אֶרֶץ מְלֵאָה כָּל טוּב
וְגַנּוֹת וּפַרְדֵּסִים וְשָׁם מִתְקַבְּצִים רוֹב
הַתּוֹעִים*) לַעֲבוֹר לִירוּשָׁלַיִם כִּי שָׁם הַמַּעֲבָר
הַטּוֹב ׀ וּמִשָּׁם מַהֲלַךְ שְׁנֵי יָמִים לִמְדִינַת
פַּלֶירְמוֹ הִיא עִיר גְּדוֹלָה כְּמַהֲלַךְ שְׁנֵי
מִילִין בְּאוֹרֶךְ וּשְׁנַיִם בְּרוֹחַב וְשָׁם אַרְמוֹן
[2] גָּדוֹל מִמֶּלֶךְ גּוּלֵיימוֹ וּבָהּ כְּמוֹ אֶלֶף וַחֲמֵשׁ
מֵאוֹת יְהוּדִים וֶאֱדוֹם וְיִשְׁמָעֵאל הַרְבֵּה
וְאֶרֶץ מַעְיָינוֹת וְנַחֲלֵי מַיִם וְחִטָּה וּשְׂעוֹרָה
וְגַנּוֹת וּפַרְדֵּסִים וְאֵין כְּמוֹתָהּ בְּכָל אֶרֶץ
סִקִלְיָּיה כִּי הִיא מְדִינַת סְגַן הַמֶּלֶךְ
הַנִּקְרָא אַלְחִיצֵיינָה וְשָׁם כָּל מִינֵי אִילָנֵי
פֵּירוֹת וּבְתוֹכוֹ מַעְיָן גָּדוֹל וְסָבְבוּ אוֹתָהּ
חוֹמָה וְעָשׂוּ לְשָׁם בֵּיב הַנִּקְרָא אַל בְּחִירָה
וְשָׁם מִינֵי דָגִים הַרְבֵּה וְשָׁם סְפִינוֹת
לַמֶּלֶךְ מְצוּפּוֹת כֶּסֶף וְזָהָב וְיָבֹא בָהֶם

*) F. העוברים

המֶלֶךְ לְטַיֵּיל נַפְשׁוֹ הוּא וְנָשָׁיו וְגַם שָׁם [1]
(בְּנָן) אַרְמוֹן גָּדוֹל וּבִנְיַן הַכּוֹתָלִים מְצוּיָּרִים
וּמְצוּפִּים בְּזָהָב וּבְכֶסֶף וְרִצְפַּת הַקַּרְקַע
אַבְנֵי שַׁיִשׁ מְצוּיָּר מִכָּל מִינֵי צִיּוּרִין
שֶׁבָּעוֹלָם וּבְכָל*) הָאָרֶץ הַהִיא לֹא נִרְאָה
כַּבִּנְיָן הַהוּא וְהָאִי תְּחִלָּתוֹ מִמֶּסִינִי וּבָהּ
כָּל מַעְבְּרֵי עוֹלָם וְהוֹלְכוֹת עַד קַטַנְיָּיה
וְסַרְקוּסָה וּמַזָּרָא וּפַנְטַלְיָאנָה**) וּטְרַאפַּנָה
מַהֲלַךְ שִׁשָּׁה יָמִים בָּאִי וְשָׁם בִּטְרַאפַּנָה
יִמָּצֵא אֶבֶן הַקּוֹרָל הַנִּקְרָא אַל מוֹרְגַּאן
וּמִשָּׁם עוֹבְרִים לְאֶרֶץ רוֹמָה שְׁלֹשָׁה יָמִים [2]
וּמִן רוֹמָה דֶּרֶךְ יַבָּשָׁה לְלוּקָה חֲמִשָּׁה
יָמִים וְעוֹבְרִים מִשָּׁם הַר מוֹרְאֵיינָה
וּמַעְבְּרוֹת אִיטַנְיָא***) שְׁנֵים עָשָׂר יוֹם לְעִיר
בַּרְדִין הִיא תְּחִלַּת אַלְמַנְיָא הִיא אֶרֶץ
הָרִים וּגְבָעוֹת וְכָל קְהִלּוֹת אַלְמַנְיָא
יוֹשְׁבִים עַל נְהַר רֵינוּס הַגָּדוֹל מֵעִיר
קוֹלוֹנְיָא שֶׁהִיא רֹאשׁ הַמַּלְכוּת וְעַד עִיר
קַשַּׁנְבּוּרְק קְצֵה אַלְמַנְיָא מַהֲלַךְ חֲמִשָּׁה
עָשָׂר יוֹם הַנִּקְרֵאת אֶרֶץ אַשְׁכְּנַז וְאֵלּוּ

*) C. ובנין **) C. ופלטריאה ***) איטליא?

1 הֵן מְדִינוֹת בְּאֶרֶץ אַלְמַנְיָיא שֶׁיֵּשׁ בָּהֶם קְהִלּוֹת מִיִּשְׂרָאֵל וְכֻלָּם נְדִיבִים עַל נְהַר מוֹשֶׁלָּה וְקוֹבְלִינְשׁ וְאַנְדֶרְנַכָה*) וְקוּבָּה וְקַרְטַנְיָא וּבִינְגָה וְגַרְמִיסָה וּמִשְׁתְּרָאן וְכָל יִשְׂרָאֵל מְפוּזָּרִים כֻּלָּם בְּכָל אֶרֶץ וָאֶרֶץ וְכָל מִי שֶׁיְּבַטֵּל שֶׁלֹּא יִתְקַבֵּץ יִשְׂרָאֵל אֵינוֹ רוֹאֶה סִימָן טוֹב וְלֹא יִהְיֶה עִם יִשְׂרָאֵל וּבְעֵת שֶׁהַשֵּׁם יִפְקוֹד עַל גָּלוּתֵינוּ וְיָרִים קֶרֶן מְשִׁיחוֹ אָז כָּל אֶחָד וְאֶחָד אוֹמֵר אֲנִי אוֹלִיךְ אֶת הַיְּהוּדִים וַאֲנִי אֲקַבְּצֵם ׃

2 וְהַמְּדִינוֹת הָאֵלּוּ יֵשׁ בָּהֶם תַּלְמִידֵי חֲכָמִים וּקְהִלּוֹת אוֹהֲבִים אֶת אֲחֵיהֶם וְדוֹבְרִים שָׁלוֹם לְכָל הַקְּרוֹבִים וְהָרְחוֹקִים וְאִם יָבֹא אֲלֵיהֶם אַכְסְנָאִי שְׂמֵחִים בּוֹ וְעוֹשִׂים לוֹ מִשְׁתֶּה וְיֹאמְרוּ שִׂמְחוּ אַחֵינוּ כִּי יְשׁוּעַת הַשֵּׁם כְּהֶרֶף עַיִן וְלוּלֵא שֶׁאֲנַחְנוּ מְפַחֲדִים שֶׁלֹּא בָּא הַקֵּץ וְלֹא הִגִּיעַ אֲנַחְנוּ הָיִינוּ מִתְקַבְּצִים אֲבָל לֹא נוּכַל עַד שֶׁיַּגִּיעַ עֵת הַזָּמִיר וְקוֹל הַתּוֹר וְיָבֹאוּ הַמְבַשְּׂרִים וְיֹאמְרוּ תָּמִיד יִגְדַּל הַשֵּׁם וְהֵם שׁוֹלְחִים

*) C. ואררכנה

1 כְּתָבִים אֶחָד לְאֶחָד וְאוֹמְרִים לָהֶם
הִתְחַזְּקוּ בְּדַת מֹשֶׁה וַאֲבֵלֵי צִיּוֹן וַאֲבֵלֵי
יְרוּשָׁלַיִם יְבַקְּשׁוּ רַחֲמִים מִלִּפְנֵי הַשֵּׁם
וְיִתְחַנְּנוּ לוֹבְשֵׁי בְגָדִים שְׁחוֹרִים בִּזְכוּתָם
וְכָל אֵלּוּ הַמְּדִינוֹת בְּאֶרֶץ אַלִימַנְיָיא
שֶׁזָּכַרְנוּ וְעוֹד יֵשׁ אַשְׁתְּרַאן בּוֹרְךְ וְדוּי
דִסְבּוּרְךְ וּמַגְדְּטְרַן*) וּפְסִינְגַשׁ וּבַנְבּוּרְק
וְצַר וְרֶגְנְשְׁבּוּרְק**) קְצֵה הַמַּלְכוּת וּבְאֵלּוּ
הַמְּדִינוֹת גַּם כֵּן הַרְבֵּה מִיִּשְׂרָאֵל תַּלְמִידֵי
חֲכָמִים וַעֲשִׁירִים · וּמִשָּׁם וְהָלְאָה אֶרֶץ
2 בֵּהֶם וְהִיא הַנִּקְרֵאת פְּרַאגָה הִיא תְּחִלַּת
אֶרֶץ אַשְׁקְלַבּוֹנְיָיא וְקוֹרְאִים אוֹתָהּ
הַיְּהוּדִים הַדָּרִים שָׁם אֶרֶץ כְּנַעַן בִּשְׁבִיל
אַנְשֵׁי הָאָרֶץ הַהִיא מוֹכְרִים בְּנֵיהֶם
וּבְנוֹתֵיהֶם לְכָל אוּמּוֹת הֵם וְאַנְשֵׁי רוּסְיָא
וְהִיא מַלְכוּת גְּדוֹלָה מִשַּׁעַר פְּרַאגָא וְעַד
שַׁעַר כִּיו***) הָעִיר הַגְּדוֹלָה הִיא בְּסוֹף
הַמַּלְכוּת וְהִיא אֶרֶץ הָרִים וִיעָרִים וְשָׁם
יִמָּצְאוּ הַחַיּוֹת שֶׁקּוֹרִין וָאֵיוֶרְגִישׁ°) וְהֵם
זַבְלִינַאץ וְאֵין אָדָם יוֹצֵא מִפֶּתַח בֵּיתוֹ

*) ומנדטרך C. **) ונשבורק C. ***) פין C. °) ואי רגריש C.

[1] בִּימֵי הַחוֹרֶף מֵרוֹב הַקּוֹר וְעַד הֵנָּה מַלְכוּת רוּסִיָּא וּמַלְכוּת פְּרַאנְצִיָּיה שֶׁהִיא אֶרֶץ צָרְפַת מֵעִיר אַל סוּדוֹ עַד פַּארִישׁ הַמְּדִינָה הַגְּדוֹלָה מַהֲלַךְ שִׁשָּׁה יָמִים וְהִיא לַמֶּלֶךְ לוּאִישׁ וְהִיא יוֹשֶׁבֶת עַל נְהַר סֵינַא וְשָׁם תַּלְמִידֵי חֲכָמִים אֵין כְּמוֹתָם הַיּוֹם בְּכָל הָאָרֶץ עוֹסְקִים בַּתּוֹרָה יוֹמָם וָלַיְלָה וְהֵם בַּעֲלֵי אַכְסַנְיָא לְכָל עוֹבֵר וָשָׁב אַחִים וְרֵעִים עִם כָּל אֲחֵיהֶם הַיְּהוּדִים · הַשֵּׁם בְּרַחֲמָיו יְרַחֵם עָלֵינוּ וַעֲלֵיהֶם וִיקַיֵּים בָּנוּ [2] וּבָהֶם מִקְרָא שֶׁכָּתוּב וְשָׁב וְקִבֶּצְךָ מִכָּל הָעַמִּים אֲשֶׁר הֱפִיצְךָ יְיָ אֱלֹהֶיךָ שָׁמָּה :

אָמֵן אָמֵן אָמֵן ׃

תם ונשלם:

נדפס בבית י. זויטטנפלד.

מפתח